U0633972

本书获教育部人文社会科学项目（10YJA630237）、2013年重庆市"三特专业计划"（行政管理）和2015年"特色学科专业群"(舆情传播与风险管理)项目资助

公共管理前沿问题研究丛书

多元共治视阈下
新生代农民工就业培训研究

邹东升　著

中国社会科学出版社

图书在版编目（CIP）数据

多元共治视阈下新生代农民工就业培训研究/邹东升著 . —北京：
中国社会科学出版社，2018.4

（公共管理前沿问题研究丛书）

ISBN 978 - 7 - 5161 - 9093 - 7

Ⅰ.①多… Ⅱ.①邹… Ⅲ.①民工—劳动就业—技术培训—
研究—中国 Ⅳ.①D669.2

中国版本图书馆 CIP 数据核字（2016）第 235196 号

出 版 人	赵剑英	
责任编辑	李庆红	
责任校对	闫 萃	
责任印制	王 超	
出　　版	中国社会科学出版社	
社　　址	北京鼓楼西大街甲 158 号	
邮　　编	100720	
网　　址	http：//www. csspw. cn	
发 行 部	010 - 84083685	
门 市 部	010 - 84029450	
经　　销	新华书店及其他书店	
印　　刷	北京明恒达印务有限公司	
装　　订	廊坊市广阳区广增装订厂	
版　　次	2018 年 4 月第 1 版	
印　　次	2018 年 4 月第 1 次印刷	
开　　本	710 × 1000　1/16	
印　　张	16.25	
插　　页	2	
字　　数	227 千字	
定　　价	68.00 元	

目　　录

第一章　导论

伴随着我国工业化、农业现代化的不断推进以及信息化和城镇化的持续发展，大量农村剩余劳动力向城镇转移，新生代农民工逐渐成为我国现代产业工人的重要组成部分，在中国经济增长与城市现代化建设过程中，庞大的农民工群体发挥了不可替代的作用。

农民工群体受教育程度普遍比较低，就业的机会不多，大多从事一些简单的劳动。在城市化进程当中，政府不仅要提供大量的就业机会，更重要的一点就是要加强对农民工的培训，使他们掌握就业技能，提高他们的技术水平。《国家新型城镇化规划（2014—2020 年）》提出，开展农民工就业技能培训，每年培训 1000 万人次，基本上消除新成长劳动力无技能上岗现象，并对在岗农民工进行岗位技能提升培训，推动大部分人由普工转化为新型技工，致力于稳定并扩大农民工就业规模，促进其融入企业、融入城市。针对农民工技能水平相对较低的状况，各地政府，尤其是作为农业大省和农民工大省的地方政府，将农民工技能培训列入民生工程，目前已形成政府主导、部门联动、校企联合、社会培训机构参与的多元化培训格局。

第一节　选题背景与研究意义

一　选题背景

改革开放以来，随着我国城镇化的不断推进，大量农村剩余劳动力向城镇转移，实现非农就业。《国家新型城镇化规划（2014—2020 年）》显示，1978—2013 年，我国城镇化率已从 17.9% 提升至 53.7%。根据国家统计局 2015 年 4 月统计，我国农民工已达 2.74 亿人[①]，在现代化过程中，农民工发挥了巨大的作用。为了给新型城镇化提供充足的人力资源，应致力于稳定并扩大农民工就业，加强农民工基本劳动权益保障，提升农民工职业技能素质。要让农民工在学到技术的同时拿到证书，在找到工作的同时增加收入，从关键问题上解决一直以来由于农民工技能缺失形成的就业、招工"两难"的困局。农民工在经济社会发展中对经济的贡献越发突出，2012 年对 GDP 的贡献率达到了 16%，农民工在城市第二产业和第三产业（商业与餐饮业）从业人数中占比分别达到了 57.6% 和 52.6%。[②]

农民工群体的身份变迁大致经历了三个阶段：第一阶段是在 20 世纪 50 年代至 70 年代的城镇化过程中，我国与西方发达国家人口身份变迁轨迹一致，即"农民→市民"，农村剩余劳动力直接转变成为城镇市民；第二阶段是在 1984 年之前，农村劳动力主要是通过在农村举办乡镇企业来向非农产业转移，进而形成了一条"离土不离乡，进厂不进城"的中国式城市化路线；1984 年以后农民工群体的身份变迁进入了第三阶段，国家逐步放宽了对农民进城的限制，允许农民到城市落户，即形成了一个过渡阶段——"农民→农民工→市民"，即农村剩余劳动力先转变成为农民工，再逐步向城镇市民过渡。

农民工作为我国特殊的一个社会群体，其形成源自我国所特有的城乡二元结构。随着我国经济社会发展，这个群体的规模也不断壮大，这个数量庞大的群体要在城镇中生存和发展便需要实现就业。近几年来，农民工的大量市场需求与农民工结构性失业问题接

---

① 国家统计局：《2014 年全国农民工调查监测报告》，http：//www. stats. gov. cn/tjsj/zxfb/201504/t20150429_797821. html，2015 年 4 月 29 日。

② 纪韶：《农民工融入城市度调查报告》，《经济与管理研究》2012 年第 4 期。

连发生，"民工荒"和"民工潮"现象也交替出现，农民工结构性失业阻止农民工的城镇化转移，凸显了由于教育和培训不足引致的农民工总体素质无法适应社会经济快速发展要求的困局。在当前经济结构调整和产业升级的形势下，农民工群体数量攀升、自身人力资本存量不足等问题和农民工就业培训模式与机制不完善之间的矛盾日益加剧。

1. 农民工就业规模不断增大

我国作为传统农业大国，伴随着农业现代化的发展，农业从业人员需求量逐步降低，越来越多的农民从田地里走出来，进入城镇务工经商。2014 年全国农民工总量达到 27395 万人，[①] 从表 1 - 1 中可以看出，近几年农民工的总量逐年上升，且增加的趋势仍然十分明显。2013 年中国新生代农民工占农民工人数总量逾 70%，即超过 1.88 亿人。从农村转移到城镇的农民工数量逐渐增加，对就业岗位的需求也相应增加，可见，我国农民工就业需求体现出与其数量呈正相关的规律。

表 1 - 1　　　　　　　近年来农民工数量演变情况统计　　　　　　　单位：万人

年份	2009	2010	2011	2012	2013	2014
农民工总量	22978	24223	25278	26261	26900	27395

资料来源：此表由历年我国《农民工调查监测报告》及中新网数据资料整理而来。

2. 新生代农民工人力资本存量不足

人力资本是指人们在人力教育、培训和保健等诸方面花费开支所构成的资本，是活的人体所拥有的体能、技能、健康和知识等精神存量的总称。[②] 新生代农民工人力资本存量不足具体表现为文化

[①]　国家统计局：《2014 年全国农民工调查监测报告》，http://www.stats.gov.cn/tjsj/zxfb/201504/t20150429_797821.html，2015 年 4 月 29 日。

[②]　刘沂、赵同文：《公共部门人力资源管理概论》，华东理工大学出版社 2002 年版，第 8 页。

素质不高和就业技能缺乏。从表1-2可以看出，农民工在农村里其文化程度普遍高于农业从业人员平均水平；然而当他们在城镇中求职就业时，与当地市民相比，他们的文化素质和就业技能明显处于劣势，这将不利于其就业。同时，从表1-2中可以看出，农民工的整体文化程度并不高，只有两成多的农民工具有高中及其以上文化程度。针对农民工文化程度普遍较低的既有事实，政府为了促进农民工就业，自2004年开展"阳光工程"以来，实施了一系列农民工就业培训工程。虽然政府策划实行农民工就业技能提升培训工程多年，但是从表1-3可以看出，占多数的仍然是从未参加过任何技能培训的农民工，青年农民工参加非农职业技能培训的倾向更为明显。同时根据表1-4也可以发现这样一个事实，在新生代农民工的教育和技能培训情况中，他们受教育程度更高，尤其是中专、职高，大专及以上文化程度比例显著比上一代农民工高。

表1-2　　　　　　　　2013年农民工的文化程度构成　　　　单位:%

	不识字或识字很少	小学	初中	高中	中专	大专及以上
全部农民工	1.5	14.3	60.5	13.3	4.7	5.7
非农民工	8.3	33.8	47.0	8.0	1.5	1.4
本地农民工	2.0	18.4	58.9	13.8	3.3	7.8
外出农民工	1.0	10.5	62.0	12.8	5.9	7.8
30岁以下青年农民工	0.3	5.5	57.8	14.7	9.1	12.6

资料来源：根据《2013年我国农民工调查监测报告》整理而来。

另外，从课题组对重庆市新生代农民工进行抽样调查的情况看，重庆市新生代农民工的文化程度低于全国平均水平，超过半数新生代农民工无职业技能等级证书，有中高级职业技能证书的人仅占15.2%。

表 1 – 3　　　　　**2013 年不同年龄组农民工参加培训情况**　　　单位 : %

	参加过农业技术培训	参加过非农职业技能培训	两项培训都没有参加过
16—20 岁	4.0	22.3	76.0
21—30 岁	6.2	31.6	66.0
31—40 岁	11.0	26.7	68.0
41—50 岁	14.9	23.1	69.5
50 岁以上	14.5	16.9	74.5

资料来源 : 根据《2013 年我国农民工调查监测报告》整理而来。

表 1 – 4　　　　　　**新生代农民工教育与技能情况**

		频数	有效百分比（不含缺失值）（%）
文化程度	小学及以下	32	28.6
	初中	69	61.6
	高中	10	8.9
	中专、职高	1	0.9
	大专及以上	0	0
职业技能等级	无	63	56.3
	初级	21	18.8
	中级	16	14.3
	高级	1	0.9
	未填	11	9.8

　　新生代农民工的受教育程度和就业技能普遍不高，由此决定了他们的人力资本存量不足，进而使得其在城镇就业市场环境中处于不利地位。

　　3. 就业市场存在严重的供需矛盾

　　随着众多农民工最初涌入沿海从事劳动，"民工潮"的概念也随之出现，大部分用工单位当时都认为农民工会持续不断地出现，进而便可持续地获取廉价劳动力，以为劳动密集型生产加工进行劳动力的补充，故轻视对农民工培训及有关方面的建设。就在 2004 年春节后，沿海的用工单位遭遇了 20 年来第一次"用工荒"，劳动和社会保障部课题组经实地调查得出的《关于民工短缺的调查报告》指出，用人单位缺少劳动力的情况主要发生在珠三角、闽东南、浙东南等加工制造业密集的区域，重点地区估计缺口达 10% 左右，数量上接近 200 万人。之后的每年春节后，沿海的劳动密集型企业遭遇"民工荒"几乎成为一个"铁律"。近几年在内地同样发生了"民工荒"问题。从 2013 年第四季度 104 个城市公共就业服务机构市场供求状况分析来看，近 57.6% 的用人需求中明确要求有关的技术等级或职称，39% 的对技术等级有要求，对职称有要求的占 18.6%；在求职方面，具有一定技术等级或职称的求职者占 58.4%，拥有职业资格证书的达 40.6%，而具有职称的也有 18.6%；在供求对比方面，各职称与技术等级的岗位空缺与求职人数的比率均大于 1，劳动力供给小于需求。而在此之中，技师、高级工程师与高级技能人员的上述比率较大，分别达 1.89、1.79、1.66。[①] 面对我国就业困难的大背景和普遍存在的劳动力总量供大于求的问题，频繁出现"民工荒"的原因可能是多方面的，其中可以肯定的是，我国的劳动力结构中必然存在着结构性矛盾，"民工荒"在本质上看来也就是"技工荒"，因为较多的农民工不具有用工单位所需求的技能，进而"供非所求"的情况不断出现，制约了农民工就业。

4. 现有农民工就业培训模式难以适应就业市场需求

自政府组织实施农民工就业培训工程以来，形成了多种就业培训模式，主要有政府主导型模式、非营利组织主导型模式、企业主导型模式、培训机构主导型模式、社区培训模式等。从表 1-5，即课题组在 2013 年 8 月对重庆市新生代农民工参加培训的组织机构的

---

① 中国人力资源市场信息监测中心：《2013 年第四季度部分城市劳动力市场供求状况分析》，http://www.chrm.gov.cn/Content/845/2014/1/94618.html，2014 年 1 月 23 日。

调查中可见，79.4%都是由政府组织的；然而表1-6又体现出，新生代农民工认为最有效的培训方式是由政府、单位和自己三方共同出资组织的培训。

表1-5　　　　　您所参加培训的组织机构

	频数	有效百分比（%）
农业局、劳动局、教育局	9	8.0
镇政府	80	71.4
用人单位	6	5.4
社会的培训机构	9	8.0
其他	2	1.8
未填	6	5.4

表1-6　　　　　您认为最有效的培训方式

	频数	有效百分比（%）
政府出资	20	17.9
单位出资	9	8.0
自己出资	7	6.3
三方出资	68	60.7
未填	8	7.1

现行的这些培训模式在我国农民工进城就业中，都发挥了作用，在一定程度上促进了农民工就业。然而受制于各个模式自身的缺陷和机制的不完善，这些模式所能发挥的作用也是比较有限的，难以长期取得针对性与实用性兼具的效果，进而使得相当一部分经过培训的农民工仍然难以稳定就业，现有培训模式和机制不能较好地适应就业市场和农民工需求的问题日益凸显。

面对劳动力市场逐步从"供大于求"向"既过剩又不足"的结

构性失衡转变的趋势、农民工群体数量不断增加对就业岗位的需求量相应增大、农民工人力资本存量不足、就业市场的供需矛盾导致出现大量农民工结构性失业以及现行的农民工就业培训模式与机制不能适应就业市场的需求等现实状况，要有效解决作为弱势群体的新生代农民工的就业问题，需要在借鉴现行就业培训模式与机制的基础上，构建针对性与实用性兼具的多元主体参与的就业培训模式与机制。

二　研究意义

我国城市化进程的不断加快使得新生代农民工逐步成为我国产业工人的重要力量。当前中国面临的最大挑战源自生产效率，现阶段人工成本正逐渐和国际标准接轨，基于此，对于每个中国劳动者来说，个体生产效率必须提高。这是中国未来5—7年面临的最大挑战，即提高生产效率，提高每个劳动者的生产效率。以就业培训助力他们顺利就业和提升生产效率已是我国政府当前的重要任务之一。对农民工进行就业培训是提高农民工知识技能水平并改变其命运的重要手段，也是推进我国向人力资源强国转变的战略举措。实现此目标不仅有利于我国经济的可持续发展，也对我国社会的和谐稳定有很大助益。因此，研究新生代农民工就业培训模式、机制与服务体系等具有十分重要的意义。

第一，有利于新生代农民工的职业素质与就业技能的提升，实现其在城市中顺利就业，加快我国城市化进程。新生代农民工虽然与老一代农民工相比文化素质较高，但面对城市居民，除了在年龄与体力方面具有优势外，在专业的培训、知识及技能上仍处于劣势地位。为此对逐渐扩大的群体进行针对性和实用性兼具的就业培训就是辅助他们实现顺利就业的核心方式，也是促进农民工市民化进程的重要举措之一。实际上，在我国城镇化和农业现代化不断推进的过程中，农业从业人口将不断下降，大量农村剩余劳动力会不断产生并且亟待转移。虽然农民工群体身处城市并朝着产业工人的方向努力转变，但是知识技能的匮乏与结构性失业现状将成为其顺利就业的巨大障碍，从而减缓了农村剩余劳动力转移的进程。所以政府建立可行的新生代农民工就业培训模式、机制与服务体系，对于实现其就业、加快农村剩余劳动力转移和推进城市化的进程有着积极作用。

第二，有利于解决我国劳动力市场供需错位的问题，降低农民工和用人单位之间的搜寻成本，提升农民工整体就业率。自进入 21 世纪以来，供需错位现象在我国劳动力市场愈演愈烈，"民工荒"和"就业难"同时发生的窘局在东南沿海及内陆发达地区频繁出现。这种结构性失业情形之所以会出现，一方面是因为该区域产业结构优化升级致使企业逐渐转型为资本集中型和知识集中型，另一方面是由于大量农村剩余劳动力转移到城市，但其知识素质技能与转型后企业的要求相去甚远。从搜寻摩擦理论的角度来讲，农民工的就业愿望与用人单位的用工需求要实现均需花费一定的搜寻成本，而政府通过构建农民工就业培训服务体系能在一定程度上降低此成本，从而降低农民工和用人单位之间的该项成本。完善农民工就业培训服务体系，推动多元就业培训模式共同发展能在很大程度上缓解我国劳动力市场出现的供需错位现象，提升农民工整体就业率并促进我国经济健康可持续发展。

第三，有利于解决农民工就业问题，促进社会和谐。近年来，农民工犯罪日益增多，已成为全社会广泛关注的问题。根据各级人民法院生效刑事判决统计，在 2002 年，所有犯罪人员中农民工约占 11.9%，2009 年则达到了 42.9%。① 《农民工刑事案件研究报告》指出，在 2006—2011 年，来自北京、山西等地的十五家法律援助机构和律师事务所接到农民工刑事法律援助案件 191 件，其中犯罪嫌疑人和被告人 123 人，被害人 16 人，这反映出农民工犯罪率处于较高的水平，需要重视。大量作为外来人口的农民工在城市中失

---

① 王志强：《双重转型中的农民工犯罪趋势及影响因素实证研究》，《中国人民公安大学学报》（社会科学版）2011 年第 3 期。

业，容易变成游离于主流社会之外的无业、无产、无根的"流民"，这将会成为城市社会治安的不稳定因素。除了城乡生活差距大、文化程度低、教育不到位、法律调控不力之外，就业环境不佳、就业培训不足、劳动保障机制不健全也是造成农民工犯罪的重要社会原因。因为素质不高，城市生存适应能力较弱，缺少获取工作的机会，大部分涉案农民工没有工作，或者有失业经历，虽然其中有一些被告人寻到工作，但多半是临时工，或是收入少、强度大的体力劳动。这些农民工在生活得不到保障的情况下被迫成为城市的新弱势群体。

帮助作为弱势群体的新生代农民工实现就业是服务型政府的应有之义。因此通过对新生代农民工进行就业培训，助其顺利就业并获得稳定收入，势必会减少城市社会治安不稳定因素，有利于社会和谐稳定。

第二节　国内外研究现状

一　国外研究现状述评

国外主要集中于技能培训与就业的相关性研究、培训投资与就业技能培训研究、培训投资决策研究、青年职业教育培训研究和国外公共就业培训机制研究等方面。

（一）技能培训与就业的相关性研究

技能培训在就业市场中是用人单位和求职者共同需求的契合，求职者只有通过高质量技能培训掌握较高技能之后方能在就业市场中获得较为满意的就业岗位。由于高技能员工的生产效率与质量比较高，能为用人单位创造更多的财富，所以掌握较高就业技能的求职者历来都是就业市场中用人单位追求的目标群体，而求职者也只有在拥有达到一定程度的就业技能的条件下，才能在就业市场中搜寻到与之较为匹配的就业岗位。

企业对于拥有较高生产效率的劳动者更为青睐，而并非生产效率较低的劳动者，对于某些特定岗位，不具有特定水平的劳动者是不受用人单位看重的。从劳动力市场的供给角度看，拥有较高就业技能的求职者，其就业岗位的劳动强度会比较低，而社会地位相对较高；反之，则劳动强度会比较高，而社会地位相对较低。劳动者通过参加与工作相关的培训，可以提高劳动生产效率，增加工作收入。由此可见，技能培训与劳动者获得就业岗位及其今后在此行业的发展呈现出密切的相关性。在德国、西班牙、爱尔兰、意大利和挪威等欧盟成员国，接受职业培训群体的就业比例比没有接受任何职业培训群体的高 30%。① 从欧盟成员国的实践经验可见，劳动者接受的技能培训与其求职就业具有极强的相关性，技能培训能在较大程度上促进劳动者实现就业。

（二）培训投资与就业技能培训研究

目前的世界中，市场经济得到快速发展，企业是市场经济的重要主体，更要预见到，在日益激烈的竞争中，想要占有理想的市场份额，关键是向市场供给高质量的产品和服务，而要实现高质量产品和服务则需要拥有高技能的员工。德国和日本的企业显然早已意识到这一点，它们将员工视作企业创造价值的人力资源，非常重视对员工的技能培训。由于就业教育培训能提高生产效率、促进就业和经济发展，因而德国和日本均已建立起全面有效的教育培训体系。

虽然培训是企业应对激烈竞争的重要策略之一，但是现在的培训并不能有效提高员工的就业水平和满足企业的需要。因此，需要对现有的培训体系进行调整，以适应员工和企业的需要。在信息高速发展的时代，根据培训需求设计培训体系是提高人力资本的关键。企业对员工进行人力资本投资和培训呈现出以下趋势：其一，

---

① European Commission, Directorrate - Generai for Employment, Social Affairs and Equal Opportunities, " Employment in Europe 2001", Luxembourg: Office for Official Publications of the European Communities, 2001, http://digitalcommons.ilr.cornell.edu/intl/25.

注重对员工开展一般培训；其二，由企业的结构决定培训形式；其三，企业要虑及培训的效用。① 对高技能员工的需求是培训的动力，企业在开展培训时，应依据对技能的需求对员工进行教育和就业技能培训投资，以期提升员工技能与企业需求的吻合度。用人单位对员工进行培训投资，便是通过提升员工技能来增加本单位的人力资本存量，这种培训投资实质就是人力资本投资。Becker 就曾指出，企业人力资本投资主要集中在就业培训。②

（三）培训投资决策研究

对劳动力进行培训，相应地，便会产生培训成本，因此，就面临着培训成本由谁承担的问题。国外部分企业通常会要求将劳动者经过就业培训所掌握的就业技能交由第三方进行技能鉴定，企业借助第三方鉴定来保证培训的质量。如果培训效果不理想便有可能要由员工自己支付培训成本。已有不少研究显示，在很多情况下，普通培训投资成本是由企业而非员工自己承担。究其缘由则是，其他企业的雇主不能轻易判断某一员工是否在当前企业中已经得到了培训。③ 基于此，如果企业能轻易判断某一员工已经得到了培训，那么，这将可能导致很多企业削减培训投资，进而使得员工培训不足。当前的雇主和将来潜在的雇主之间对于员工的素质与技能等情况存在信息不对称，当前的雇主能够察觉到员工的这些信息而潜在的雇主不能察觉到，这种信息垄断会促使企业对员工进行普通培训投资。对员工进行培训具有极大的正外部性，也具有外溢的风险，一旦培训过的员工流失，就将出现为他人作嫁衣的情形。因此很多企业不愿意投资员工培训。除非对员工进行培训投资之后，企业能

---

① Giovanni Guidetti and Massimiliano Mazzanti, "Firm – level Training in Local Economic Systems Complementarities in Production and Firm Innovation Strategies", *The Journal of Socio – Economics*, No. 36, 2007, pp. 875 – 894.

② Becker, G. S. , "Human Capital: A Theoretical Analysis with Special Reference to Education", New York: National Bureau of Economic Reseach.

③ Chang, C. and Wang, Y. , "Human Capital Investment under Asymmetric Information: The Pigovian Conjecture Revisited", *Journal of Labor Economic*, No. 14, 1996, pp. 505 – 519.

对员工形成垄断能力，此时企业才愿意承担培训成本。对员工进行第三方鉴定，可以附加一个进入外部市场的培训价值，因此员工可以参加企业负担费用的就业培训。① 而对于员工，在经过培训之后，能获得更高的收益或者更好的就业机会时，他们则可能愿意承担培训成本。

（四）青年职业教育培训研究

英国政府十分重视青年的就业培训服务，并于 20 世纪 80 年代初期制定出"青年培训计划""青年工人计划"以及"新工人计划"。这三类计划对于提升 16—20 岁青年劳动职业能力，包括计算能力、解决分析能力、信息通信技术能力和操作能力具有重要作用。负责机构包括政府培训机构、社会志愿组织及私有部门。英国青年就业培训架构上强调培训主体多元化，注重政府、市场及第三方进行合作，进而为有关青年进行良好的就业培训服务。同时，培训机构还通过多样的方式、方法进行培训，如讨论会和小组活动等。此外，参加培训的青年还可以领取一定数额的补贴以安心接受培训，在一定程度上保障计划顺利进行。

对于美国，用法律的方式进行青年就业培训是其重要特点。从 20 世纪 60 年代开始，美国政府先后制定了《人力开发与培训法》《经济机会法》《工作伙伴培训法》《综合就业培训法》《卡尔·波金斯职业教育法案》《劳动力投资法案》等法律，而在 1998 年颁布的《劳动力投资法案》几乎包含了就业培训的各个方面，为青年就业培训打下了坚实的基础。美国还建立了"一站式服务中心"制度，通过聚合职业培训项目和成人教育项目，在社区中突出培训、教育以及就业项目的有机统一的优势。而美国联邦、州和地方政府的各种项目一律以"一站式服务中心"形式运行，挖掘"一站式服务中心"的资源潜能，提升就业和培训的效率效能。长期以来，美

---

① Daron Acemoglu and Jorn – Steffen Pischke, "Certification of Training and Training Outcomes", *European Economic Review*, No. 44, May, 2000, pp. 917 – 927.

国政府一直很重视就业培训信息化建设。美国政府于 20 世纪 90 年代初建立起"美国职业信息库"（AJB）和"美国人才信息库"（ATB），将每天最新的工作岗位以及求职者的最新信息在该平台上发布。与此同时，美国政府开发了"职业生涯信息库"（ACINET）和"美国学习介绍信息库"（ALX），用于劳动力需求预测、了解培训机构基本情况和就业培训课程等。此类信息化建设较大地提高了美国青年就业培训方面的效率。在全国各地创立的"职业培训公司"由美国政府主办，此公司联合私人企业以及非营利组织共同为青年提供就业培训服务。所以，美国青年就业培训机构也具有多元化特征，并且其更注重"顾客导向"，即以其职业培训需求为导向。

德国的双元制职业教育是青年就业培训的主干，也是最特别之处。职业学校与企业一并作为青年就业培训场所。青年在接受义务教育以后，一边在学校学习专业理论知识，一边在企业进行技能培训学习，通常会以"职业学校理论学习—企业职业技能学习与实践"两者连接的方式进行，以保证理论与实践的关联性，提升就业培训效能。德国目前需要接受这种培训的认可职业大致有 380 种。青年就业培训水平的高低与政府、职业培训学校及企业之间紧密合作的程度有关。所以在此类就业培训体系当中，企业也是其中的重要力量。

澳大利亚青年职业培训的最主要特征是合作伙伴关系。首先，澳大利亚政府设立"培训就业与青年事务部"（DEEF）和"国家职业培训局"（ANTA）负责国家职业培训，主要工作职责是实施培训、对培训机构及有关教师资格和技能进行审核鉴定。澳大利亚政府还助力各行业"产业理事会"（或产业咨询委员会）的成立。此类组织的组成人员包括雇主、产业部门代表以及工会等，工作职责是修订职业培训政策、实施职业培训计划、确立职业技能标准与经费、研究开发课程设施与教材等。因此，澳大利亚的青年职业培训活动规避了学用分离的问题。其次，澳大利亚职业培训机构由联邦政府办的 TAFE 学院、成人与社区培训机构及私人培训公司组成，培训主体呈现多元化。最后，"市场竞争机制"被澳大利亚引入到青年职业培训中，并配套制定了对于职业技能培训发展有较大益处的有关政策法律，进而形成了各类培训机构多元竞争的格局。得益于市场竞争机制与就业培训的伙伴关系，澳大利亚青年职业培训也迎来了持续的发展。

（五）国外公共就业培训机制研究

在全球金融危机持续发展和对实体经济影响日益严重的形势下，作为实施积极就业政策主要载体的公共就业服务，在调节劳动力市场和促进就业方面发挥着重要作用，成为各国应对危机，促进就业的主要手段。公共就业培训的新发展主要表现在三个方面：公共就业服务中信息通信技术的应用、职能和组织方式的革新以及就业机构之间合作方式的创新。

政事分开、自主管理是各国公共就业服务采取的基本模式。也即政府出台就业政策、监督管理资金；就业服务机构在独立法人地位的基础上自成体系，进行具体的就业服务工作。在法律层面，各国就业服务机构的组织模式主要有四种。一是劳动部内部部门。公共就业服务带有国家行政机构行使权力的特征，经费纳入财政预算。以日本为代表的发达国家多采用此模式，众多发展中国家和转型国家在人员和经费缺乏的情况下也适用该模式。二是自治性公益机构。就业服务工作具有特殊性，依靠社会伙伴的推动以及国家立法规定的独立法律地位，明确就业服务部门职权、资金来源、管理方式和监督模式，机构与政府部门、雇主和工人组织的合作方式由自己灵活采取。就业服务部门法人资格与预算具有独立性。代表国家主要有加拿大、荷兰、西班牙、德国、法国、爱尔兰、英国和瑞典等。三是订立集体协议和进行双边管理。类似失业保险基金会的方式还存在于法国的少数地区，即由雇主组织和工人组织按照协议设立就业服务机构，并且进行双边管理，较之于国家行政部门更独立。其工作范围较广，国家赋予的部分行政职权也由其实质承担，通过立法获得独立法人资格是普遍的情况。这类组织在国家监督下通过国家政令来处理与其他部门的关系。四是私营化组织。这是一种新型模式，在澳大利亚应用得较多。也即公共就业服务由"工作网"替代，对失业人员的就业安置根据协议由私营、社区和公共部门的机构进行。私营化的公共就业服务机构作为一个企业或公司按照公司法进行操作。① 以上模式各有利弊，Calmfors（1994）指出，劳动部内部部门模式在协调政府与就业服务机构的政策上具有优势，但灵活性不足，较难对就业服务部门进行专业化管理；而自治性公益机构模式具有工作连续性、机构稳定、远离政治干预等优势。

目前的趋势是，第二种模式被包括发展中国家在内的各国倾向采用，就业服务机构具备实质自主地位，在领导层增加雇主组织和工会代表。得益于第二种模式工作连续性强和机构稳定的特点，其往往能与雇主组织和工会组织保持密切合作关系，它的分支机构也与行政区划限制关系不大，而且人员稳定、素质高，服务工作质量和效果也具有相当优势。

二 国内研究现状述评

国内农民工就业培训的相关研究主要集中于农民工就业培训供需、投资、过程中的政府行为、模式机制以及问题对策等方面。

（一）农民工就业培训供需状况研究

不少学者通过实证调查在对农民工就业培训的需求进行分析的基础上，对就业培训供给状况进行分析。由于新生代农民工群体日益受到社会各界关注，已有学者开始研究新生代农民工的培训需求，以及对两代农民工培训需求进行比较。

调查研究显示：①农民工身处就业难的环境中，亲身体会到提升技能水平和综合能力的必要性，从而引起了较强的潜在培训需求；②农民工培训的外部性特征致使用人单位与农民工间缺乏长期

① Donk，L. van and J. de Koning，"Mediation Services and the Outflow from Short – term Unemployment：Average and Relative Effectiveness of Public Employment Services"，SEOR Working Paper，Vol. 24，No. 1，2005，pp. 34 –65.

稳定的契约关系，这也意味着用人单位对于培训缺乏足够的动力；③农民工对培训的潜在需求向现实需求转化的主要障碍是缺乏农民工权益保护制度以及缺少参加培训的资金；④劳动强度低的职业所需的技能往往与农民工的培训需求指向较高程度相对应，而传统技能的培训需求对应性较差；① ⑤转移培训效果明显且对于对象个人呈现出较高回报率；⑥社会较为认可转移培训成果，职业教育培训较好地提高了就业机会和薪酬水平；⑦转移培训的潜在与现实需求充足，扩大培训规模成为培训机构的普遍愿望；⑧学校和培训机构体制机制机动性强，在企业了解用人信息、合作需求方面具有较高的主动性。② 随着研究的深入，有学者发现，我国农民工培训供给严重不足，存在供求错位现象。③ 许东风和眭鸿明（2012）通过对江苏省1078名农民工的培训需求进行分析表明，主观上农民工具有一定的培训需求，但需求与供给在目前情况下还不协调。④

对于新生代农民工与老一代农民工的培训需求进行的比较研究显示：新生代农民工对培训有着更主动的需求，但是在培训需求与市场要求之间，在政府培训模式、用人单位学习内容和机构培训准入门槛等方面与他们的培训愿望之间都存在不同程度的脱节，致使培训需求难以得到更大程度的满足。⑤ 与老一代农民工相比，新生代农民工具有成长环境得天独厚、受教育程度较高但专业技能较欠缺、外出谋求发展动机强烈等诸多新特征，对接受职业技能培训的

---

① "农民的培训需求及培训模式研究"课题组：《农民的培训需求及培训模式研究（总报告）》，《经济研究参考》2005年第35期。

② 余祖光：《"促进农村劳动力转移培训"的调查研究》，《中国职业技术教育》2005年第3期。

③ 宋丽智、胡宏并：《我国农民工培训面临的问题及对策》，《经济问题》2005年第10期。

④ 许东风、眭鸿明：《农民工教育培训需求影响因素实证研究——基于江苏省农民工的抽样调查》，《科技进步与对策》2012年第3期。

⑤ 陈微：《需求的跌落——第二代农民工培训需求与培训供给分析》，《当代青年研究》2008年第12期。

需求非常强烈。[①] 胡俊波、何飞、周俊（2012）通过对四川省1135名农民工培训需求的代际比较研究得出结论：培训内容上，老一代农民工对于传统产业项目培训更加重视，而新生代农民工则侧重于现代产业项目培训；培训形式上，两代农民工都倾向于"面对面授课、现场实习"；培训时间上，老一代农民工对于半个月至1个月时长的培训更易接受，而新生代农民工则出现了两种倾向，一部分人倾向于4—7天的短期培训，而一部分人则倾向于1—3个月的中期培训；培训费用上，新生代农民工为提升自身的人力资本水平愿意支付更多费用。[②]

（二）农民工就业培训投资状况研究

当前农民工就业培训的主体主要有农民工、政府、用人单位、培训机构和社会组织。目前在相关政府文件中，2004年"一号文件"提出要将进城农民工的职业培训经费纳入正常的财政预算。2006年"一号文件"提出各级财政要将农村劳动力培训经费纳入预算，可见政府的财政投入仍是农民工培训工作开展的主要资金保障。《2003—2010年全国农民工培训规划》涉及建构农民工就业培训投资机制，明确了培训成本主要由政府、用人单位和农民工共同分担。2009年，首次提出输出地、输入地的政府和企业都要加大投入。这表明农民工技能培训是一项系统性的工程，其资金投入需要多方主体的共同努力才能取得实效。2012年，《关于加强推进农业科技创新持续增强农产品供给保障能力的若干意见》中提出对返乡创业项目给予补助和贷款支持。

基于"谁受益谁负担成本"的普适原则，开展农民工就业培训项目，农民工、用人单位和政府均会受益，因此，应由农民工、用人单位和政府共同承担培训成本。首先，农民工的素质与就业技能

---

① 孙金锋：《新生代农民工职业技能培训需求与对策探析》，《广东农业科学》2011年第10期。

② 胡俊波、何飞、周俊：《基于配对样本非参数检验的农民工培训需求代际比较研究——来自四川省1135个样本》，《农村经济》2012年第10期。

可以通过就业培训提升，促进其就业，增加收入；其次，通过就业培训，可以提升用人单位生产效率和产品（服务）质量，为单位创造更多收益；最后，通过农民工实现就业可促进社会和谐稳定，通过用人单位创收，可促进经济发展。曾小舟（2005）指出：依据"谁投资，谁受益"的原则，培训的主要受益者是流入地政府，故其当然地成为农民工培训的责任者，并且流入地针对劳动力市场对劳动技能的需求，能更好地反映、提升培训效率。[①] 李君甫（2006）则指出：农民工就业培训投资主体有政府部门、私人部门和非政府组织，与之相对应地形成了公办职业技术学校、民办职业技术学校和非政府的职业培训学校三类农民工就业培训机构，其中，公办学校培训对象为家境富裕且资质较好的农民工子弟，主要以正规职业教育为主，而民办学校和非政府组织培训对象为家境贫寒或资质较差的农民。[②] 安海燕、钱文荣（2015）指出：政府应当提供规范的培训平台，减少农民工培训的交易成本，引导企业将农民工的培训数量、质量和工资直接挂钩，用工资水平刺激农民工的自我投资。[③]

对于目前的农村劳动力转移培训，个人和企业对于投资培训的动力来自培训投资收益和利益实现的最大化，市场机制发挥了较大的作用；但市场机制对于效率与公平难以兼顾，并且在农村劳动力转移培训中体现了出来，此时政府的介入就显得尤为重要。面对农村劳动力数量大、素质低、技能差、收入低的现实情况，"政府主导市场化运作"应是有效的农村劳动力转移培训机制，以实现公平和效率目标的兼顾。[④] 虽然从中央到地方各级政府在各式报告文件

① 曾小舟：《农村劳动力转移与农民工的教育培训对策》，《职业教育研究》2005年第12期。
② 李君甫：《农民就业由谁来培训——三类农民培训投资主体与三类培训机构的比》，《农村经济》2006年第10期。
③ 安海燕、钱文荣：《农民工人力资本、社会资本投资行为影响因素分析》，《农业现代化研究》2015年第36卷第2期。
④ 徐昆鹏、黄祖辉、贾驰：《农村劳动力转移培训的市场机制分析及政策启示》，《中国人口科学》2007年第2期。

中不断提出要建立政府、用人单位、个人合理分担的培训投入机制，然而仍然有很多地方未根据实际情况制定长远的规划和具体的计划，缺乏必要的实际支持和投入，缺失相互开放和资源共享的积极性和主动性。

（三）农民工就业培训中的政府行为研究

对农民工进行就业培训，是对我国经济社会产生积极作用的重要举措，不少学者对政府在农民工就业培训中的职责行为进行了分析。沈菊英（2006）指出，农村剩余劳动力的转移培训，政府应起关键作用。政府职能不到位是我国农村劳动力转移培训中的主要问题，并且有关的政策法规体系不完善。因此，不断地深化转变政府职能，推动农民工就业培训法律法规和政策进一步完善，才是做好农村剩余劳动力的转移培训与提高农民工就业培训效率和水平的根本方法，因而政府应承担起对农民工的培训责任。[①] 魏丽莉（2007）认为，目前，政府职能在转移培训中存在缺失是造成农民工就业培训效率低下和效果甚微的主要原因，如培训认识不足、政策执行欠缺、激励措施不到位、培训资源整合力度不足、支持和监督民办培训机构力度不够等。基于此，政府部门应该注重转移培训政策地位的提高、对转移培训的管理机制进行完善并建立转移培训多元融资机制，来提升农民工转移培训的水平。李传香（2013）指出，政府提供充足的培训资金有利于提高农民工的培训选择与工作胜任力。

（四）农民工就业培训模式与机制研究

自开展农民工就业培训项目以来，我国已经形成了种类繁多的培训模式，主要有政府主导型模式、非营利组织主导型模式、企业主导型模式、职业院校主导型模式、民办公助型模式和就业培训期模式。有学者对这些培训模式的运行相关情况进行了分析，并设计了完善培训模式所需要健全的相关配套机制。

----

① 陈红爱：《农村剩余劳动力转移与城乡政府职能转变》，《经济问题》2003 年第11 期。

宋金平和王恩儒（2001）归纳总结了改革开放以来中国农业剩余劳动力转移的成功模式：以苏南集体经济为代表的乡镇企业就地转移模式，以温州个体私营经济为代表的乡镇企业综合转移模式，以珠江三角洲外向型经济为代表的合资企业就地转移与吸纳模式，以山东省个体私营经济为代表的农业产业化综合转移模式，以上海市郊区为代表的"三集中"转移模式，强村带动就地转移模式，市场带动转移模式以及村庄兼并转移模式。① 王新宝（2003）简介了浙江绍兴针对被征地而转化的农民工进行培训的学校出"菜单"、企业下"订单"、政府来"买单"的培训模式。② 林慧（2006）对农村剩余劳动力转移培训模式进行了归纳，总结出了八种主要模式：①学制机动，城乡联动、东西连接培训；②市场主导，订单培训；③灵活开展短长班，开展职前职后培训；④培训依靠城区与社区教育资源；⑤适应性短期培训与技术等级培训融合；⑥聚集培训与当地培训交融；⑦流动式培训与班级式培训结合；⑧培训鉴定、实习就业充分结合。③ 马建富（2008）强调，要促进农村劳动力转移必须构建有效的职业教育办学模式，即学校主导的区域协作转移型、校企合作转移型、城乡统筹转移型，政府主导的资源整合转移型、制度创新转移型，企业主导型和社会主导型的培训模式等。④ 另外，尹玉林（2008）以湖南省为例，提出要发扬"政府统筹、院企联训，定位培养"模式的长处，从而突破湖南农村剩余劳动力转移培训的困局。

刘伟民和李淑娟（2007）从浙江省农民工职业培训现实情况的实证研究出发，从国内外现有的理论研究着手，建立起农民工职业

---

① 宋金平、王恩儒：《中国农业剩余劳动力转移的模式与发展趋势》，《中国人口科学》2001 年第 6 期。

② 王新宝：《绍兴县：为失地农民免费提供"培训券"》，《中国劳动》2003 年第 11 期。

③ 林慧：《农村劳动力转移培训中的八种模式》，《成人教育》2006 年第 10 期。

④ 马建富：《基于农村劳动力转移的职业教育模式的构建》，《教育与职业》2008 年第 12 期。

培训多元合作机制。[1] 林育芳 （2008） 指出，农民工就业培训机制基本框架由主体、工具、客体和目标等构成。[2] 远程教育的特点体现在传播广、成本低、灵活、高效、方便、快捷等方面，尤其在信息宣传、技能培训和信息传输上拥有传统培训难以企及的优势，探索农村远程教育网络模式对农民工个体素质与技能的提高以及整体就业培训水平的提升具有重要作用。

目前，学界对于政府（包括输出地政府和输入地政府）与用人单位均具有为农民工提供就业培训服务、分担相应的合理培训成本的职责已经普遍达成共识，而对政府、用人单位和农民工三者在农民工就业培训中分别应承担多少职责，分别应分担多少成本等具体问题却未能深入研究。虽然很多学者对农民工就业培训模式与机制进行了探讨，但是这些研究几乎都是对某一类模式机制进行描述性研究，缺乏规范与实证研究，且在进行描述性研究时，主要是针对现行的模式进行分析，寻找缺陷并提出一些普适性的改进措施，缺乏对几类典型培训模式进行综合分析，扬长避短，重新探索一种具有针对性、实用性和有效性的农民工就业培训模式与配套机制。

（五）农民工就业培训政策工具研究

在新生代农民工就业培训的过程中，必须充分发挥政府的主导功能和服务作用，关键是选择好、利用好和把握好就业培训政策工具（Policy Tools）。唐宇婷 （2015） 认为，在城市化背景下，农民工的一系列问题，包括劳动力市场、医疗、社保和子女教育等，需要政府从政策角度出发，既要从外部去推动农民工相关问题的解决，又要让农民工自觉地发挥主动性，去提升解决问题的能力。因此，政府有效利用政策工具推动农民工就业培训是应有之义。

在政策工具的选择上，制定规则是最重要的形式。通过制定诸如《劳动法》《劳动合同法》和《就业促进法》等相关法律为农民

---

[1] 刘伟民、李淑娟：《浙江省农民工职业培训发展趋势预测》，《中国职业技术教育》2007 年第 27 期。

[2] 林育芳：《农民工就业培训机制研究》，《世纪桥》2008 年第 16 期。

工就业培训提供有力保障。同时有关的政府政策也起着重要作用，如山东省人民政府 2016 年出台的《山东省改革劳动报酬制度保障农民工同工同酬实施方案》和江苏省人民政府 2015 年 12 月出台的《关于全面治理拖欠农民工工资问题的实施意见》等，通过此类具有权威性的政策性工具使得有关工作得以有序进行。其次是以信息利用的政策工具。农民工的信息来源通道较为狭窄，一般仅局限于老乡和工友等有限群体，信息交互能力弱。因此在政策工具上需要加大信息宣传力度，使政策信息、培训信息和具体操作信息在农民工就业培训过程中畅通，提升农民工对就业技能培训重要性的认知水平。同时政府要广泛运用新媒体手段，推动农民工主动接触和运用信息接收和交互工具，促使信息的双向流动，使自身在就业市场中的被动地位逐渐趋于主动。

（六）农民工就业培训其他问题与对策研究

除了前述农民工就业培训供需与投资状况、政府责任与行为、培训模式与机制等问题外，一些学者还提出了其他一些问题和解决措施。刘玉辉、李多全（2003）指出，政府部门重视程度不够以及垄断农民工培训市场是当前制约我国农民工就业培训的重要因素，从而导致我国农民工培训市场化程度较低并且混乱和无序，因此建议农民工就业培训应形成多层次的农民工培训体系。[①] 杨晓军、陈浩（2008）指出，除投入不足外，农民工就业培训的困境来自其自身受教育程度低、政府及用人单位投资力度不够、劳动力就业培训市场不规范以及就业培训灵活性与针对性不足等方面。因此，提升农民工就业素质和规范就业培训市场是完善我国农民工就业培训体系的关键。[②] 于江华、汤民化（2009）在对山东、湖南、安徽等 17个省市返乡农民工进行培训调查后发现许多问题，如政策措施落实

① 刘玉辉、李多全：《高度重视农民工培训问题》，《中国党政干部论》2003 年第5 期。
② 杨晓军、陈浩：《城市农民工技能培训意愿的影响因素分析》，《中国农村经济》2008 年第11 期。

程度较低、各地政府的就业培训普及率不高以及政府和返乡农民工之间沟通不足等，同时建议建立返乡农民工就业培训长效机制，尽力确定培训对象、设置培训内容、选择和监督好培训机构以及培训资金的支付等重要问题。[①]

第三节 核心概念界定

作为研究的逻辑起点，首先得弄清相关研究中所涉及核心概念的具体内涵与外延，其次主要厘清农民工、新生代农民工、就业培训、就业培训券与多元主体参与机制五个核心概念。

一 农民工

农民工是改革开放后出现的新群体，他们的产生与我国经济体制的变迁密切联系。1958 年，国务院颁布的《中华人民共和国户口登记条例》通过法令形式对我国城乡户籍管理进行强化并更进一步限制了城乡之间的人口流动，由此开始逐步形成了世界上独一无二的"城乡二元结构"。1978 年开始推行的改革开放政策，推动了东南沿海区域工业化程度和经济发展水平的提高，进而出现了大批劳动密集型企业和较大的劳动力缺口。基于此背景，政府逐步放宽城乡人口流动管制强度，引发我国农民大规模外出务工的浪潮，这就是所谓的"第一代农民工"。在 20 世纪 90 年代，大量的农村剩余劳动力在东部沿海区域劳动密集型企业的快速发展和早期外出务工农民的带动下，纷纷加入到农民工务工队伍中来。与上一个十年相比，该阶段农村剩余劳动力外出务工数量呈几何倍数增长。而农民工问题也正是在这样的大背景下逐渐受到了我国学界的普遍关注。

"农民工"一词是我国社会学家张玉林教授在 1983 年最早提出

---

① 于江华、汤民化：《论返乡农民工就业培训长效机制的构建——以金融危机 17 省返乡农民工实证调查为视角》，《农村经济与科技》2009 年第 12 期。

的。此后，1984 年，在中国社会科学院《社会学通讯》中，"农民工"这一称谓再次出现，之后便被开始普遍运用。当前学界对于农民工概念界定的代表性观点主要有以下五种。其一，农民工是以农民工身份从事非农产业的职工，是在中国经济体制改革和结构转型时期的特殊背景下出现的过渡性质的特殊群体。[①] 其二，农民工作为中国当前工人阶级中新的有机组成部分，是当代中国由农业社会向工业社会转变出现的过渡性群体，是在向中国工人阶级过渡过程中出现的新产业群体。[②] 其三，农民工是指"基本脱离农业生产活动，初步转变就业观念，逐渐改变生产技能，开始由农民向产业工人转变的一类社会群体"[③]。他们以农村户口在城市务工，兼具农民与工人的双重身份。其四，农民工是指具有农民的身份、从农业中分离后被临时雇佣为从事非农业产业行业，缺乏稳定的职业或稳定的工作岗位的社会劳动人员。其五，农民工是在我国经济社会转型的背景下出现的特殊概念，是指户籍身份保留农民身份，具有承包土地，但主要从事非农产业、以工资为主要收入来源的社会劳动人员。[④]

　　有鉴于此，农民工是指由第一产业转移到第二、第三产业就业的那部分群体，他们是介于严格意义上的农民与工人之间的劳动者。笔者认为，由于户籍这一决定农民工身份的关键因素并未变化，同时他们也并未取得城市户籍附加福利，从本质上来看，农民工依然归属于农民群体。

　　我国农民工群体的主要特征体现在：一是具有农村户口，同时在城镇务工；二是拥有农村土地承包经营权，却以在城镇务工所得为主要生活来源；三是工作单位、生活环境和居所条件具有不稳定

---

① 张国胜：《中国农民市民化：社会成本视角的研究》，人民出版社 2008 年版，第 50 页。
② 谢建社：《新产业工人阶层——社会转型中的"农民工"》，中国社会科学出版社 2005 年版，第 253 页。
③ 张跃进等：《中国农民工问题解读》，光明日报出版社 2007 年版，第 31 页。
④ 国务院研究室课题组：《中国农民工调研报告》，中国言实出版社 2006 年版，第 1 页。

性和流动性，总是随着务工场所的变化而变化。[1]

二 新生代农民工

"新生代农民工"概念的首次提出是在 2010 年中央"一号文件"中。国家统计局最新研究报告显示，我国新生代农民工截至 2013 年末占农民工总数的 70% 以上，达 1.88 亿人，已成为我国农民工的中坚力量。与第一代农民工相比，新生代农民工具有独特群体性、较高文化性、较强适应性，并且生活方式与观念逐步向城市转变。他们的择业标准转变较大并且注重自身发展，而社会归属感模糊，对自己是"城市人"还是"农村人"没有清晰的身份识别。

虽然学界对于新生代农民工的概念界定并非完全一致，但是主流观点均认为，"新生代农民工"是指在改革开放后，主要是 20 世纪 80 年代以后出生的、在 90 年代中后期逐步进入城市的农民工。传统意义上的农民工即是与之对应的第一代农民工，其中多数人是在 20 世纪八九十年代才从农业和农村中流出，具有中国传统农民的主要特征。因此，本书所指的新生代农民工主要是出生于 20 世纪 80 年代，于 90 年代外出务工经商的农村青年流动人口。在改革开放后，社会环境发生了巨大变化，这个时候出生的新生代农民工面临许多问题：首先，严格的计划生育政策使得农村家庭朝小型化快速发展，每对农村夫妇的子女一般只有一两个，故而较为重视对子女的教育，也对其寄予了很多希望；其次，农村家庭承包的土地随着 20 世纪六七十年代人口的迅速增长而逐步减少，家庭劳动力开始剩余，在此情形下，新生代农民工在中学毕业或辍学后，缺乏必要性也缺乏主动性继续从事农业，而随着时代的"民工潮"进入城市浮沉。

三 就业培训

当前已有不少学者在使用"就业培训"这个词语，但是对其概

---

① 戴烽：《农民工人力资本培训评估》，社会科学文献出版社 2010 年版，第 7 页。

念的理解鲜有学者提出自己的看法，通常很多学者就把"就业培训"等同于"职业培训"或者"技能培训"。其实从本质上来说，虽然三者的培训目的均是提高培训者的素质，但侧重点不同。"就业培训"偏重于解决培训者的就业问题，即主要是为了就业而培训；而"职业培训"则重视职业规划培训；"技能培训"主要是对职业技能进行培训或职业培训。① 职业培训是一种针对不同职业岗位要求、对受训人员进行以思想政治和职业道德教育为基本，以传授职业知识和培养职业能力为方法，针对性地开展职业指导的职业教育活动，主要目标是提高劳动者的职业、工作和职业转换能力，推动劳动者实现顺利就业和再就业。②

综合各学者对"就业培训"的阐述，笔者认为，就业培训是以就业困难群体未（充分）就业问题的解决为出发点，以社会多元主体实现（充分）就业和稳定就业为目的，以提高未（充分）就业者就业素质为方式而组织和进行的培训。就业培训由引导性培训和就业技能培训构成。前者是指进行基本权益保护、法律知识普及、城市生活常识宣传等方面的培训。后者是指根据国家以及不同行业、工种和岗位对其从业人员基本技能和技术操作规程的要求来规划培训内容、设置培训课程，进而对具备相应条件且有创业意向的农民工开展创业培训和提供创业指导。

四　就业培训券

就业培训券的概念来自教育券。教育券即"学券制"，美国诺贝尔经济学奖获得者弗里德曼最早在1955年的《政府在教育中的作用》一文中（1962年被收录到《资本主义和自由》一书中）指出："我们意识到：这些关于政府资助教育和义务教育法的观点对于大部分读者来说也许过于偏激了，这就是为什么目前我们只是提出这种观点，而

---

① 杨晓军：《农民工就业技能培训模式研究》，中国社会科学出版社2011年版，第12页。

② 游钧：《2005年：中国就业报告——统筹城乡就业》，中国劳动社会保障出版社2005年版，第26页。

不要求读者给予全面支持的原因，我们主张实行教育券计划，这是摆脱目前这种局面最稳妥的办法。"① 为解决美国公立学校制度缺陷，弗里德曼提出把教育券作为一项可供选择的措施。

弗里德曼强调的教育券制度是指：首先，用于教育的公共经费以"券"的形式首先由政府直接发给学生或家长，而非学校；其次，学生在自由选择学校的条件下用教育券支付学费和相关费用；最后，学校以收取的教育券向政府兑取与之相等值现金。弗里德曼认为教育券制度可以促进公立学校之间，公立学校同私立学校之间展开竞争，能够很好地解决公立教育中所存在的根深蒂固的问题。教育券思想对各国的公共教育改革造成了深远的影响，在不断完善后逐步形成了两种模式：面向所有人的"非排富性"模式（又称"弗氏模式"）和专门针对弱势群体的"排富性"模式（又称"詹克斯模式"）。

教育券的本质属性是凭单制，汉重（Hatry）给其的定义是"政府部门给予有资格消费某种物品或服务的个体发放的优惠券"，有资格接受凭单的个体在特定的公共服务供给组织中"消费"他们手中的凭单，然后政府用现金兑换各组织接受的凭单。②

就业培训券制度是在教育券制度的基础上进化来的，它与教育券的区别仅在于主体发生变化，即教育券制度中的政府、学校和学生转变为就业培训券制度中的政府、培训机构和培训者，二者的运行机理是相通的。本书中的就业培训券就是指有资格消费就业培训服务的个体持有的由政府部门所发放的优惠券。就业培训券是民营化的具化形式之一，而民营化是现代政府改革的工具之一，因此也可以说就业培训券是政府改革的创新工具之一。

五　多元主体参与机制

多元主体参与机制是一种新型参与治理机制，其核心价值在于

① ［美］弗里德曼：《资本主义和自由》，商务印书馆1986年版，第82—83页。
② 宋世明：《美国行政改革研究》，国家行政学院出版社1999年版，第148页。

使官民关系持续发展，以达最佳和谐状态，从而使得政府实现对社会的良好治理，促成善治目标的达成。新生代农民工就业培训中的多元主体包括政府、企业、社区、非营利组织、培训机构以及农民工。农民工就业培训服务具备准公共物品的属性，随着公共权力的介入，从而确定政府在农民工就业培训体系中的主体地位。农民工培训的直接受益方是用工单位，同时企业的根本营业目的是实现利益最大化和成本最低化，本单位的利益是否得到实现和保障是它考虑一切问题的出发点。如果忽略农民工培训成本，农民工接受培训后给企业带来的利益实际上是无法计算的。企业以市场供求为指向，调节农民工培训方向，使其也成为农民工培训的另一主体。培训机构作为就业培训的承担方，负责具体培训实施。第三部门组织为追求公共利益的最大化，自愿投入到农民工职业培训体系中。农民工通过形成自组织进行参与，就拥有政府所欠缺的资源，如了解农民工需要、伴随农民工流动、能代表农民工利益等。政府和农民工自组织在农民工就业培训问题上有利益连接点，都掌握着为实现互利结果所需要的，同时又分散控制的独立资源，农民工自组织一旦在就业培训中具有合理合法的主体地位，就能在公共服务供给与社会和谐维护等方面发挥正能量。在各主体中，政府主体处于核心枢纽地位，承担领导和组织其他主体开展行动的职责。各主体在农民工就业培训工作的进程中，积极有效地参与培训工作，开展业务交流与合作，如此一来，也就健全了多元参与制度，拓宽了多元参与渠道。

第四节 研究思路和方法

一 研究思路

本文从以下七个方面来研究我国新生代农民工就业培训问题：第一章提出了本文研究的选题背景、研究意义、研究现状及研究思路和方法、理论基础等问题；第二章主要介绍国外农民工就业培训情况与经验；第三章通过对重庆市调研数据的分析来说明我国新生代农民工就业培训的制度基础与现状；第四章主要阐述民营化下我国农民工就业培训的问题及其风险；第五章介绍包括政府、市场、第三部门在内的多元主体参与的新生代农民工就业培训模式；第六章对公私伙伴关系下的农民工就业培训中的政策工具问题进行深入研究；第七章则是对多元主体参与的农民工就业培训机制的构建进行探讨。

二 研究方法

农民工培训十分复杂，本书拟采用的研究方法是定性分析和定量处理相结合，对各种研究方法组合运用，各有侧重，运用的方法主要有如下几种。

（一）规范分析

全书通过规范分析，包括若干理论的运用，如人力资源理论、公共产品理论、公私伙伴关系理论、合同外包理论等来阐述农民工的就业培训模式。首先通过文献收集的方法，包括报纸、杂志、网络资源和新闻报道等渠道，收集有关资料和案例，同时比较研究和借鉴国内外现实经验和相关的研究成果。从政府、企业、学校、非营利组织和社区不同模式出发，归纳出新生代农民工就业培训中各主体运行模式、职能范围以及效果缺陷，并得出有关政策。以定性和定量的方法对调研结果进行统计、分析、归纳和综合，结合多元主体参与机制理论探讨新生代农民工就业培训模式的构建。

（二）实证分析

运用问卷调查、实地调研、案例分析等方法进行研究。为了解重庆地区农民工就业培训相关实际情况，课题调查组从 2013 年 7 月起至 2013 年 10 月止，选取重庆市区 N 就业培训机构的农民工及重庆市 H 企业务工的农民工进行了集中问卷调查，通过对重庆市农民工与培训机构的实地调研，对农民工就业培训的现状、农民工就业培训需求情况和农民工就业培训供给的调查问卷情况进行统计和分析。农民工就业培训需求分析主要包括理想培训方式的选择、参加就业培训的期望分析、对培训资金的承受能力分析三个方面；农民工就业培训供给分析主要包括农民工就业培训渠道和培训内容两个部分。此次共发放了 613 份调查问卷，共回收 603 份，废卷 43 份，有效问卷 560 份，针对调查样本建立数据库，并通过 SPSS17.0 软件进行计量分析，利用计算方差、标准差等多种计算方式相结合，试图从有效的数据中获取相关信息。在此基础上，根据农民工就业培训模式的运作情况，构建新生代农民工就业培训的多元主体参与模式，并提出相应的对策措施。

第五节　理论基础

农民工就业与培训问题是学界高度关注的重大社会现实与重要研究理论课题。国内学者从经济学和人口学等学科视角进行了大量的理论研究，取得了丰硕的学术成果。本节分析农民工就业培训的相关主要理论，为探究符合中国国情而又科学有效的农民工就业培训机制与模式，提供科学依据与理论指导。

一　人力资本理论

1906 年，经济学家费雪（Irving Fisher）在《资本和收入的性质》中第一次提出"人力资本"概念，并纳入经济学范畴。人力资本是指人力投资形成的，由存在于个人体内的知识技能和健康水平等具有增值性的具有资本特性的因素构成的总和。研究表明，人力资本状况对农民工在获取就业机会和进行职业选择时产生着十分重要的影响。周其仁（1997）指出，人力资本与就业机会间呈正相关，人力资本有利于农民工把握非农就业机会。姚先国、俞玲的研究发现，农民工自身的人力资本存量与其就业状况具有不可分割的联系。反映人力资本特征的变量主要有文化程度、工作经验、培训经历和年龄等，它们是影响农民工就业的重要因素。各变量的重要性对不同职业体现不同，提升农民工成为管理、专业技术人员和公司职员的概率与较高的文化程度相关，成为服务人员和生产工人则往往与职业培训和年龄有较大联系。教育是人力资本积累的最主要手段和农民工把握城镇就业机会的关键，在其面对巨大经济变革方面发挥着独立作用。

人力资本对农民工就业机会的制约作用相对于城市居民来说非常明显，他们在就业部门和职业层次上处于明显的弱势地位，主要是社会和经济地位低。同时，农民工在劳动力市场上的弱势地位也与其人力资本存量低有重要关系。人力资本存量较低决定了农民工难以承担复杂和专业的工作，而只能从事体力劳动型低技术行业，而在这种条件下不仅使得农民工的劳动价格（工资）比较低廉，而且劳动的高强度性使他们缺乏时间、精力和能力对自身进行人力资本投资而陷入恶性循环。同时，企业基于农民工的高流动性、不稳定性以及季节性工作特征，不愿意对农民工进行培训投资，使得农民工难以借助于企业积累人力资本以实现职业技能水平的提高和职业层次的上升。

从本质上来讲，我国农民工的主要短处体现在文化程度低、职业技能少，进而使其陷入了收入低、保障差、选择难和就业空间狭小以及竞争力弱和替代能力不强等困境。长期来看，农民工自身的人力资本是限制农民工就业地位提高和进入更高层次职业的重要障碍。农民工只有在知识水平和技能提高的前提下才能进入一级劳动力市场和城市居民平等竞争，从而实现城乡一体化就业。可以预见的是，科技进步和城市产业结构升级使得城市对农民工的需求逐渐超越简单的体力劳动，人力资本存量不足对农民工就业的约束势必会表现得越来越强烈。

增加农民工的物质资本建立在以公平的收入制度安排和财产资源的有效配置为手段的基础之上；提升农民工的人力资本需要以教育和培训为途径；培育农民工社会资本以社会关系重建和组织网络形成为基础；全面提升农民工学历水平、思想文化、道德素质和专业技能，增强其市场就业的竞争力，以补偿教育为内容，以成人教育为形式，长线职业技术教育和成人教育同时进行。此外还需要构建以输入地在职教育为主，以输出地就业教育为辅的农民工教育模式。

二　公共产品理论

公共产品理论是应用于公共事务研究的一种现代经济理论范式。20世纪50年代，萨缪尔森（Paul A. Samuelson）在《公共支出的纯理论》一文中从物品在消费上的"排他程度"和"竞争程度"对公共产品与私人物品进行了区分。"排他性"是指拥有物品产权的人能否有效排除他人对产品的占有，独自享用物品并对物品具有绝对的支配权利；"竞争性"是指物品消费者数量的增加是否会导致边际成本的增加，即消费者数量的上升是否会导致拥挤成本的产生。根据萨缪尔森的定义，公共产品具有完全的非排他性与非竞争性，即任何人消费这种物品一般不会导致他人对该物品消费的减少，也就是说公共产品的个人消费等于集体消费，如国防、外交、法律、公共图书馆等。而私人物品则具有完全的排他性与竞争性，即那种能够加以分割因而每一部分能够分别按竞争价格卖给不同的个人，而且对其他人不会产生外部效果的物品。私人物品的总消费等于个人消费量的总和，如面包、鞋子、自行车等。此外，还有一类物品介于公共产品与私人物品之间，该类物品在消费上具有不完全的非排他性与非竞争性，即我们所说的准公共产品。准公共产品还可以细分为两类：具有排他性与竞争性的公共资源和具有排他性与非竞争性的可收费物品。因此，不同属性物品的供给体制应该根据该类物品的性质而有所差异。

根据萨缪尔森在准公共产品上的划分标准，农民工就业培训在消费上具有非竞争性，但不具有非排他性，因此属于可收费物品。也就是说农民工通过付费能够独自享有就业培训服务，然而在一定程度上参加农民工就业培训人数的增加并不会导致边际成本的增加（即增加教师、场所等投入资源）。此外，对农民工进行就业培训虽然可以提高农民工职业技能水平并满足用人单位需求，但职业技能水平提升后的农民工有可能出现频繁跳槽的现象，导致企业对农民工进行的劳动力投资发生收益外溢的情况，所以农民工就业培训具有很强的正外部性，企业一般不愿意提供。根据公共产品理论可以判定农民工就业培训属于准公共产品，探索其多种供给模式是我国政府提高农民工就业培训服务供给水平与质量的重要问题，也是我国产业转型以及经济增长方式转变的保障。

三 新公共管理理论

20 世纪 80 年代初期，英美两国开始推行一场改变传统行政官僚体制、提高行政效率的改革，并且逐步扩散到西方其他发达国家，学界称之为新公共管理改革。它主张在政府等公共部门运用私营部门成功的管理方法和竞争机制，重视公共服务的产出。社会要求政府"花费更少、做得更好"，从内部管理中挖掘潜能，寻找新管理理念和工具，提升政府的管理水平。

突出市场机制在公共服务领域中的力量，运用私营管理的技术和方法，政府进行管理创新的改革选择中就会凸显出公私伙伴关系的重要性，农民工就业培训作为一种公共服务内容，具有准公共产品性质，这就决定了农民工就业培训具有市场化的内在基础。准公共物品属性决定了其供给主体的多元化，农民工就业培训可以由政府直接提供，即政府建立培训机构为农民工直接提供培训服务，也可以由政府通过预算或政策安排等适当方式将农民工培训委托外包给社会组织或部门进行生产。也就是说农民工就业培训可适用于公私伙伴关系，"民营化之父"萨瓦斯（E. S. Savas）在《民营化与公私部门的伙伴关系》一书中写道："广义的公私伙伴关系指公共和私营部门共同参与生产和提供物品和服务的任何安排，合同承包、特许经营、补助等都符合这一定义；其次，它是指一些复杂的、多方参与并被民营化了的基础设施项目；再次，它是指企业、社会组织和地方政府官员为改善城市状况而进行的一种正式合作。"①

由于就业培训信息的不对称以及农民工就业培训任务被公立培训机构垄断等，造成我国农民工就业培训内容与农民工培训需求不匹配，培训效果与培训效率大打折扣等问题。与此同时，我国培训市场发展速度迅猛，民营培训机构实力正逐步变得强大。在市场竞争机制的作用下，民营培训机构具有灵敏的市场嗅觉，在农民工就业培训的内容设置与提供方式上更加贴近现实所需，培训效果与培训效率也较高。因此，打破机构垄断，在农民工培训体系中引入市场竞争机制是提升我国农民工培训整体水平的重要途径。此外，中共十八届三中全会《决定》明确要求，"凡属事务性管理服务，原则上都要引入竞争机制，通过合同、委托等方式向社会购买。"推动政府服务方式创新，由具备条件、信誉良好的社会组织、机构和企业承担适合通过市场化方式提供的公共服务事项，使公共服务提供主体多元化发展。第三部门在我国也获得了一定的发展并已开始具备成为农民工就业培训合作伙伴的条件。由此可见，构建农民工就业培训服务体系，推动政府、市场以及志愿机制在农民工就业培训领域发挥更大的作用是我国政府未来的努力方向。

公共选择理论是新公共管理运动的基本指导理论之一，其核心是政府与社会的关系问题。它指出"没有任何逻辑理由证明公共服务必须由政府官僚机构来提供"，因而主张将垄断地位的政府官僚体制由私营企业、非营利机构等公共部门取代，实现公共组织之间的充分竞争以及小规模化，通过分权实现权威分割，进而改变它们在职能和管辖区域上的重叠交叉等现状。

新公共服务理论是在对传统公共行政理论和新公共管理理论进行反思和批评的基础上提出和建立的，在对三者进行比较的基础上，新公共服务理论从公民权利、社会资本和公共对话三个维度树

---

① E. S. 萨瓦斯：《民营化与公私部门的伙伴关系》，中国人民大学出版社 2002 年版，第 12 页。

立了检验公共行政发展的标尺，构建政府与市民平等对话、沟通协商与互动合作的公共管理模式，"为我们描述了一个充分重视民主、公民权和为公共利益服务的理论框架"。[①]

新公共管理理论的产生对有效组织公共产品的生产与供给流程具有现实的直接指导意义。在农民工就业培训这项准公共产品的生产供给中，便引入了政府、非营利组织、培训机构、用人单位这几个公私部门与第三部门等主体参与其中，为实现农民工就业培训服务的有效生产与供给而通力合作。

四 公平正义理论

农民工是我国城乡二元结构下的产物，城乡之间职业教育机会的不平等导致城乡劳动力在知识与技能上存在着相当的差距，这使农民工成了城镇里的弱势群体。诺贝尔经济学奖获得者阿马蒂亚·森（Amartya Sen）指出："贫困不单纯是一种供给不足，而更多的是一种权利不足。"《国家新型城镇化规划（2014—2020 年）》提出要走以人为本的新型城镇化发展之路，我国城镇化发展的主要支撑群体——农民工市民化发展缓慢，截至 2013 年农民工数量已达到 2.69 亿人，其诸多权利仍然得不到保障，无法享受与城市居民平等的基本公共服务，农民工群体继物质贫困后又陷入能力贫困和权利贫困中。可持续发展能力的贫困是指农民工家庭和个人在维持自己在城市社会生活中的经济水平和社会地位时表现出的综合能力贫乏，进而导致其经济社会地位难以改变的状态。权利贫困是指权利享受不足的状态，具体表现为由于制度因素所造成的对部分群体在政治、经济、社会和文化权利等方面的限制和歧视所导致的生活贫困。

因此，政府需要为农民工提供平等的职业教育机会，以弥补因城乡二元结构而造成的社会不公，从而在一定程度上推动社会公平

---

① 罗伯特·B. 登哈特等：《新公共服务：服务而不是掌舵》，中国人民大学出版社 2004 年版，第 164 页。

正义的发展。可见，"正义作为一种价值理性，并非只停留在人类的思维领域，它不断地外化为具有很强实践意味的现实追求，其表现集中凝聚在对社会公平的渴望和实现中。"① 社会中强势弱势群体在表达和追求自身利益方面的能力差异与失衡及贫富差距悬殊的本质因素是社会权利资源分配的不平等。首先，要扩充培训经费、健全培训体系、完善培训体制、发展培训方式，提高农民工就业素养、职业调节转换能力和自主创业能力；其次，建立政府部门、用人单位和农民工三方共负责任的人力资本提升机制，推动农民工向智能型转变，脱离"民工荒""技工荒"的"低技术陷阱"；最后，基于社会关系重新构建和组织网络的不断完善，应协调多元组织力量，培育农民工的社会资本，提高农民工组织化水平。

收入分配差距过大是目前中国构建和谐社会的重大障碍，也是经济社会发展面临的一个突出问题，造成中国当前收入分配差距过大的根本原因是机会不均等，即人们获取资源或者进入某种市场的机会不均等。当今社会，服务型政府提供的公共产品，要从改善民生提升到促进机会均等，这样才能适应经济社会转型期的需要。进一步增强农民工就业培训机会与非农就业机会是一项政府、社会、企业以及农民工自己应该共同负起责任来的特殊的公共产品。农民工的（如脱贫、教育、就业、创业、农民工市民化、城乡土地流转等）人生环节组成了一个经济学家所说的"人力资本成长的机会链条"，在这个链条上，当然包括了农民工能否得到公平的就业培训机会和实现非农就业这个十分关键的部分，政府、企业和社会应该帮助农民工们打开这个人力资本成长的重要的机会窗口，这是真正的授人以渔。

中共十八大报告中提出："使发展成果更多更公平惠及全体人民。"自中共十六届四中全会提出构建和谐社会目标以来，我们党把保障社会公平正义摆到了更加突出的位置。可见，公平正义的维

---

① 姜涌：《马克思恩格斯的公平正义思想研究》，《广东社会科学》2004 年第 3 期。

护是构建社会主义和谐社会和实现"中国梦"的重要价值支撑，而帮助在城市中处于弱势地位的农民工顺利就业，便是践行其理念的具体途径之一。因此，构建农民工就业培训服务体系是促进我国实现公平正义的重要手段。地方政府应该坚持多元参与的农民工就业服务培训模式与机制的公平正义，在促进农民工获得平等发展机会的基础上构建以权利公平、机会公平、规则公平、分配公平为主要内容的社会公平保障体系。

五　协同治理理论

协同治理（Govern Coordinately）是指为实现系统总目标，各子系统间相互配合和协作而形成的一种良性循环治理态势。它侧重于双方或多方在同一时刻具有相同地位和作用。该理论运用的是协同学原理，实质上，协同治理倡导的是一种全员参与的思想。

协同治理的前提就是治理主体的多元化。这些治理主体，除了政府组织，还有包括民间组织、企业和个人在内的社会组织和行为主体等。在现实中，它们之间存在着竞争与合作的关系，因为没有哪一个主体具有单独能够实现目标的知识与资源。

杭州市政府为突破城市从工业化、城市化和信息化社会向后工业化、后城市化和后信息化社会转变和土地资源空间有限等发展瓶颈，于2010年出台了"社会复合主体"的新改革思路，即"由党政届、知识界、行业界、媒体界等不同身份的人员共同参与而形成的多层次、网格状、功能补、优势显的新型创业主体"。该概念的提出和协调治理有许多相通之处，反映出协同治理理论在社会治理中发挥着越来越重要的作用。

在对新生代农民工进行培训的过程中，要建构起多元主体共同参与的协同治理体系，注重各主体的自愿、平等和协作，通过协商对话和相互合作来管理培训工作，制定出各方主体都能接受的共同规则，促进协同治理有序开展和理性平衡，在各主体相互竞争和共同协作中发挥出整体大于部分之和的效果。

本章小结

　　近年来，随着新型城镇化的不断推进，大量农村剩余劳动力向城镇转移，新生代农民工已成为我国产业工人的重要组成部分，解决农民工就业问题成为现阶段的一个重要议题。在此背景下，加强农民工就业培训工作，提高农民工总体素质，有利于破解农民工结构性失业问题，并能够有效缓解"民工荒"和"民工潮"现象，促进经济社会快速健康发展。国内外学者对农民工就业培训进行了大量文献研究，由于农民工就业培训具有公共物品属性，因此需要政府提供就业培训服务，但这并非意味着政府全部垄断农民工就业培训服务，政府可以让社会力量参与进来，实行社会化和民营化管理。最后，基于农民工就业培训的相关理论分析，为探究符合中国国情而又科学有效的农民工就业培训机制与模式，提供科学依据与理论指导。

第二章 国外职业技能培训概览与启示

西方国家非常注重职业技能培训，形成了独具特色的培训模式。较有代表性的职业教育模式有：英国分层次的农民职业培训、美国职校主导的职业教育、德国"双轨制"的职业教育、法国CEPAC中心创业培训模式以及加拿大技巧导向的职业技术教育。西方国家的职业培训模式各具特色，其普遍性能给我国新生代农民工职业技能培训带来一定启示，比如我们可以在培训制度法制化、管理结构多元化、培训方式市场化以及筹资渠道多样化等方面使我国农民工就业培训制度更加科学合理，富有生命力。

第一节 西方国家职业技能培训状况

一 英国分层次的农民职业培训

英国农业高度发达，农业劳动生产率和农业产出均居欧洲前列。所以英国政府十分看重农民的职业培训，唯一能在英国所有产业培训中得到政府资助的就是农民的职业教育与技术培训。英国政府通过制定相关法规和培训计划及设置专门机构支持开展和规范农民培训，从而加强农民职业教育与技术培训。

英国以农业培训网作为农民职业教育与技术培训的主体力量，高等学校、科研与咨询机构作为辅助，其初、中、高三个教育层级相互衔接，并且技术证、毕业证、学位证等各种教育认证相配合，脱产教育与业余培训相补充，分工相对明确、层次较为分明，不同层次人员的培训需求基本都得到满足。目前，每年约有 30% 的农业劳动者在英国的 200 多个农业培训中心，参加各种类型的农业技能培训。每年有 1 万多名农村学生接受基础教育，参加两年以上农业技能培训的达 4/5。① 英国分层次的农民职业教育主要有以下特征：

（一）完善的职业培训法律

英国的农民职业技能培训起步较早，相关的规范性条例也随之而出台。英国《工厂法》在 1833 年就对纺织厂 9 岁以上、13 岁以下的童工的受教育权和健康权做了相关的保护性规定。大众教育在英国得到正式承认是在 1889 年英国政府颁布《技术教育法》后。世界上第一个有关职业指导的法律是英国于 1909 年颁布的《职业指导法》，次年英国接着颁布了《职业选择法》，并在全国各地建立了数量众多的劳动力人才市场。1948 年英国颁布了《就业与训练法》，明确要求英国各地的中学必须对全部学生实施就业指导。1982 年英国政府颁布了《农业培训局法》，制定了相关法规和培训计划，并设置了专门的机构，且给予农民培训一定的经费支持。1987 年，英国政府又对该法进行了进一步修改和补充，更加有效地加强了对农民培训的指导。同时，英国政府通过建立严格的奖励和考核制度来提高培训的质量和效率。同年，英国政府设立了"国家培训奖"，用于奖励在技术培训工作中成绩突出的机构。

（二）灵活的职业培训形式

英国农民职业技能培训经过多年的发展，目前均设立并健全了初、中、高三级教育机构，培训队伍的专业化和职业化基本实现。这些培训者要接受专门的农业训练，要求有较丰富的农场经验，同时熟悉教育理论和方法，具有相当的实践能力和培训能力。英国的高等农业职业教育由农业大学、农业院系以及地区农学院承担，中、初级农业职业教育由农校和农场职业学校进行。此外，还有大

① 赵正洲、王鹏、余斌：《国外农民培训模式及特点》，《世界农业》2005 年第 6 期。

量的业余农校及短训班等。英国的农民教育培训要求学校重点审查应聘者的学历、工作经历和职业技能等，对教师要求特别严格，强调教师的实践能力，被聘用者一般要经历 6 个月的试用期。[①]

英国农民教育培训为了建立一个完善的教育培训系统而充分调动各方资源，这也是许多发达国家开展农民教育培训的共性。在英国，农业培训中心，各地农村企业公司，社会团体以及个人兴办的业余、半业余农校和各种类型的短期培训班等，满足了不同层次农民的培训需求。

（三）稳定的培训经费来源

英国采取一系列财政措施鼓励农民参与职业培训。英国政府在制定农民职业培训政策法规时通过立法和支持相关部门、企业等以多种形式设立专项培训基金，鼓励社会对农民工的培训。政府的直接拨款是培训资金的重要来源。西方各国在注重发挥政府拨款主渠道作用的同时，也十分注意多方筹资。如 20 世纪 50—60 年代，英国在农村普及农业教育过程中曾采用集资的方式解决教育经费的问题。现在，由国家教育拨款委员会每年根据权威机构对学校教学质量的评估结果来决定政府的直接拨款数额。此外，英国还通过征收特别税这种"间接"拨款的方式获得其他部门对于农民工教育培训的支持。

（四）丰富的职业培训内容

西方国家农村职业教育课程与专业设置的显著特点是从市场需求出发，及时开设课程、调整专业、增减内容。英国也是如此，为适应新形势的发展，新专业和新课程层出不穷。在教学上，则注重理论与实践相结合。英国的农民教育培训内容非常丰富，培训课程多达百余门。农业生产如何适应市场以及农业生产如何适应农民的需要是培训的主要内容。培训内容涉及面广，不仅包含普及农业基

---

① 王春林：《发达国家农民工教育培训政策的探析》，《湖北社会科学》2011 年第 3 期。

础知识、推广新技术和产品、经营管理农场、加工和销售农产品、良种培育和农业与园艺栽培技术、设计与投资分析畜牧产业、农业经营和农业情报、农机修理等涉农产业，也包括汽车故障简易诊断、金融、税务、子女教育和论文指导等。

二　美国职校主导的职业教育

在美国，接受职业技术教育已经成为人们谋生的基本条件，求职者必须经过某一方面的技能培训才能找到工作或者找到相对较好的工作。因此联邦政府为了支持职业技术教育的发展，每年都拨专款。各州政府也为了职业技术教育的基础设施建设和设备更新设立专门经费。另外，工商企业和各类基金组织也会对职业技术教育机构进行资助。

美国为提高生产效益，降低劳动力成本而重视职业技术教育。在激烈的市场竞争和逐利原则的背景下职业技术学校资源利用率很高。比如，公立学校规模大，在校生上万人，学校的资产、设备和人员的利用率很高，教师与学生的比例基本在1∶20。近些年，职业技术学校的快速发展建立在人们对职业技术教育有越来越多的需求上，每50英里内就有一所正规的职业技术教育学院，职业技术教育正向高层次拓展，并体现出针对性强、灵活性高和专业性强的办学特征。

（一）针对性

美国的职业技术教育紧紧围绕经济需求和劳动力市场运转，在劳动力市场上能否创造价值是培养学生的标准。学校能否对外招生，是否能获得资助，依据的都是该校的就业率。因此，学校开设专业、设置课程必须依据社会所需的人才要求。如果某个专业的就业率持续低于警戒线，该专业就面临停止招生的命运；教师所授的课程不符合企业用工需求，就会被校方更改课程或停止授课。学校特别重视与社会的联系，注重社会对所用人才的满意度，并将其建立在就业率导向的做法之上。各个学校的顾问委员会会聘请有关企业人员来调整培养方案和改进教学方法。为了保证培养的学生符合市场的要求，甚至每位教师也要联络几位外部专家当教学顾问。例如洛杉矶时装设计及销售学院聘请的顾问就多达 100 名，遍布世界各主要国家。各学校每年聘请专业人员做市场调研和毕业生调查，体现出其对劳动力市场的预测、毕业生就业质量反馈极为重视。学校设立相关的公关机构用来安排专业人员与社会联系，进行公关和宣传，并指导学生与雇主面谈、设计求职自荐信等。许多学校还给毕业离校的学生提供终身的就业指导与就业服务。

（二）灵活性

学校拥有高度的自治权，使其独立性强，办事效率高，各个学校的办校特色呈现差异化，推动了职业技术教育形式多样，内容丰富。为了保证培训与就业接轨，学校紧跟劳动力市场的需求，因材施教、因需施教。因此，培训的层次很灵活，既可以是一项技能培训，也可以是全面合格后达到一定水平的毕业训练，培训时间可以在白天也可以在晚上。学校给学生提供了个性化的就业指导和服务，非常重视学生能力禀赋的差异性。在学生选择专业时学校就业部门会对其进行职业生涯指导和心理咨询服务，让学生根据自己的能力和爱好确定接受何种技能训练，以便每一个学生均能掌握一项以上的技能。采用学分制以自由选择学习进度、内容和授课教师。如果本次培训效果不理想，学生还可以重新接受培训或工作一段时间后返回学校接受培训。能力强的学生可以多修学分、跳级或者辅修其他技能。同一课堂上的学生，其学习内容往往不是同一层次的，有的可能在补习理论，有的可能在学习新的知识。理论和操作训练在课堂中交替进行，同一场地可以用作教室，也可以是试验室或实习室。

州教育委员会推荐使用的培训教材，多达几十种版本，同一学校内同一专业的教师使用的教材版本可能也会大相径庭。这种教学方式存在三个倾向。一是重视实践能力。学生高度参与讨论式的课堂教授模式。学生解决问题和创造性思维方面的训练由教师经常指导。二是重视动手能力。重视理论运用，更多地将精力放在实践操作上。美国工业现代化程度很高，如汽车故障检测基本电脑化，学生不用掌握过多高深的理论，只要熟悉本专业的基础知识就可以从事该项工作。三是注重职业道德教育。专业教师只授课，心理咨询室的专职教师负责学生的思想情况、心理状态和学习困难等方面的工作，学校很注意培养学生的协作精神、自信心和道德修养。

（三）专业性

美国对校长、教师实行聘任制，各州规定了校长、教师的任职资格。如加州要求校长具有硕士以上的学历，从事教育工作 5 年以上，并获得相应的教学执照。校长公开招聘，应聘者须提交申请书及资历和才能的证明材料，并参加组织的统一考试。教师也有相应的要求，须获得州政府颁发的教学执照，才能到校应聘。学校每年都对教师进行教学质量评估，教师须在规定的时间内把准备好的教学材料（包括教纲、教案和教学效果）、学术材料和社会活动材料交给教育委员会评价，这一套聘评制度保证了教师质量和教学水平。

三　德国"双轨制"的职业教育

德国"双轨制"的职业教育就是将企业学徒的在岗培训同学校教育融为一体的模式。受培训者以学徒身份在企业内接受职业技能和相应知识的培训，锻炼实践能力。同时以学生身份获取与职业有关的专业和文化知识教育，掌握技能操作原理，提升个人文化素养。这种既具有较强操作技能又具有所需专业理论知识和必需的普通文化知识的技术工人职业教育培训制度将企业与学校、理论灌输与实践应用结合起来。其主要特征是职业学校的受训者兼具企业学徒和在校学生的双重身份，在企业和学校两个不同的地点分别进行培训。时间安排上，每周有 3—4 天在企业中学习实际操作技能，1—2 天在各州办的职业学校中学习理论知识。笔者将从法律基础、管理体制、实施情况以及培训经费四个方面详细介绍"双轨制"职业教育。

（一）法律基础

1969 年德国议会通过并颁布了《职业教育法》，首次对职业学校以外的职业教育（也为职业进修和转业培训）做出了全面的法律规定。其主要内容涉及：①企业与学徒签订的培训合同以及报酬标准；②受训者（学徒）、培训人（培训组织者）和培训员（教师）的权利与义务；③培训工种、培训计划、考核条例等；④对教师资质的要求；⑤对企业培训场所的配备要求；⑥联邦、州和行会对职业教育的监督等。

德国《职业培训促进法》的有关规定更为翔实，包括对职业教育的规划、年度职业教育报告、职业教育统计以及建立联邦职业教育研究所的任务、机构和经费的筹措等。

（二）管理体制

德国的宪法规定了联邦和各州的职权范围。学校教育，包括职业学校教育，由各州负责，其他职业教育由联邦政府负责。德国"双轨制"职业教育在 1972 年由联邦劳动与社会秩序部管理改为由联邦教育和科学部管理。联邦教育和科学部主要负责起草、修订法律并按法律监督实施情况。职业教育的具体实施由联邦政府建立的职业教育研究所、职业教育总委员会以及各州联席委员会负责。总委员会由雇主代表 11 人、公会代表 11 人和政府代表 5 人（11 票表决权）组成，主要对政府的法律、规章、标准等职业教育的原则性问题提出意见。总委员会的常设下属机构是各州联席委员会；其根据是联邦职业教育研究所的职权协调培训条例与州职业学校总体教学计划。

各行业的职业培训委员会由雇主协会、工会和职业教师组成。各行业联合会（简称"行会"），如手工业、工业和农业联合会等，通过其培训顾问专家对职业教育进行监督检查和考核验收。"行会"对各种职业培训场所和培训人员的资格进行审查，负责受训学徒培训合同的登记、变更和终止等，并设立考核委员会，负责对学徒进行理论和实际技能的考核与职业资格证书的核发。

（三）实施情况

企业职业培训是在共同颁布的《培训条例》基础上，由联邦教育和科学部部长会同有关行业的部长，对学徒进行专业技能培训。培训条例包含了培训职业（工种）的名称、期限（至少为 2 年，通常为 3 年，也有的为 3 年半）、必须传授的基本技能和知识、大纲以及考核要求等。目前共有 375 个由国家承认的培训职业，接受这些职业培训的年龄未满 18 岁的青少年达 180 万名。在完成 9 年（柏林为 10 年）普通义务教育后，受训者（学徒）或其法定代理人与培训企业订立培训合同，并在主管部门（即行会）的职业教育关系（按工种）名录中登记注册。

这种培训为期三年。第一年为基础教育。其内容广泛，在于提高学生的适应性、机动性和创造性。第二年侧重某专业技能培训，或者结合产品生产进行专业技能培训。第三年以本专业（工种）技能培训为主。部分用人单位会花费一半以上的培训时间在生产车间进行专业技能培训。

各州教育文化部门管理的职业学校按专业进行分类。通常每周开设 12 小时（与企业培训相配合）的课程。其中约 40% 为普通教育课程，包括数学、德语、公民常识；约 60% 的课程包含专业理论内容，在课程设置上参考企业《职业培训条例》的规定。

（四）培训经费

德国"双轨制"职业培训的费用，包括职业学校的培训费用和企业培训费两部分，由各州政府财政和企业承担，每年的培训费用总计大约为 230 马克。职业学校的培训费用由政府承担，约占全部费用的 15%；企业承担企业培训的费用，约占全部费用的 85%。这些培训费用虽然会增加企业的运行成本，但企业为了提高劳动力的生产效率和企业的生产效益，都抱有极高的培训积极性。

四　法国 CEPAC 中心创业培训模式

20 世纪 80 年代初期，法国政府为应对日益突出的失业问题，创立"小企业创办者培训辅导中心"（简称 CEPAC）。它是一个私营的公益性组织，通过对拟创办小企业人员进行培训、指导与扶持，促使社会失业人员根据自身情况投入小企业创办，促成自身就业的同时也为社会增加就业机会。

（一）CEPAC 中心创业培训模式

CEPAC 中心创业培训的理念是"从学员创业的实际需要出发，以人为本，促进创业成功"。培训流程具体体现在：接待申请者—筛选合格受训者—理论培训—创业辅导—后续扶持。这些培训内容关系密切，不可分割。

1. 接待申请者

采取"圆桌式"谈话方式与申请者会面，不拘形式、不严格规定时间，申请者自信自如面对。对申请者的创业意愿、所具备的基本条件和家庭成员支持程度通过轻松平等的交谈进行了解。同时申请者拟创办企业的市场需求、政府的态度、设备和资金的筹措等创业条件也可以通过其他多种渠道了解，进而充分掌握所选受训学员的第一手资料。

2. 筛选合格受训者

在上一个环节对申请者进行筛选。申请者的培训意愿和独立能力的强弱计入筛选标准考虑范围，同时参考是否需要 CEPAC 中心的援助，是否具备相应的专业技术水准，所从事的项目是否有市场，创业所需的硬件是否具备或能否改善以及是否有可供开发的创业潜力等。

3. 理论培训

该环节主要强调针对性和实用性，在了解学员的需求、创业理念和薄弱环节的基础上，结合基本知识、思维方式和创业技能的培训，培养他们分析问题和解决问题的"反射能力"。市场学、商业管理、会计与财务、法律、业务技巧和销售技术、质量管理、计划分析、保险、税务、报价等构成了培训课程。理论培训效果的评价以创业计划书的质量为衡量标准。学员必须在结束理论培训的前一天完成创业计划书，并提交给顾问委员会，同时向顾问委员会陈述自己的创业计划，再由顾问委员会向学员提出质疑，最后由顾问委员会填写《学员创业计划评估意见表》并举行结业典礼。

4. 创业辅导

这一阶段是核心环节。CEPAC 中心根据学员个性进行量身打造，针对学员创业计划书进行完善和补充，从而使创业计划书的内容更充实、更周密、更具可行性和针对性，其可操作性也更强，以便更好地指导创业。

5. 后续扶持

这是最具特色之处。培训中心对于学员开业以后在发展企业中碰到的各种问题和困难提供及时的咨询服务和有效的援助。通过后续扶持使学员顺利地创办、巩固和发展企业。后续扶持的方式方法颇具弹性。扶持人员可以是教员、顾问委员会或行业的专业人士，扶持的场所可以是任何合适的地方，扶持的方式包括提供咨询、共同参与、协调援助和培训。

总之，CEPAC 中心的创业培训模式既有科学的严密性，又有极强的针对性和实践意义；既有理论培训的一般特征，又有实战指导等创新性的方面。

（二）CEPAC 中心的功能与培训效果

CEPAC 中心有两大功能：一是协助失业人员创业成功，促进他人就业；二是促进失业人员创业成功，避免自身再失业。

CEPAC 中心的培训提高了企业的存活率。俟娜省政府的数据表明，经 CEPAC 中心培训的学员所创办的企业在五年内生存率高达90%，而未经培训的人所创办的企业的生存率不足60%，比前者低30 个百分点。经创业培训的学员所创办的企业在十年内的生存率为75%，而未经创业培训的人所创办的企业的生存率仅为40%，比前者低了35 个百分点。由此可见，创业培训后，受训者创办企业的竞争力和生命力有了显著增强。①

———————————

① 杨晓军：《农民工就业技能培训模式研究》，中国社会科学出版社 2011 年版，第156—157 页。

CEPAC 中心十多年来共有 1200 余名失业人员受训，受训学员所创办的企业为社会直接提供就业岗位近 4000 个，而间接提供就业岗位可达 8000 个，能满足侯娜省失业人员总数的 10% 的就业需求，这为法国政府节约了大笔用于失业人员的开支。

（三）CEPAC 中心的工作特点

"一切为了企业成功"是 CEPAC 中心整个工作的指导思想。这一思想贯穿于中心工作的每一环节，从学员的选择、培训计划的设计、教员的选择，一直到对学员的创业指导和后续扶持。具体来说，中心工作的特点可以归纳为以下几个方面。

一是严格筛选学员，确立学员的主体地位。中心在筛选合格的受训者时，参考了很多标准，从而全面地考核申请者是否符合申请条件。秉持以人为本的理念，一切从学员的创业实际需要出发进行培训和指导。

二是精心设计培训内容。培训内容包括理论和实践两个部分，综合考虑学员创业中可能涉及的方方面面，实务人员和专职教师共同完成培训内容的设计。根据受训学员的个体差异，设计个性化的培训方案，开展针对性辅导。

三是严格选择培训者，成立顾问委员会。培训者包括教员、顾问委员会和行业专业人士，甄选过程严格，执行高标准，在保障师资力量的前提下，提高培训质量。

四是实施个性化辅导和后续扶持。中心还为毕业学员提供后续支持，解决实际创业过程中可能遇到的困难，包括申请创业贷款等各种后续服务，真正做到了受训学员"终身享受售后服务"。

五 加拿大技巧导向的职业技术教育

加拿大根据不同的经济阶段，形成了"整体购买"和"个性化"培训两种职业培训模式。这两种培训模式都很重视就业能力的培养，体现了加拿大以能力为基础的教育理念。在经济复苏时期，加拿大采取"整体购买"培训模式，即针对某个复苏行业的需求，政府购买某项大规模的培训服务。这个时候劳动力市场的需求总量往往比较大，这种培训模式在教学和管理上比较方便，培训需求明确，培训内容有针对性。但是，这种模式也存在不足之处。一是培训内容单一，受训者难以开发技能潜力；二是受训者完成课程持续周期较长。鉴于此，加拿大政府在经济繁荣时期，充分利用失业率下降的机遇，大力提倡"个性化"培训。这种培训模式规模小，见效快，注重个性化需求，因此要求培训前，职业培训机构必须对报名人员进行能力背景测试，帮助其准确定位，选择适合自己的培训课程。

在课程培训结束后，不管是"整体购买"培训模式还是"个性化"培训模式，都要开展技巧培训，一般持续两周。第一周是生活技巧培训，包括基本生活、交际和处理个人问题的技巧等。第二周是求职技巧培训，包括简历制作技巧和面试技巧等。技巧培训结束后，进入实习期，一般有十二周时间。实习者绝大多数时间都在工厂，因此实习者和雇主有比较长的时间相互了解。同时，教练员在这一阶段还需妥善处理实习者和雇主间出现的各种问题，尽量使实习者和雇主二者相互接受，以使实习者在实习结束后就能实现就业。技巧导向的职业技术教育有以下特点：

（一）社会力量共同参与

加拿大动员各方力量开展职业培训，形成了全社会参与职业培训的良好氛围。大专院校是培训的重要力量，它不仅钻研学术，而且还负有职业培训的职责；社区学院则专门从事职业培训，为适应社区和工商业的用人需求开设多样化的课程；私立职业学校基于市场需求提高培训质量，进行各式职业培训；工会增强工人防范失业风险的能力以维护工人的权益。因此，加拿大拥有众多职业培训机构，提供种类丰富的选择给受训人员，满足了社会的需求，提高了全民的劳动素质。

（二）社区职业教育办学基础扎实

加拿大社区学院始建于1967年，是加拿大各省职业技术教育的主要形式。社区学院经过几十年的发展和改进，积累了丰富的培训教学经验，具备了较高的培训水平。各社区的经济社会发展状况和人口比例的变化使得社区技术学院较为均衡地分布在各省的社区中，形成了以社区为平台的系统的职业教育网络。

加拿大社区学院不但有完善的教学设施和先进的实验室及设备，而且学院的师资力量也很雄厚。在办学经费上，主要来源是政府投入，其余部分来自社会捐助。所以办学经费有保证，学院还能拿出大量经费鼓励教师搞科研，使学院能够不断适应科学技术的发展，追逐实用型科学技术的前进步伐。

（三）自主办学开展职业教育

加拿大的职业教育的原则是培养实用、适用人才。学校自主灵活办学，使学校的办学充满活力，这也受到政府的鼓励。学校自己决定专业设置，做到市场需要什么人才，就培养什么专业的人才，始终紧跟市场需求。

为了提高受训者的就业能力，保证与岗位所需技能相衔接，加拿大各职业培训机构往往设有一个专门的顾问委员会，其职能是岗位分析，确定岗位所需的各专项能力。教学人员则根据顾问委员会的建议分别制定出模块教学计划，并付诸实施。因此，加拿大以市场为导向、以岗位分析为前提的职业培训，能使学员掌握与岗位相匹配的工作技能，从而为实现就业创造良好的条件。

（四）注重社会实践和就业指导

加拿大向社会调查专业需求之后，再决定开设专业类别，并由职业技术学院常设的人才咨询与就业中心具体负责。学生与用人单位和社区企业开展合作项目，给学生提供参与社会实践的机会，使学生提前了解社会需求。这样，不但使学生增加了收入，而且使用人单位增进了对实习者的了解，增加了学生毕业后留用的机会。

此外，加拿大职业培训机构设有就业咨询中心，致力于培训与就业的无缝接轨。中心随时接受学员咨询，指导学员就业；同时对毕业已就业的学员进行跟踪调查，以获得用人单位的反馈信息，进一步调整和改进职业培训工作思路，并有专人收集社会各行业的用人信息。有些培训机构还直接与企业联合办学，发挥各自的优势，共同开设企业需要的专业培训课程，通过考核的毕业生由企业接收，顺利地完成从培训到就业的转移。

（五）实行培训机构的民主管理

加拿大的职业技术学院实行董事会制，院长被排除在董事会外，没有表决权。董事会定期召开会议，讨论并研究决定学院的工作，及时给学院提出意见或决定任免院长。这些有效的民主管理体制，有效地促进了学院工作目标的实现，加强了对院校工作的监督和管理，缩短了学院和社会的距离。

第二节　国外职业技能培训的启示

根据以上对英、美、德、法和加拿大等西方国家职业教育与培训特点的考察，我们发现西方国家在培训制度、管理结构、培训方式和筹资渠道上对我国新生代农民工就业培训有一定的启示意义。

一　培训制度法制化

完善的法律法规是实施职业培训和促进就业战略得以成功的重要保障。西方国家通过制定相关的法律法规，明确了职业教育与培训的地位、作用和具体实施规范，对职业培训的顺利开展具有指导意义。如英国先后颁布的《技术教育法》《职业指导法》《职业选择法》《就业与训练法》和《农业培训局法》等，形成了一整套完善的职业培训法律体系，使英国的职业培训较为规范化和系统化。西方各国均设立了完备的法律体系保障职业培训的顺利进行。

在我国，仅有的一部与农民工职业技能培训相关的《就业促进法》也没有涉及专门针对农民工培训或就业的具体内容，这表明我国的农民工职业技能培训的立法几乎空白。

二　管理结构多元化

在发达的市场经济国家中，政府、企业和工会以及各种培训机构都在职业培训中呈现出多元参与、共同合作的关系。由政府主要负责制定国家职业培训法律、法规和政策，并监督检查其贯彻执行情况，往往由具有独立法人资格的公共培训管理机构去实施具体的业务管理工作。由于公共培训管理机构是独立进行经营和核算的法人实体，在职业培训运作和管理中就必须按照市场规律办事。这就为职业培训引入市场竞争机制和社会化提供了前提条件，企业、工会和私营培训机构都能进入培训市场，提供多样化的培训服务。

我国农民工职业技能培训主要还是由政府主导，这样既无法开发社会潜能，又增加了政府的负担，所以应当进一步打破政府垄断，引入多元主体参与，增强就业培训市场竞争，提升培训质量。

三 培训方式市场化

成熟的国家职业培训工作应该根据劳动力市场需求和促进就业的宗旨来改善管理方法、改革培训模式、更新培训方法和丰富培训内容，使职业培训更加符合市场需求，从而成为促进就业的重要手段。培训机构十分注重对于各种有价值的信息的利用，主要是根据国家和经济社会发展的信息、技术进步和产业结构调整信息、劳动力市场供求信息以及企业的具体用工信息，并针对被培训学员的具体情况和特点，分别制定有针对性的培训方案和丰富而又独具特色的职业培训内容，促进培训和就业的有效衔接，提高就业率。

培训与就业脱离是我国当前农民工职业培训的一个突出问题，应当将培训机构获得的政府拨款和培训学员的就业率相挂钩（而不仅仅按照机构培训的农民工数量决定补贴数额），每年定期评估培训质量以决定下年度的拨款总额，确保培训与就业接轨，培训的学员符合市场的需要。

四 筹资渠道多样化

充足的经费是职业技能培训的物质保障。西方国家都为此开辟了多样化的筹资渠道。一般政府的财政拨款占大部分，其余依靠社会各方力量捐助，形成了政府与社会共同完成职业培训的局面。当然，政府拨款的数额不是固定不变的，定期根据培训质量的考核结果调整预算金额，不仅保证了资金真正用在职业培训上，而且促使培训机构注重提高办学质量。

经费不足是长期困扰我国农民工职业技能培训的难题，常常造成农民工职业技能培训进展缓慢，即便在国家加大农民工培训资金投入的基础上，培训质量也难以提高。为此，我们有必要广泛开拓筹资渠道，发挥用工企业与社会力量共同参与农民工职业技能培训。

本章小结

综上所述，英国分层次的农民职业培训、美国职校主导的职业教育、德国"双轨制"的职业教育、法国 CEPAC 中心创业培训模式和加拿大技巧导向的职业技术教育各具特色、各有千秋。虽然各国国情不同，这些培训模式的对象也不完全针对农民工，但培训制度法制化、管理结构多元化、培训方式市场化以及筹资渠道多样化等西方职业技术教育中具有普遍意义的成功经验，无疑值得在完善我国农民工职业技术教育过程中加以借鉴和参考。

第三章 新生代农民工就业培训的政策与现状

新生代农民工在城镇化建设和工业化推进的过程中起着不可或缺的作用，农民工能否顺利就业，不仅关乎社会经济发展，也关乎社会稳定和农民工市民化。农民工就业培训工作一直以来都受到党和政府的高度重视，从中央出台的"一号文件"到国务院各部门的文件，再到地方各级政府的相关文件，党和政府相继出台了百余项相关政策，为农民工就业培训工作的顺利开展提供了政策保障。通过对现有的农民工就业培训政策文件进行梳理，能够总结出相关政策的基本特点及演变规律。通过对重庆市新生代农民工就业培训的实证调研，分析新生代农民工技能培训的现状和需求，为进一步完善农民工就业培训政策提供了现实依据。

第一节 农民工就业培训的政策基础及演变

农民工就业培训的制度基础包括法律和政策两个方面。专门针对农民工就业技能培训的法律还是空白，明确涉及农民工培训权利的相关法律也比较少，缘于此，只能对现有关于农民工培训相关法律部分做简略概述。《就业促进法》第五十条规定：地方各级人民政府采取有效的措施，组织和引导就业的农村劳动者参加技能培训，鼓励各类培训机构为农村劳动者提供技能培训，增强其就业能力和创业能力。这也是第一次明确规定将农民工就业技能培训上升到法律层次。《劳动合同法》对农民工培训权利的规定也有间接涉

及，如第二十二条规定：用人单位为劳动者提供专项培训费用，对
其进行专业技术培训。目前，我国有关农民工就业培训的制度规定
基本上都是以政策形式出台的，所以下面主要从中共中央、国务院
及其相关部委和地方政府三个层面对农民工培训主要政策进行简要
梳理和摘要解读。

一 中共中央关于农民工培训的政策规定

农民工在城市中是否顺利稳定就业、在就业市场中地位的高低
已成为影响我国经济社会健康有序和谐发展的重要因素之一，而农
民工在就业市场中的地位与政府对于农民工的就业政策密切相关。
分析农民工就业培训相关政策对于探析农民工在就业市场中地位的
形成与变化、提升农民工在就业市场中的地位、保障农民工与当地
市民均等享有就业服务具有重要意义。

改革开放至今，农民工就业培训政策经历了禁止农民工进城就
业阶段（1978—1983 年）、允许农民工进城就业阶段（1984—1988
年）、控制和规范农民工进城就业阶段（1989—1999 年）、引导扶
持农民工进城就业阶段（2000 年至今）四个阶段。与农民工就业培
训密切相关的政策主要集中在第四阶段。为解决农民工就业难问
题，中央和各级地方政府采取了一系列措施促进农民工就业，农民
工就业培训便成为促进农民工就业的主要政策措施之一。

中共中央在 1982—1986 年连续五年发布了以"三农"问题为
主题的中央"一号文件"。2004 年到 2016 年中共中央又连续发布了
十一个以"三农"问题为主题的中央"一号文件"，其中有九个文
件涉及了农民工就业培训内容。2004—2016 年中央"一号文件"中
与农民工培训相关内容的统计情况如下。

从表 3-1 可以总结出 2004—2016 年中央"一号文件"中关于
农民工培训政策的特点。

许多年份的"一号文件"都有政策创新之处，农民工培训的政
策涉及面和重点也随着时间的推移而逐渐增多。

表 3 - 1　　　中央"一号文件"中关于农民工培训政策的统计

出台年份	名称	农民工培训相关政策内容				
		资金投入	扶持指导	多元方式	项目服务	其他方面
2004	《关于促进农民增加收入若干政策的意见》	将培训服务与管理经费纳入财政预算	健全法律法规，依法保障权益			
2005	《关于进一步加强农村工作提高农业综合生产能力若干政策的意见》	增加农民工技能培训投入；采取补助方式		调动社会力量广泛参与；培训券	扩大"阳光工程"实施规模	开展转业转岗培训
2006	《关于推进社会主义新农村建设的若干意见》	将培训经费纳入财政预算；提高培训补助标准		建立多元办学培训机制；发展农村职业和成人教育	扩大"阳光工程"实施规模	开展转产转岗培训
2007	《关于积极发展现代农业 扎实推进社会主义新农村建设的若干意见》	进一步提高补助标准	权益保护	开展定向、订单培训；组织社会力量广泛参与培训	加大"阳光工程"支持力度	培育中高级技工
2008	《关于切实加强农民工基础建设 进一步促进农业发展农民增收的若干意见》		就业指导和服务			
2009	《关于2009年促进农业稳定发展 农民持续增收的若干意见》	加大投入、开展服务	创业扶持政策落实	输出地、输入地政府和企业都应加大投入		开展技能培训

续表

出台年份	名称	农民工培训相关政策内容				
		资金投入	扶持指导	多元方式	项目服务	其他方面
2010	《关于加大统筹城乡发展力度进一步夯实农业农村发展基础的若干意见》		就业指导和服务；促进就业创业；维护合法权益		将返乡创业和就地就近创业纳入政策扶持范围	规范培训工作
2012	《关于加强推进农业科技创新持续增强农产品供给保障能力的若干意见》		对返乡创业项目给予补助和贷款支持			
2013	《关于加快发展现代农业　进一步增强农民发展活力的若干意见》		加强农民工职业培训、社会保障和权益保护			
2015	《关于加大改革创新力度　加快农业现代化建设的若干意见》		建立农民工工资支付保障机制	引导返乡创业、落实减税和降费政策	实施农民工职业技能提升计划	
2016	《关于落实发展新理念　加快农业现代化　实现全面小康目标的若干意见》		建立健全农民工工资支付保障长效机制	稳定并扩大外出农民工规模，支持农民工返乡创业	实施新生代农民工职业技能提升计划	

（1）2004 年，首次把农民工职业培训及管理费用纳入正常的财政预算，也是首次为农民工的权益保护提供政策支持。

（2）2005 年，第一次提出农民工"培训券"的使用，由此可见，政府部门开始重视对培训资金的使用效率和培训的实用性。

（3）2006 年，倡导建立政府扶持、面向市场、多元办学的培训机制。政府部门已放弃最初单纯的提供服务，而是开始注重市场需求，采取多元化的培训方式。

（4）2007 年，要求从农民工培育出一批中高级技工，这是第一次对农民工技能培训提出了级别的要求，鼓励用工企业和培训机构开展定向、订单培训并鼓励社会力量的广泛参与。

（5）2009 年，首次提出输出地、输入地的政府和企业都要加大投入。这表明农民工技能培训是一项系统性的工程，其资金投入需要多方主体的共同努力才能取得实效。

（6）2010 年，提出要规范培训工作，并与整合培训资源相结合。

（7）2013 年，首次同时对"职业培训、社会保障、权益保护"三者给予了强调，此前的文件中都是强调其中的一项或两项权益。这不仅关系农民工平等地享有劳动报酬，还将影响子女教育、计划生育、文化服务等基本权益的享有，体现了对农民工"权利束"的整体保护。

（8）2015 年，首次实施农民工职业技能提升计划，注重农民工自身职业素质的提高和就业环境的改善。

（9）2016 年，首次提出要稳定并扩大外出农民工规模，支持农民工返乡创业，强调政策的稳定性和延续性。

此外，有些政策规定对农民工享有高效、平等的技能培训有着至关重要的作用，所以备受党中央的关注，在多个年份的"一号文件"中均有所涉及。

1. 将培训经费纳入财政预算中

2004 年"一号文件"提出要将进城农民的职业培训经费纳入正

常的财政预算，2006 年"一号文件"提出各级财政要将农村劳动力培训经费纳入预算，可见政府的财政投入仍是农民工培训工作开展的主要资金保障。

2. "阳光工程"的实施

"阳光工程"主要是在革命与贫困地区、劳动力输出地、粮食主要生产区开展的劳动力转移到非农领域就业的职业技能培训项目。2005 年、2006 年及 2007 年的中央"一号文件"都对"阳光工程"的实施规模或支持力度有所强调。

3. 转岗培训工作

2005 年"一号文件"提出为适应产业结构升级和提高竞争力的需要，要搞好农民转业转岗培训工作；2006 年"一号文件"提出要增强农民转产转岗就业的能力。

4. 依法保障农民工各项权益

2004 年"一号文件"提及要健全有关法律法规，依法保障进城就业农民的各项权益；2010 年"一号文件"要求切实维护农民工合法权益。

5. 创业、就业服务指导

2009 年"一号文件"提出要落实农民工返乡创业扶持政策；2010 年"一号文件"强调要加大农民工外出务工就业指导和服务力度。

6. 培训补贴

2005 年"一号文件"第一次提出要对参加培训的农民工给予补贴；2006 年"一号文件"提出要提高补助标准；2007 年"一号文件"强调要进一步提高补助标准。

二 国务院及其相关部委关于农民工培训政策规定

除了中共中央出台了大量"一号文件"外，国务院及其他相关部委也分别出台了一系列的相关政策，大致可以分为两类：国务院印发文件和部委印发文件（包括部委联合印发文件）。这些文件显示了中央政府及相关部委高度关注"三农"问题，并且倡导通过就业培训的途径来促进农民工就业。

（一）国务院颁发的涉及农民工就业培训的文件

主要包括 2006 年《国务院关于解决农民工问题的若干意见》、2010 年《关于进一步做好农民工培训工作的指导意见》、2012 年《关于批转促进就业规划（2011—2015 年）》、2012 年《中国农村扶贫开发纲要（2011—2020 年）》、2013 年《国务院办公厅关于政府向社会力量购买服务的指导意见》、2014 年《国家新型城镇化规划（2014—2020 年）》等国务院发布和批转的文件，见表 3 - 2。

表 3 - 2   国务院文件中关于农民工培训相关政策的统计

出台年份	名称	农民工培训相关政策内容				
		资金投入	扶持指导	多元方式	项目服务	其他方面
2006	《国务院关于解决农民工问题的若干意见》	政府、用人单位和个人共同负担的投入机制		利用广播电视和远程教育等现代手段；发展订单式培训；培训券；建立培训基地	用人单位培训责任，对不履行义务者强制提取职工教育培训费	强调培训规模和质量；职业技能鉴定
2010	《关于进一步做好农民工培训工作的指导意见》		资金统筹管理制度；创新农民工培训机制	产学结合方式；加强基地建设	培训资金全过程监管；谁审批谁负责	规范机构管理
2012	《关于批转促进就业规划（2011—2015 年）》		职业培训、就业服务、劳动维权"三位一体"的工作机制			

续表

出台年份	名称	农民工培训相关政策内容				
		资金投入	扶持指导	多元方式	项目服务	其他方面
2012	《中国农村扶贫开发纲要（2011—2020年）》	对农村贫困家庭新生劳动力接受的职业培训给予特殊补贴				
2013	《国务院办公厅关于政府向社会力量购买服务的指导意见》					针对教育、就业等基本公共服务领域，政府加大向社会力量购买的力度
2014	《国家新型城镇化规划（2014—2020年）》			开展农民工就业技能培训；开展在岗农民工岗位技能提升培训		
2014	《农民工职业技能提升计划——"春潮行动"实施方案》			就业技能培训；岗位技能提升培训；创业培训		
2015	《国务院办公厅关于印发〈进一步做好新形势下就业创业工作重点任务分工方案〉的通知》		依托基层就业和社会保障服务设施等公共平台，提供创业指导和服务	支持农民工返乡创业，发展新型农业经营主体，落实减税政策；创建农民工返乡创业园；支持农民网上创业		

出台年份	名称	农民工培训相关政策内容				
		资金投入	扶持指导	多元方式	项目服务	其他方面
2016	《国务院关于落实〈政府工作报告〉重点工作部门分工的意见》			发展中西部地区中小城市和小城镇，容纳更多的农民工就近就业创业		完成2100万人次以上农民工职业技能提升培训任务

上述国务院文件中关于农民工培训的政策内容大致可概括为以下几方面。

1. 资金投入

《国务院关于解决农民工问题的若干意见》强调了对农民工培训规模和质量的关注，主张建立由政府、用人单位和个人共同负担的农民工培训投入成本分摊机制，并推广"培训券"等直接补贴方式；《中国农村扶贫开发纲要（2011—2020年）》还提出要对农村贫困家庭新生劳动力接受的职业培训给予特殊补贴。

2. 扶持指导

《关于进一步做好农民工培训工作的指导意见》提出要建立资金统筹管理制度，并创新农民工培训机制；《关于批转促进就业规划（2011—2015年）》提出要建立职业培训、就业服务、劳动维权"三位一体"的工作机制。

3. 多元培训方式

《国务院关于解决农民工问题的若干意见》提出要充分利用广播电视和远程教育等现代手段，建立劳务培训基地并发展订单式培训；《关于进一步做好农民工培训工作的指导意见》则首次提出加强基地建设和产学结合的企业培训方式；《国家新型城镇化规划

（2014—2020 年）》提出开展农民工就业技能培训，基本消除新成长劳动力无技能从业现象，开展在岗农民工岗位技能提升培训，使大多数人由普工发展为新型技工。

4. 培训监督

《国务院关于解决农民工问题的若干意见》强化用人单位培训责任，对不履行培训义务的用人单位，国家要强制提取职工教育培训费，用于政府组织的培训。

5. 其他方面

《国务院关于解决农民工问题的若干意见》强调了培训的规模和质量，制定鼓励农民工参与职业技能鉴定、获取国家职业资格证书的政策；《关于进一步做好农民工培训工作的指导意见》提出要对培训机构进行规范管理；《国务院办公厅关于政府向社会力量购买服务的指导意见》提出政府要通过加大向社会力量购买服务的力度，来增强对就业、教育等基本公共服务领域的投入。

（二）国务院部委颁发的涉及农民工培训的相关文件

第一类为国务院各部委印发文件。主要包括：2008 年教育部办公厅发布了《教育部办公厅关于中等职业学校面向返乡农民工开展职业教育培训工作的紧急通知》、2009 年教育部发布了《教育部关于切实做好返乡农民工职业教育和培训等工作的通知》、2011 年国务院国有资产监督管理委员会印发了《关于中央企业做好农民工工作的指导意见》、2014 年人力资源和社会保障部印发了《人力资源和社会保障部关于开展 2014 年公共就业和人才服务专项活动的通知》。第二类为国务院部委联合印发文件。如 2004 年财政部、农业部印发《关于农村劳动力转移培训财政补助资金管理办法（试行）》，文件要求："各地要加强和规范农村劳动力转移培训财政补贴资金的管理，提高资金使用效益，以培训券或现金等形式直接补贴给受培训农民工，也可以通过降低收费标准的方式补贴给培训机构。"2007 年农业部、财政部等发布了《关于做好 2007 年农村劳动力转移培训阳光工程实施工作的通知》，文件要求："各地要采取切实

表 3 – 3　　　　国务院部委文件中涉及农民工培训政策的统计

出台年份	名称	农民工培训相关政策内容				
		资金投入	扶持指导	多元方式	项目服务	其他方面
2004	《关于农村劳动力转移培训财政补助资金管理办法（试行）》	成立专项培训资金，由地方财政与中央财政共同承担				以培训券或现金形式补贴农民工；以降低收费形式补贴培训机构
2007	《关于做好 2007 年农村劳动力转移培训阳光工程实施工作的通知》			创新培训模式；支持优质培训基地		拓展技能培训内容；规范引导性培训
2008	《教育部办公厅关于中等职业学校面向返乡农民工开展职业教育培训工作的紧急通知》		为返乡农民工接受职业教育培训提供支持和帮助	以县级职教中心为主要基地，发挥农村成人文化技术学校、普通中学等机构的作用		加强与其他部门的协调与合作
2009	《教育部关于切实做好返乡农民工职业教育和培训等工作的通知》	多渠道解决经费投入			精心组织实施教育培训工作，加强督导检查	招收返乡农民工接受中等职业教育
2011	《关于中央企业做好农民工工作的指导意见》	充分保障农民工培训资金投入	加强农民工技能培训，建立健全培训机制			

续表

出台 年份	名称	农民工培训相关政策内容				
		资金投入	扶持指导	多元方式	项目服务	其他方面
2011	《中国农村扶贫开发纲要(2011—2020年)》			输出地和输入地开展劳动力就业培训		完善"雨露计划"
2014	《人力资源和社会保障部关于开展2014年公共就业和人才服务专项活动的通知》		以农村转移就业劳动力作为重点服务对象之一,按要求集中提供有针对性的就业服务			

措施,不断创新培训模式,努力提高培训质量,在继续落实质量建设六条要求的基础上,延长培训时间,拓展技能培训内容,规范引导性培训,打造劳务品牌,支持优质培训基地,抓好农村劳动力转移就业。"

表3-3所述内容是国务院部委所发文件中涉及农民工培训的相关政策内容,可将其归纳如下:

1. 资金投入

《关于农村劳动力转移培训财政补助资金管理办法(试行)》:"成立专项培训资金,由地方财政与中央财政共同承担,以地方财政为主。"《教育部关于切实做好返乡农民工职业教育和培训等工作的通知》:"多渠道解决农民工就业培训的经费问题。"《关于中央企业做好农民工工作的指导意见》:"充分保障农民工培训资金的投入,努力创造培训所需的各项条件。"

2. 扶持指导

《教育部办公厅关于中等职业学校面向返乡农民工开展职业教育培训工作的紧急通知》："通过各部门的合作与协调，为返乡农民工接受职业教育培训提供支持和帮助。"《关于中央企业做好农民工工作的指导意见》："建立健全培训机制。"

3. 多元培训

《教育部办公厅关于中等职业学校面向返乡农民工开展职业教育培训工作的紧急通知》："以县级职教中心为主要基地，充分发挥农村成人技术学校、普通中学以及其他培训机构的作用。"《中国农村扶贫开发纲要（2011—2020 年)》："输出地和输入地要积极开展劳动力就业培训。"

4. 培训监督

《教育部关于切实做好返乡农民工职业教育和培训等工作的通知》："精心组织实施教育培训工作，加强督导检查。"

5. 其他方面

《关于农村劳动力转移培训财政补助资金管理办法（试行)》："培训补助资金以农民直接受益为原则，以培训券或现金等形式直接补贴受培训农民，也可通过降低收费标准的方式补贴培训机构。"《教育部关于切实做好返乡农民工职业教育和培训等工作的通知》："招收返乡农民工接受中等职业教育。"《中国农村扶贫开发纲要（2011—2020 年)》："完善雨露计划，对农村贫困劳动力开展实用技术培训。"

三　地方政府关于农民工培训的政策规定

除了中央"一号文件"和国务院及相关部委文件外，各级地方政府也对农民工的就业培训制定了不少政策规定。下面将列表展示几个省市出台的部分典型政策制度，并对其中所涉及的关于农民工培训的相关内容进行简要归纳。

四川、山东等省属于劳动力输出大省，出台的关于农民工就业培训的相关文件也相对较多，比较有代表性的文件包括：2009 年四川省成都市劳社局、财政局、建设委员会联合印发《成都市建筑农民工培训就业行动计划》、2010 年四川省政府办公厅印发《关于进一步做好农民工培训工作的意见》、2014 年四川省总工会印发《关于进一步做好农民工工作的通知》、2010 年山东省政府办公厅印发《关于贯彻国办发〔2010〕11 号文件进一步做好农民工培训工作的通知》、2011 年山东省总工会连同教育厅等省直 17 个部门联合会签《关于加强全省农民工素质教育的意见》、2013 年山东省政府出台《关于进一步做好新形势下农民工工作的意见》。

表 3 - 4　　　　地方政府文件关于农民工培训政策的统计

出台年份	名称	农民工培训相关政策内容				
		资金投入	扶持指导	多元方式	项目服务	其他方面
2008	《黑龙江省农村劳动力转移办法》	县级以上政府应加大农村劳动力转移培训资金的投入		建立劳务培训基地	职能部门加强对培训资金使用的管理和监督	
2009	《成都市建筑农民工培训就业行动计划》	补贴资金；特殊人员的失业保险金和残疾人就业保障金；培训合格人员的奖励		民间夜校、组织培训定点机构送教上门		
2010	《吉林省农民工培训工作五项制度》	财政拨付技能培训和鉴定资金	技能培训成果验收制度、培训机构和培训专业认定制度		劳动部门要定期或不定期地组织抽查	
2010	《关于进一步做好农民工培训工作的意见》		同一地区同一工种补贴要一致	鼓励企业与学校合办培训	引入第三方监督机制	企业须保证农民工得到与其他职工同等培训

续表

出台年份	名称	农民工培训相关政策内容				
		资金投入	扶持指导	多元方式	项目服务	其他方面
2010	《关于贯彻国办发〔2010〕11号文件进一步做好农民工培训工作的通知》	将农民工培训资金列入财政预算，以地方财政为基础、省级财政给予适当补助	考核和技能鉴定机制、实名制管理制度	农民工培训示范基地、劳动就业培训中心、网络培训、广播电视培训、电化培训	绩效考评制度和社会监督	实行分类培训并强化企业的培训责任
2011	《关于加强全省农民工素质教育的意见》	加大财政投入、成立专项教育培训"基金"；动员和发挥社会多元力量	完善培训激励机制	农民工教育培训基地、工会所属教育阵地、周末学校与流动夜校		鼓励多方参与农民工培训工作，使内容形式丰富化
2013	《河北省农民工权益保障条例》	专项资金	提供法律法规政策咨询、就业指导和职业技能培训服务	完善培训质量评估指标体系和绩效评估机制		鼓励各类培训机构提供技能培训和就业服务
2013	《关于进一步做好新形势下农民工工作的意见》	统筹培训资金部分要设立专项基金，提供职业培训补贴和技能鉴定补贴	实行城乡统一的就业失业登记制度		各级人社部和审计部要加强对资金提取和使用的监督	
2013	《2013年重庆市农民工工作要点》	统筹使用培训资金、严格资金审批制度	建立培训资金与使用效益挂钩的动态管理机制		对培训资金的全过程监督	

续表

出台年份	名称	农民工培训相关政策内容				
		资金投入	扶持指导	多元方式	项目服务	其他方面
2014	《关于进一步做好农民工工作的通知》			分级分类开展培训、基地建设、社会多方参与		技能培训和素质培训相结合
2014	《关于创新和加强农民工工作的若干意见》		发展职业教育与劳动预备制培训			打破地域、部门限制，在户籍所在地或求职就业地享受培训补贴
2015	《湖北省人民政府关于进一步做好为农民工服务工作的实施意见》	建立政府、企业、个人共同参与的农民工市民化成本分担机制和财政转移支付同农民工市民化挂钩机制		开展职业技能培训项目；进行新成长劳动力职业培训；促进农民工创业	省政府成立农民工工作领导小组，将定期对为农民工服务重点工作和突出问题开展督察	

　　由表 3-4 政策内容比较可知，不少地方政府为了推动农民工就业培训工作顺利开展，从不同的方面给予政策扶持和帮助。相关政策文件基本都涉及的内容主要包括：培训资金投入、政策扶持与指导、培训主体和方式的多元化以及培训的全过程监督等，彰显了政府对农民工就业培训工作的广泛重视和保障力度。

四　农民工就业培训政策的总体特征

　　前文通过对中共中央"一号文件"、国务院及相关部委文件和地方政府相关文件关于农民工培训的梳理、归纳和概括，并结合农民工就业培训政策所经历的四个阶段的政策演变，即禁止农民工进城就业阶段（1978—1983 年）、允许农民工进城就业阶段（1984—1988 年）、控制和规范农民工进城就业阶段（1989—1999 年）、引导扶持农民工进城就业阶段（2000 年至今），从中可以发现农民工培训政策发展演变的四个特征。

（1）农民工在城市就业的政策总体上经历了由堵到疏、逐步放宽的过程。改革开放之初，随着农村微观经营体制改革，释放出大量农村剩余劳动力，面对这些释放出来的大量农村剩余劳动力，如何使其合理有序地转移到城市，既能发挥农村廉价劳动力优势，促进经济发展，又不给城市造成过大负担，成为政府亟待解决的实际问题。为了解决始于 20 世纪 70 年代末的大量农村剩余劳动力的就业问题，政府便开始允许农民"离土不离乡"就近就业。直至 20 世纪 80 年代中期，伴随城市经济体制改革的启动和城市私营企业的发展，对于劳动力需求量增加，政府才允许农民进城就业。在此阶段，由于对农民工进城新现象和农民工新群体缺乏充分认识，再加上政策相对于现实具有滞后性，政府对农民进城就业几乎没有多少规范与限制。20 世纪 90 年代，随着"民工潮"的出现，社会各界才开始广泛关注农民工这个特殊群体，中央与地方政府已陆续出台了部分规范农民进城就业的政策，这些政策名为规范实为限制。进入 21 世纪，政府继续出台规范农民工城市就业的政策，但此时的规范政策较之于 20 世纪 90 年代的规范政策存在显著区别：此前的规范政策实质是限制农民工在城市就业市场中的主体地位，而 21 世纪的规范政策则取消了农民进城就业的限制，并赋予农民工在城市就业市场享有公共就业培训服务的权利，逐步保障他们在城市更加广泛的相关权益。

（2）农民工城市就业市场呈现从城乡分割向城乡一体化发展的演变过程。20 世纪末，农民工进城就业的政策基本上服从于城市就业市场的需要，重城市轻农村，对农民进城就业进行限制，就业和社会保险等都是区别对待，进而加剧了城市中农民工与当地市民的二元分割。自 21 世纪以来，中央政府逐步取消农民工城市就业的政策限制，并开始出台农民工就业培训政策，促进就业。此时，农民工与市民的就业政策出现趋同态势。

（3）农民工在城市就业经历了由政府主导到就业市场主导的演变过程。从 21 世纪开始，政府通过逐步放宽对就业市场的管制，充分发挥就业市场的竞争机制的作用，使得农村剩余劳动力得到更大程度释放，因此，农民工群体数量呈现逐年上升的趋势，此时就业市场在农民工就业中的作用越来越重要。

（4）农民工的就业市场主体地位逐步被纳入政府的政策体系。从改革开放至今，政府从限制农民工进城就业到现在出台各种促进农民工就业的培训政策，表明政府已经认识到农民工城市就业的重要意义，并承认了其就业市场的主体地位。为解决农民工自身人力资本存量不足的问题，进入 21 世纪之后政府出台了一系列政策开始促进其在城市就业。最为典型的便是从 2008 年全球金融危机导致大量农民工返乡开始，中央政府连续密集地出台农民工培训政策，如2008 年教育部办公厅发布《教育部办公厅关于中等职业学校面向返乡农民工开展职业教育培训工作的紧急通知》、2009 年教育部发布《教育部关于切实做好返乡农民工职业教育和培训等工作的通知》、2010 年国务院发布《关于进一步做好农民工培训工作的指导意见》、2012 年国务院批转的《促进就业规划（2011—2015 年）》政策文件等，要求各地政府采取切实措施开展农民工就业培训，促进农民工就业，并且此时明确了地方政府责任，对失职的政府官员进行追责。

改革开放以来，农民工进城就业政策呈现出逐步改善的趋势，但基于我国正处于社会主义初级阶段且仍将长期处于初级阶段的基本国情，农民工就业政策的完善尚需时日。从农民工培训政策的演变过程可见，农民工城市就业政策缺乏长期规划，主要是出于解决现实问题而被动出台，缺乏前瞻性和系统性。当然，从第四阶段的政策演变来看，此时政府已采取了积极灵活的政策来促进对广大农民工的人力资本投资，进一步推进农民工的城市就业问题的解决、加快地方经济社会发展和城市化进程。

五　新生代农民工就业培训项目实践模式

近 30 年来，我国对农民工群体的政策经历了多次转变，从刚开始的忽视、抑制到有序管理、积极引导。自 2000 年以来，中央开始正视和解决农民工问题。从 2003 年起，中央更进一步确立了加强农民工就业培训并促进就业的劳务输出政策，以加速农村劳动力转移和统筹解决城乡问题，为此，中央开始倡导并全面推动农民工培训工作。面对大规模的农民工培训的需求，中央打破传统的公共部门垄断，引入私人部门和非营利组织，利用社会力量辅助农民工就业培训，构成了政府、第三部门与市场之间共同参与的多元格局，实践模式也呈现多样化的趋势。

（一）政府主导型培训模式

政府主导型培训模式是指由各级政府（包括政府职能部门）主导，通过委托各类职业技术学校、联合用工企业等方式和途径，引导农民工进行各类培训活动，从而提升其技能、知识及综合素质的农民工培训模式。[1] 此模式在我国农民工培训的相关政策和实践层面上占据了极大的比重。政府在组织培训之前必须要预先收集农民工群体的相关需求信息，再结合市场需要来制定相应的培训方式和培训内容。此模式的培训费用主要是由财政买单，由政府相关部门或委托的民间机构来负责培训过程的监督和培训效果的评估。2015年国务院办公厅印发的《国务院办公厅关于支持农民工等人员返乡创业的意见》明确提出：各级政府必须紧密结合返乡农民工等人员创业特点、需求和地域经济特色，编制实施专项培训计划，整合现有培训资源，开发有针对性的培训项目，加强创业师资队伍建设，采取培训机构面授、远程网络互动等方式开展创业培训，扩大培训

---

① 王竹林、吕默：《农民工培训模式及动力机制探究》，《西安财经学院学报》2013年第 6 期。

覆盖范围，提高培训的可获得性，并按照规定给予创业培训补贴。建立健全创业辅导制度，加强创业导师队伍建设，从有经验和行业资源的成功企业家、电商辅导员、职业经理人、天使投资人、返乡创业带头人当中选拔一批创业导师，为返乡创业农民工等人员提供创业辅导。

中央和地方政府通过出台有关强制性的政策法规将对农民工的就业培训纳入国民教育体系，如通过政府部门财政拨款、减轻用工企业以及农民工自身担负的培训经费，对农民工进行专业技能、法律常识、公共道德、学历等方面的教育。

1. 典型案例

典型案例一：阳光工程

"阳光工程"主要是在革命老区与贫困地区、劳动力输出地、粮食主要生产区开展的劳动力转移到非农领域就业的职业技能培训项目。该项目主要分为三个阶段：第一阶段是 2004—2005 年，重点支持粮食主产区、劳动力主要输出地区、贫困地区和革命老区开展短期职业技能培训，并积极探索培训工作机制，为大规模开展培训奠定基础。共培训农村劳动力 500 万人，年培训 250 万人。第二阶段是 2006—2010 年，在全国建立健全农村劳动力转移培训机制，大规模开展职业技能培训，加大农村人力资源开发力度。培训农村劳动力 3000 万人，年培训 600 万人。第三阶段是 2010 年以后，按照中央城乡经济社会协调发展的要求，把农村劳动力培训纳入国民教育体系中。不断扩大培训规模，逐步提高培训层次。① 该方案从 2004 年按照"政府推动、学校主办、部门监管、农民受益"的原则开始实施。中央为了促进该工程的有效实施，于 2005 年发出《农村劳动力转移培训财政补贴资金管理办法（试行）》的通知，确立

① 中央政府门户网：《实施农村劳动力转移培训"阳光工程"》，http：//www.gov.cn/ztzl/nmg/content_ 404978.htm，2014 年 3 月 21 日。

了培训补贴资金由地方财政和中央财政共同承担，以地方财政为主的原则。

典型案例二：春潮行动

人力资源和社会保障部于 2014 年 4 月 11 日印发《农民工职业技能提升计划——"春潮行动"实施方案》（以下简称《方案》），启动"春潮行动"。《方案》中提出，力争到 2020 年，使刚步入人力资源市场的农村转移就业劳动者每人都有接受一次就业技能培训的机会；力争使企业技能岗位的农村转移就业劳动者每人能够得到一次岗位技能提升培训或高技能人才培训；力争使积累有一定创业条件或已创业的农村转移就业人员有机会接受创业培训。"春潮行动"的重点实施对象是刚步入人力资源市场的农村转移就业劳动者。面向农村刚步入人力资源市场的转移就业劳动者以及拟转移就业劳动人员开展政府补贴培训计划，力争每年培训人员 700 万人次，努力使培训合格率超过 90%，就业率超过 80%。面向在岗农民工开展政府补贴培训，力争每年培训人员 300 万人次，培训合格率达到 90% 以上。对具有创业意愿的农村转移就业劳动人员开展创业培训，力争每年培训人员 100 万人次，努力使培训合格率超过 80%，创业成功率达到 50% 以上。《方案》指出，各地要严格落实职业培训补贴以及职业技能鉴定补贴双政策，落实补贴资金；不断加大地方政府用于职业培训的各专项资金的整合力度，提高资金的利用效益。同时，优化就业专项资金支出结构，逐步提高职业培训的支出比例，增加企业在岗农民工培训的经费投入以及积极引导企业依照相关法律法规的内容，足额提取职工教育经费。

2. 简要评析

政府依据优势互补、资源共享、效益优化、共同发展的理念，通过自身的行政力和导向作用，将各类教育资源统筹规划与整合，形成职业教育开发农村人力资源的合力和网络体系，从而促进农村劳动力的转移。① 此模式的优点在于能够提供普遍化的模式型培训，容易促使培训规模扩大和培训效果推行，使得更多的农民工掌握就业技能，增加就业机会。政府财政承担培训费用，部分培训还给参训人员提供生活以及交通方面的补贴，这也提高了农民工参加培训的积极性。

政府直接参与农民工培训会产生政府职能失灵问题，譬如资金投入不足、培训设施薄弱、机构规模小、师资短缺等，这些将导致培训数量与质量难以提高，无法满足市场对农村劳动力的技能需求。政府全权操作培训过程，容易导致不能对资金使用进行全过程的有效监督的问题，也不能客观评估培训的效果，从而降低资源的利用率。所以政府主导模式适用于大众化的职业技能培训。

（二）公益主导模式

农民工就业培训的公益主导模式主要是指为农民工提供就业培训的主导力量是公益机构，涵盖了非营利组织、非政府组织等多种社会组织，它们秉持公益理念，具有非营利性。这其中包括公益机构间的合作、公益机构与公私部门的合作，或者接受外界资助和援助。公益主导模式可以区分为：民办公助、民办多助和慈善基金会三种培训模式。

1. 民办公助模式

民办公助模式是指政府给予一定政策和资金支持，由私人部门举办的非营利性培训机构进行就业培训的运作模式。该模式的核心在于需要一支具有社会影响力和号召力的管理团队以及当地政府的积极作为。相关因素的缺乏在一定程度上成为限制该模式的推广与应用的原因。

（1）典型案例：富平学校。

民办公助模式的典型代表是成立于 2002 年的北京富平职业技能

---

① 杨晓军：《农民工就业技能培训模式研究》，中国社会科学出版社 2009 年版，第161 页。

培训学校，由著名经济学家茅于轼和汤敏创办。它主要以农村贫困地区 17—40 岁，具有小学毕业以上教育水平者为培训对象，是一种"民办公助"的培训—就业—权益保障一体化的农民工职业技能培训模式。

富平职业技能培训学校实行"校企合作"内部化的体制，即学校和家政公司合二为一。其中，学校负责培训，学员在培训结束后即被家政公司吸收成为家政中心的员工。所有学员由家政中心负责安排工作，并支付工资，此外，家政中心还负责与客户达成服务协议，协调售后服务和家政服务的业务指导以及劳务报酬的保障。

在教学方面，学校对学员实施高效、实用和廉价的家政培训。学校负责就业安置、人身保险，负责上岗 12 个月内的督导培训、后期服务，职业管理和返校培训。鉴于以往很多职业学校教学方式刻板，教学内容和实际脱节，富平的课程设置完全基于实用原则，针对素质培养，也兼顾市场需求，包括职业道德、幼儿教育、法律知识、心理激励、家电使用、家居保洁、家庭利益、洗涤熨衣、卫生知识、安全知识、超市采购和记账、普通话训练、北京交通、烹饪和养花等。每堂课都有硬性规定，必须学会基本的专业技能。课程之外，还培训如何到银行汇款、存款、取款以及到医院挂号等内容。

富平职业技能培训学校确保受训学员的就业安置与权益保障，在工资方面实行最低工资保障制度和工资议价制度。学校还会定期举办各类活动，譬如联谊活动，社会工作者介入心理辅导等管理活动等。作为对受训学员的权益保障，家政中心还负责处理家政服务员和雇主的纠纷，此外，还对服务质量上乘、顾客满意的家政服务员给予奖励。

（2）简要评析。

与公办学校以及其他民办职业技术学校相比，作为民办公助典型代表的富平学校是一个拥有杰出管理团队和公共部门扶持的非营利性社会企业，并且它在管理运作模式上更加注重培训和就业的接轨。

第一，非营利性的社会企业。民办公助模式的典型特征在于办学主体是非营利性的社会企业。社会企业是指通过商业手段赚取利润用以贡献社会及社会企业本身的投资。它们重视社会价值多于追求最大的企业盈利。尽管《民办教育促进法》和《社会力量办学条例》规定社会力量办学不得以营利为目的，但大多数办学者举办民办职业技术学校的动机都是营利。与之相反，富平职业技能培训学校是以扶贫为宗旨，它由股东出资组建，原股份有限责任制的民办培训机构的运营收入全部用来支持机构自身的发展及扶贫项目，股东不参与分红。而且富平学校还通过小额贷款的方式解决学员培训期间内的费用问题，规定学员可以在就职后一定期限内补足培训费的不足款项。

第二，杰出的核心管理团队。民办公助模式的成功运行需要借助一支杰出的核心管理团队，丰富的社会资本和较高的社会公信力才能保证该模式的生存与发展。富平职业技能培训学校有一支先进的管理团队，学校的董事会和学校的管理层都是由茅于轼先生、汤敏先生等社会精英组成。而反观多数民办职业技术学院，它们的创办人和领导人普遍素质不高，不少是厨师、工人出身，在管理方面，多数采取以家人或者亲朋好友为核心的家族式管理，在用人上任人唯亲。这些会给教学的管理和学校的发展埋下许多隐患。

第三，公共部门的扶助支持。民办公助模式的办学主体是私人部门，但在中国社会背景下，还需得到公共部门的有力协助才能顺利、快速地达到预期目的。富平学校虽然属于股份有限责任公司，但是其在实际运作上得到了公共部门的有力协助。与政府的扶贫开发部门、教育部门、劳动部门、农业部门在扶贫方面有共同目标，在此前提下，发挥各自不同的优势，相互合作就能够达成扶贫解困和促进就业的目标。相较于富平学校，政府拥有较为雄厚的扶贫资金，以及运行多年的强大稳定的基层组织和工青妇组织网络；相较于政府，富平学校有一个良好的管理团队、组织结构、教学队伍和劳动力市场。二者密切合作，能充分调动各方面的社会资源，以达到培训和安置农民工的目的。

第四，"培训 + 就业"的运作模式。不论何种培训模式，其最终目的都是促进农民工在城市顺利实现就业。这就要求培训服务供给方要结合市场的需求，秉持技能培训和非技能培训并重的理念，将培训与就业这两个阶段更加有机地对接起来。富平学校的管理运作模式是培训机构和家政服务业公司有机结合，实现学校与企业的无缝对接，学员在毕业之前是富平家政学校的学员，毕业之后即成为富平家政服务公司的职工，而后由家政公司统一推荐安排工作。作为公司员工，在家政服务员和客户产生纠纷的情况下，由家政公司出面协调或在服务合同内容有效不变的前提下，更换新的服务员。这样的有机结合有效地解决了学员的就业和权益保护问题，学员的就业方式更是由过去不稳定的个体性就业变为稳定的组织性就业。

2. 民办多助培训模式

民办多助培训模式是指由社会公益组织依据培训需求设立专门培训项目，再根据不同对象层次划分学校的培训子项目。该模式虽由民办，但后续也获得外国民间基金、联合国基金、全国妇联扶贫资金及知名企业和海内外人士捐赠等多方支持。培训费用分为完全免费和部分付费两种，实行集中培训，周期较短。

（1）典型案例：北京农家女学校。

北京昌平农家女实用技能培训学校（下文简称"农家女学校"）创办于1998年，经北京市昌平区教委批准、区民政局登记注册，是一所专门面向农村妇女的公益性、非营利性、非学历的技能培训学校。它专门以农村贫困地区大龄辍学女童与青年妇女为教学对象。该校为北京农家女文化发展中心的下属公益品牌，其机构总部是一个集"扶贫与发展、传媒与出版、研究与推广"于一体的社会公益组织。其成立得益于农家女助学金项目的建立，该项目正式成立于2000年6月，发起人和第一笔启动资金的捐赠者是美籍华人陶艺艺术家储荟芸女士。随后，该校相继获得了福特基金会、联合国网络援助基金、全国妇联事业部扶贫资金、摩托罗拉公司等单位和海内外各界热心人士的捐赠。

学校宗旨是为农村妇女提供免费的实用技能和综合素质培训，为她们参与新农村建设、社区发展以及自立于社会创造条件。学校培训项目有两个：农家女助学金项目和农村社区妇女骨干培训项目。农家女助学金项目的资助对象为农村贫困地区和贫困家庭16—20岁的大龄辍学女童或女青年，开设的专业有计算机（速录师）、美容美发、餐饮酒店服务员和幼儿教师等专业。培训时间1—3个月不等。截至2012年，该校共培训138期，共计3642名学员。农村社区妇女骨干培训项目主要开设农村妇女参与市场经营、农村妇女（SYB）创办小型企业培训、贫困地区乡镇中学女教师师资培训等项目，共228期，8260人成为受益者。学校每年可培训1300人左右，截至目前，共培训学员近万人，覆盖全国26个地区，22个少数民族。①

（2）简要评析。

民办多助培训模式的最大特点在于培训实用的技能，内容完全是针对农村剩余劳动力，使其能够在城市就业。

第一，依托机构总部丰富的资源。农家女学校的机构总部在北京农家女文化发展中心，其对外关系网络绵密，社会资源丰富。因此，该校在发展过程中获得来自政府和社会各界较多的关注和资源帮助。

第二，实用性与引导性相结合。该校的课程除了专业技能课程如美容美发、餐饮服务、计算机、缝纫及家政服务等，还包括引导性的公共课程，主要有公民意识与民主法治、劳动合同法、青春期健康、就业前心理准备以及自我保护等方面内容。经该校培训之后

---

① 北京市民政信息网：《北京昌平农家女实用技能培训学校——农家女助学金项目》，http://www.bjmzj.gov.cn/news/root/csxm_zx/2013-10/108691.shtml，2014年8月16日。

的学员享有较好的市场口碑，进入劳动力市场会出现多家用人单位争抢的现象。

第三，资金来源渠道多样。学校的资金、设备全部来自国内外基金会、企业、政府部门和社会爱心人士的捐赠。还有部分运营资金来源于学员的部分付费项目。

第四，培训信息透明化。农家女学校网络建设和运营良好，定期公开培训活动计划和成果。许多学员积极参与网站的日志撰写与发表，定期更新各自培训之后的心得与感悟，农家女学校的主页不仅成为向社会公示的平台，也是各农家女之间交流和互动的渠道。

3. 慈善基金会培训模式

慈善基金会培训模式是指由基金会发起，交由社会培训机构完成具体培训任务的培训模式。该模式的主要优势在于，由于发起基金会的政府背景，更加具有公信力和说服力，具有更多的资源帮助失业人员实现再就业。

（1）典型案例：上海慈善基金会"万名外来媳妇就业培训计划"。

根据 2003 年年底对来自外地农村的上海媳妇生活状况抽样调查结果，上海市慈善基金会从 2004 年 2 月起启动"万名外来媳妇就业培训计划"，旨在针对 45 岁以下、暂无上海户籍、生活困难但有就业意愿和劳动能力的"上海媳妇"，提供家政服务、美容美发、缝纫、刺绣等 19 个短期培训项目，这些培训项目由基金会委托专业培训机构开展，计划用 2—3 年时间，对 1 万名"外来媳妇"提供免费就业培训，使她们掌握必要的知识和技能，增强就业能力。

该培训的经费来源渠道多元，除了社会各界的定向捐助和部分学员自负部分费用外，还包括政府购买和政府补贴，资金数量的充足和来源的多样性保证了该培训的顺利开展。参加培训的学员需在培训前预付 50% 的培训费，在培训结束后，对考核鉴定合格的学员退还预收款；未参加考核鉴定或考核不合格学员的预付款则不予退还，每位学员一年还可享受一次补贴培训。2004 年 5 月，由上海市劳动和社会保障局以政府购买服务的方式出资 500 万元人民币用于

"外来媳妇"就业技能培训。2006 年 8 月和 2008 年又分别出资 250 万元和 150 万元人民币，以购买服务的方式继续支持该项目的开展。2009 年以后，这个项目已成为政府的一项政策，"外来媳妇"可以像上海失业人员一样每年享受一次政府补贴的免费培训。①

基金会委托专业培训机构，通过培训课程，提高"外来媳妇"的修养和层次，增强参与市场竞争的能力。经过培训，有的学员取得了技能证书，走上了就业岗位；有的学员把学到的知识用于正在经营的实体，开设了新的便民服务项目；有的学员走上自主创业之路，开办家政服务社。至 2010 年年底，已有 16500 多名"外来媳妇"参加了就业技能培训，达到了 65% 以上的就业率，取得了十分可观的社会效果。

（2）简要评析。

第一，设置多样化课程，应对个性化需要。基金会很好地发挥了公益组织灵活性的优势，充分考虑培训学员在地域、文化水平、技能特长、年龄等方面的差异性，选择适合她们多元需求的课程设置，同时也符合市场对人才的需求。

第二，加强教学管理，提高教学质量。基金会模式的优势之一在于政府对外来务工人员的大力补贴和政策推广，使参培学员数量不断增长。相对集中的培训对教学、教务、班级管理都构成极大的挑战，这也迫使培训机构进行一系列自身的改革。在教学管理上，通过召开职业技能培训工作会议、班主任会议，组织班主任培训，制定严格的班主任考核和奖惩措施，提高教学管理水平。通过聘请有经验的专业教师参与教学，提高教学质量。

第三，实施推荐就业，确保学有所用。基金会依靠政府的号召力，联系多家用人单位到校招聘。不仅保证了用人单位的信息真实可靠，也借助招聘会宣传了参培学员，更加有利于社会认可学员，

---

① 上海社会组织网：《唱响外来媳妇就业技能培训之歌》，http：//stj. sh. gov. cn/In-fo. aspx？ ReportId = ff6d8dcf － beb9 － 45b6 － b17f － 6b94fdd61904，2011 年 5 月 18 日。

助其实现就业。

（三）社区参与模式

社区参与模式是指扎根于社区的民间组织依靠城市社区的平台，以性别平等为理念，通过各式各样的协作方法调动受训者的参与积极性，借此提高培训效果的培训模式。2015 年国务院办公厅印发的《国务院办公厅关于支持农民工等人员返乡创业的意见》政策要求：培育和壮大专业化市场中介服务机构，提供市场分析、管理辅导等深度服务，帮助返乡创业人员改善管理、开拓市场。鼓励大型市场中介服务机构跨区域拓展，推动输出地形成专业化、社会化、网络化的市场中介服务体系。

1. 典型案例：河南社区教育研究中心

河南社区教育研究中心是一个以社区为主的草根性民间组织，主要致力于对在职、返乡打工妹，以及贫困农村妇女的培训。其使命在于从社会性别平等的角度出发，援助妇女弱势群体，增强妇女权益和能力，推动将社会性别纳入社区决策。2003 年以来，该中心以农民工输出前的培训为主，采用参与式的培训方式，同时还编写培训教材。培训以引导式内容为主，包括外出前准备、求职方式、劳动权益维护、健康知识、自我发展和人际关系等。该组织的运作风格：首先，以温和而乐观的态度，在实践中逐渐探索推动社会性别平等的具体方式，实现对弱势妇女群体的援助；其次，它强调参与式的培训，而不是灌输，并且特别重视在活动中避免专家垄断发言的情况；最后，它在对妇女做教育培训工作的同时，还会及时根据具体的需要调整工作内容，灵活整合手上的项目资源。

该中心开设了许多不同形式的培训班，包括专题讲座和参与式培训。专题讲座大多是应各类妇女群体和妇女组织的邀请举办，针对不同群体的需求开设不同的专题。十几年来，这类培训从未间断，使其在河南省内拥有广泛的听众和良好的信誉。2000 年，在香港乐施会的资助下，该中心通过参与式培训的方式举办了农村妇女、城市妇女工作者、返乡打工妹和城市打工妹等四期"社会性别与发展"培训班，取得了较好的效果，积累了对不同妇女群体进行参与式培训的经验。

2. 简要评析

（1）平等理念贯穿始终。性别平等理念是社会性别理论的核心内容，也一直是社区参与模式的重点。在培训中，参与者与协作者之间、参与者之间以及协作者之间都始终体现"平等"二字。首先，参与者与协作者之间的平等体现在每次培训前的需求评估上。为使培训贴近参与者，协作者往往采用问卷调查、"一对一访谈"和座谈等方式了解她们的真实需求，制定出切实可行的培训方案。其次，协作者引导参与者平等互动。由于性别、年龄、职业、城乡、贫富、区域、文化程度、个人能力等差异，即使是同一个培训班的参与者，也会形成等级差别。协作者往往通过各种方式表达对每一位参与者的尊重，倾听她们的声音，哪怕是参与者一点小小的进步，协作者都会及时给予充分的肯定和鼓励。最后，平等还体现在协作者的集体备课中。每一个协作者都可以充分表达自己对问题的看法，不管是"老将"还是"新手"，对培训某个环节的见解或方案设计只要有独到、合理之处，最终都会被采纳。

（2）协作方法灵活多样。对于协作方式，社区参与模式没有拘泥于某一个或几个固定的模式，而是根据不同的培训对象和不同的培训目的，大胆尝试新的方法。与传统的课堂讲授方式相比，参与式尽管有平等、互动和共享等优点，但在某些特定内容上，可能会让参培学员觉得信息量较少。因此，在培训中，协作者会针对某个环节采取参与式与讲授式相结合的方式，优势互补。

培训中还穿插各类含有寓意的游戏，通过游戏启发参与者思考，由浅入深、由感性到理性，从而加深参与者对培训内容的理解。按性别分组讨论，及时而有效地化解参与者的负面情绪。实际上，在参与者和协作者的互动过程中，也创造了一些新的培训方法，例如机会分析图、劳动分工图、辩论赛和角色扮演等。

（3）对协作者素养的高要求。与传统的灌输式教学方法相比，参与式培训注重的是参与者的参与、分享和共同提高，协作者只是起到协助的作用。但是，每一次培训对协作者来说都是一个挑战，要求协作者必须具有相应的素质，要善于从参与者的所想所悟所谈中及时找出问题。可以说，协作者的素养是决定参与式培训成败的一个关键因素。首先，协作者必须要有较高的社会性别敏感度。参与式性别培训的协作者必须具备性别视角，这样才能从司空见惯的现象中看出性别问题。其次，要有较宽的知识面。不同的培训主题需要协作者具有相应的知识背景，否则就会影响培训的效果。最后，协作者也要有较强的现场掌控能力，及时处置现场突发状况。

（4）创建"传、帮、带"的团队。社区参与模式的工作人员基本都是志愿者，中心的工作往往要利用节假日完成。社会性别培训是中心工作的重点，为使更多的人成为合格的协作者，中心采取了"滚雪球"的方法，"老将"对新手"传、帮、带"，每一次培训都注意培养新成员。新成员们从观摩、做后勤服务工作到带领做小游戏，从协助做简单的任务，到独立承担培训，中心培训者队伍也随之不断得到壮大。队员之间的互动也促进了每一个人的进步。队员通过集体讨论培训方案、集体备课和集体评估，在不断地交流、碰撞、沟通中打开了思路，学到了知识，提高了能力。

（四）企业模式

企业模式是指由企业通过自主培训或与其他机构合作的方式，负责安排农民工就业培训，培训合格后的农民工进入该企业的相应岗位工作。培训的费用往往由企业自行承担，农民工不用支付任何培训费用。

企业作为农民工培训的又一重要实施者，一方面是履行《劳动法》中规定的用人单位对劳动者的培训义务，另一方面也在响应中央及地方各层级政府鼓励企业积极参与农民工培训的号召。比如2015年国务院办公厅印发的《国务院办公厅关于支持农民工等人员返乡创业的意见》明确提出：支持返乡创业培训实习基地建设，动员知名乡镇企业、农产品加工企业、休闲农业企业和专业市场等为返乡创业人员提供创业见习、实习和实训服务。

就企业培训的途径而言，包括由内部人员自行培训、设立自主培训机构、与地方政府合作培训、与学校或其他社会组织合作培训四种模式。一般而言，规模大、财力雄厚的企业能比较切实地履行培训农民工的责任。部分中等企业一般也能履行农民工培训之责。多数小微企业鉴于农民工文化水平低、专业技能低下、流动性强等特征，一般对培训农民工积极性不高。因此，企业作为农民工培训安排者的角色，尚需强化。

1. 典型案例：盼盼模式

辽宁盼盼安居门业有限责任公司70%的员工都是农民，当地居民占50%，企业对就近就业的农民加强职业培训，形成了企业与农民工的双赢模式——"盼盼模式"。盼盼公司十分重视对公司职员的培训，该公司主要采用岗前培训和岗上培训两种模式。上岗前每个员工必须参加岗前培训，培训内容主要是普及安全常识等，持续约一周时间。另外，结合一些特殊工种的需要，如焊工还要再由公司委托培训机构进行有针对性的技能培训，培训时间长短不固定，到岗时间依合格时间确定。岗上培训则采取公司与职业培训学校合作的模式，在公司内部建立了专门的职工学校，即"校企合作"行为内部化。该培训主要对员工进行为期3—4年的系统正规教育。申请岗上培训的员工需要有高中或中专学历，年龄不限。在培训完成后，大部分将进入公司的管理部门工作。在"校企合作"行为内部化的模式下，无论是岗前培训还是岗上培训的费用均由公司承担。除定期对员工进行产品生产技术、产品营销方面的培训外，盼盼公司还积极向员工贯彻科学发展观，平均每2个月，就有一次技能或思想政治培训。几年来，很多农民工都掌握了知识，开拓了视野，提高了素质。

2. 简要评析

企业模式由用人单位发起，培训的内容和课程设置有很强的针对性，培训的效果可以得到保障。但是，企业毕竟是一个追求投资效益最大化的理性经济人，只会选择那些能给企业带来最大回报率的符合特定条件的农民工进行培训，不能照顾到相对弱势的农民工。以盼盼模式为例，企业岗上培训的对象仅针对有高中或中专学历的农民工，其他低学历、本来就处于就业弱势的农民工则没有机会享受这种"免费午餐"，无法达到有利于最不利者的最大利益的公平状态。

（五）公私伙伴关系模式

"PPP 模式"即 Public Private Partnership 的字母缩写，政府文本中的正式提法是"政府与社会资本合作"，学界称之为"公私伙伴关系"。狭义上的公私伙伴关系是指政府与私人组织之间，为了合作建设城市基础设施项目，或是为了提供某种公共产品和服务（包括农民工就业技能培训服务），在以特许权协议为基础的前提下，彼此之间形成的一种合作伙伴式的关系，其中公共部门与私人部门互相取长补短，共担风险、共享收益。在 PPP 模式下政府与私人组织之间通过签署合同来明确双方的权利义务，以确保合作的顺利完成，最终使合作双方达到各自想要的结果，使合作行动比预期单独行动得到更为有利的结果。广义上的公私伙伴关系指的是公共部门和私营部门共同参与生产和提供物品与服务的任何安排。① 在农民工就业培训中，公私伙伴关系模式主要包括两种：公共部门与企业的合作和公共部门与培训机构的合作。公私合作的形式有三种：一是合作型，即公共部门与私人部门开展例如信息共享之类的合作；二是互补型，公共部门将农民工就业培训外包给私营企业；三是竞争型，公私部门在农民工就业培训服务的提供上展开竞争。合作型和互补型被认为比竞争型更胜一筹，因为前两者能够在公私部门之间提供一种折中方案，能很好地弥补公私部门各自的缺陷。譬如2015 年国务院办公厅印发的《国务院办公厅关于支持农民工等人员

---

① ［美］E. S. 萨瓦斯：《民营化与公私部门的伙伴关系》，中国人民大学出版社2002 年版，第 105 页。

返乡创业的意见》明确提出：运用政府向社会力量购买服务的机制，调动教育培训机构、创业服务企业、电子商务平台、行业协会、群团组织等社会各方参与积极性，帮助返乡创业农民工等人员解决企业开办、经营、发展过程中遇到的能力不足、经验不足、资源不足等难题。

1. 企业与公共部门的合作

在实践中，合作型是企业与公共部门合作的主要模式，其中又以无缝对接培训和政府补贴、买单为常见的实践模式。无缝对接培训是指在公共部门牵头安排下，企业根据用工需求，有针对性地免费培训农民工，培训合格后，由企业负责安排到该企业相关岗位就业。政府补贴、买单是对为农民工提供岗前或者在职培训服务的企业、公共部门提供全部或者部分费用补偿。

（1）典型案例：乐安县无缝对接培训班。

为帮助返乡农民工在家门口实现就业，同时解决园区企业用工难题，乐安县劳动就业部门与县工业园区企业大力合作，开展"无缝对接"培训活动，由用工企业根据工种需求，有针对性地免费为务工人员进行技能培训，并与农民工直接签订用工合同，培训合格后由企业负责安排就业。自2014年以来，该县已举办了5期"无缝对接"培训班，免费培训农民工1000多人次。企业与农民工实现直接对接，促进了农民工就业，并有效缓解了企业"用工难"。①

（2）简要评析。

公私部门合作的唯一目的在于帮助提高公共部门和私营部门在农民工就业培训中的资源利用率，从而比任何一种单方运作更具效率。② 公共部门与企业的合作利用了公共部门强大的基层组织网络和免费培训的吸引力，解决了招生难题；同时，依靠公共部门的公信力，增强受训农民工的信任，更有助于保障培训的质量，也解决

---

① 江西新闻网：《乐安企业"无缝对接"农民工　免费培训农民工1000多人次》，http：//jiangxi. jxnews. com. cn/system/2014/04/01/013019391. shtml，2014年4月1日。

② 沃尔夫冈·克莱门特：《就业需要公私部门合作》，《商务周刊》2009年第5期。

了培训后的就业难题。一方面公共部门降低了失业率和无业流动人员可能带来的社会治安隐患；另一方面企业获得了理想的员工，农民工得到了就业机会，可谓三方共赢。

2. 公共部门与培训机构的合作

培训机构与公共部门的合作主要有合作型与互补型两种模式。合作型主要以定点培训、政府补贴、买单为常见模式；互补型模式中，培训机构承接政府培训农民工的外包服务。

（1）典型案例：河南省"百日培训行动"。

顾名思义，"百日培训行动"是以培训时长命名的，其宗旨是为了提高农民工的就业技能，使农民工能顺利就业。该培训的方式和流程与以往培训并无二致，创新之处在于开创了培训机构与乡（镇）村联合培训以及送职业培训下乡等培训模式，政府组织各级各类定点培训机构和技工院校深入农村，开展培训对接活动，使农民能够就地就近参加培训。同时还要求积极开展校企合作，在充分利用培训机构教学资源的前提下，结合用工企业的设备、技术和骨干人员，把培训班办在生产车间里，有效地提高了培训的实用性。该模式中，政府指定了参与此项培训的培训机构，并且由培训机构将相关材料报经人力资源和社会保障部门、财政部门核实后，将补贴资金直接拨付给定点培训机构。①

（2）简要评析。

公共部门与培训机构合作主要是通过竞争程序（公开招标）或非竞争程序（指定培训机构）执行承接公共部门培训农民工的项目。培训机构专门致力于人力资源开发，有能力为农民工提供专业化和针对性的培训。但是，我们也应当看到，甄选承接项目的培训机构的程序无论是竞争型还是非竞争型，都可能存在权力寻租和内幕交易，这同时也是公私合作应当特别关注的问题。

---

① 吕志华：《省人力资源和社会保障厅谈农民工百日培训》，http：//www. ha. hrss. gov. cn/listCmsChatting. do？chatid = ff80808138ea39f301390a9346f61527，2010 年 1 月 14 日。

（六）网络治理模式

网络治理是政府治理模式对信息时代的回应，它强调除了按照传统的自上而下的层级结构建立纵向联系，政府治理还必须依靠各种合作伙伴建立横向的联系。① 公共服务中的网络治理将是多元行动主体在提供公共服务博弈的过程中形成的相互协作与相互依赖的伙伴关系，它将除政府之外的非营利组织、企业、公民以及社会资本和非正式关系等都纳入治理的分析框架中。在网络治理中，政府是核心行动主体，但与其他主体是一种基于契约的平等关系，在一些特别公共服务的供给中，非营利组织等其他多元主体也可能在网络治理中处于中心地位。2015 年国务院办公厅印发的《国务院办公厅关于支持农民工等人员返乡创业的意见》中要求："各地应本着'政府提供平台、平台集聚资源、资源服务创业'的思路，依托基层公共平台集聚政府公共资源和社会其他各方资源，组织开展专项活动，为农民工等人员返乡创业提供服务。"

农民工培训中的网络治理模式，主要是指公共部门、培训机构、用人单位以及农民工之间的互动与依赖关系，通过多方共同努力，各得其所：公共部门提高农民工就业率，缓解就业压力；培训机构获得培训收益；用人单位招到符合条件的熟练工人；农民工提升就业技能，提高务工收入。与公私伙伴关系模式比较，该模式涵盖范围更广，参与主体更加多元，而后者按照公共与私人领域的划分，仅仅强调二者之间的合作。

1. 典型案例：四川、广东两省的农民工培训基地

金融危机过后，四川省政府发布《关于促进农民工稳定就业切实解决失业返乡农民工有关问题的意见》，强调各驻外办事机构要主动及时加强与农民工用工地政府及有关部门、企业的沟通协调，争取尽量稳定川籍农民工就业岗位。为适应广东产业转型升

① 郭春甫：《公共部门治理新形态——网络治理理论评介》，《宁夏大学学报》（人文社会科学版）2009 年第 4 期。

级，避免出现结构性的"技工荒"和"求职难"，降低四川籍农民工失业返乡率，四川省政府驻广州办事处在广东筹建了一个省级农民工培训基地，主要是为一些工作属劳动密集型产业的民工，提供一些技能培训及转岗培训。在广东还出现了政府与企业出资并由政府负责就地订单培训的模式，譬如广东有一个加工企业已委托四川平昌县，由平昌县负责培训一批焊工，培训合格后批量输入该企业。①

2. 简要评析

农民工职业技能培训是一项系统工程，涉及培训机构、政府、农民工和企业等多个利益主体，其中政府是整个系统工程的推动者，是资金、政策和制度的主要提供者；培训机构和企业是具体实施者；与此同时，农民工是转移培训的对象，是培训成果的直接载体和直接受益者；企业和政府则是培训效果的主要评价主体。实践中，四者之间的关系更加复杂。政府部门之间也涉及合作问题，比如，纵向上看，有上下级政府之间的合作和纵向跨部门合作；从横向上，有输出地政府与输入地政府的跨区域合作和横向政府部门间的跨部门合作。各种主体之间的相对关系并非一成不变，政府主导、培训机构主导、用工企业主导甚至农民工群体主导都是有可能的。

（七）数字化培训模式

数字化培训模式不同于传统面对面的培训模式，它是随着计算机技术的迅猛发展和广泛普及，利用无线通信网络技术和无线移动通信设备以实现随时随地交互学习的新型培训模式。它突破了时间、空间和培训内容的限制，通过移动设备（如手机、平板电脑、计算机等）更为方便灵活地实现了交互式的农民工就业培训活动，具体包括短信息服务学习模式、网页在线学习模式和多媒体学习模式三种形态。短信息服务学习模式是指学习者通过手机编辑短信发

---

① 法制网：《稳定川籍民工岗位，政府企业合作开办培训班》，http://www. legal-daily. com. cn/dfjzz/content/2009 - 01/05/content_ 1013320. htm，2009 年 1 月 5 日。

送到 IP 服务器，IP 服务器分析用户的数据以后，转化成数据请求并进行分析处理，再通过短信将相应的培训内容以文本、图片或者语音的形式发送给用户。学习者可以在休息、等车或者娱乐的间隙，通过短信或者语音信箱学习接收到的培训内容。网页在线学习模式是指学习者使用手机接入互联网，访问教学服务器，并进行浏览、查询和实时交互。在多媒体学习模式的课程资源中可以使用文字、图片、声音和视频等多种媒体信息，故多媒体学习模式是最有利于学习者学习的一种资源形式。① 自李克强总理在 2015 年政府工作报告中首次提出"互联网＋"行动计划以来，在这个大数据时代，"互联网＋"作为新兴发展方向，将利好于社会运行的各个方面，农民工培训就是其中之一。新生代农民工与老一代农民工相比，正逐渐将互联网作为其生活学习的重要渠道。同时新生代农民工会利用互联网平台来获取行业信息，或与网友交流业务信息，或是以微博、微信、微视频和客户端这"三微一端"为代表的新媒体传播平台为媒介，进行自主创业，比如开网店、做微商。针对大数据时代下的互联网信息服务趋势，政府需要做良好环境的开辟者、引导者，技术的指导者、培训者。一些省市区就就业创业服务模式不断进行创新，努力打造就业创业服务新平台，着力将互联网与实际工作相结合，运用互联网技术提升服务水平。深圳市创建"创业加油站"和"就业创业超市"等基层平台服务理念和模式，运用微信等信息网络平台拓展服务领域；借鉴市场机制融合"点菜式"自选服务，助推"大众创业、万众创新"。在以"云服务、微应用、大数据"理念为指导下，内蒙古自治区进一步整合公共服务资源，搭建覆盖全区的草原智慧就业云平台，实现全区服务功能同步联动；云南省依托云南人社众创网，建设"互联网＋人社工作"新模式，通过该平台为广大农民工提供政策咨询等综合性服务，着力打造线上

① 李伊白：《面向新生代农民工的移动学习：现状、需求与发展策略》，《中国远程教育》2010 年第 9 期。

线下众创空间；重庆市运用"公共＋市场"的手段搭建人力资源信息库，并通过对市场的实时监控对信息库进行动态更新，为就业创业工作科学决策提供依据；杭州、哈尔滨等地则利用新媒体、移动社交等新途径，完善就业创业服务体系，以提供更加便捷、高效的服务。

1. 典型案例：世界银行"中国农民工培训与就业"资源包开发项目

"中国农民工培训与就业"项目是世界银行与中国人力资源和社会保障部在培训、就业和农民工权益保护领域的合作项目。全国就业培训技术指导中心承担农民工职业培训资源包开发和应用子项目。职业培训资源包主要供技工学校和为农民工提供职业培训的培训机构使用。资源包是建立在现代职业培训技术和职业培训教学教法成果基础上的专业化、系统化的培训资源，能够辅助技工院校教学，支撑视频播放、单机版教学、局域网络教学或广域网络教学等技术平台应用。资源包分为三类：职业资格（岗位）培训课程包；技工学校学制教学素材包；适应性培训课程包。按照《农民工职业培训资源包开发技术规程》的要求，明确了资源开发内容、开发技术要求、开发流程、过程管理和验收要求等。按照现行项目设计规划，项目成果将服务于技工院校数字化职业培训资源建设、扩大农民工的培训机会等。资源包开发成果将按照资源共享、可持续建设与应用的原则，广泛应用于技工学校数字化培训资源库或校园网、就业培训机构计算机教学环境或局域网、广域网、人力资源和社会保障系统相关的转移就业服务场所等。

截至 2012 年 10 月，已签订资源开发委托协议 16 个，涉及的资源包项目近 70 个，受委托单位有技工院校、研究机构和专业公司等。① 截至 2014 年 8 月 15 日，除"现代培训技术师资培训网络课

---

① 中华人民共和国人力资源和社会保障部职业培训多媒体资源中心：《关于世界银行"中国农民工培训就业"资源包开发相关情况说明》，http：//cmrvt. cettic. cn/qt－bul-letin！input. action－resdev＝synopsis，2014 年 8 月 16 日。

程"项目正在测试外，"汽车服务培训资源包"项目培训大纲、"中餐烹饪培训资源包"项目培训大纲、"汽车维修技术资源包"项目培训大纲、"多媒体后期培训资源包"项目培训大纲、"物流管理专业培训资源包"项目 DEMO、"计算机网络技术培训资源包"项目DEMO、"物流管理专业培训资源包"项目培训大纲、农民工适应性培训资源包"融入城市——语言篇"项目以及"计算机网络技术培训资源包"项目培训大纲均已通过评审。①

2. 简要评析

农民工工作时间长、劳动强度大、休息时间短的特点，很难保证务工人员有一个稳定的学习时间，因此，传统的集中学习对于农民工来说比较吃力。数字化培训模式由于不受时间和地域的限制，可以为学习者提供真实的学习情境，这样学习者就可以将学习与实际生活和工作结合起来，这种灵活生动的学习形式无疑会有助于提高其知识迁移和解决实际问题的能力。随着经济的快速发展，新生代农民工市民化进程的加快，使用手机、互联网进行学习将成为一种趋势和习惯。

但是，数字化培训模式作为一种新型培训模式，在农民工就业培训领域的发展还需要一个漫长而艰辛的过程，特别是在中小型民营企业培训农民工中推广数字化培训，难免会遇到一些困难。比如，购买数字资源和相应多媒体教学设备费用增加；原企业培训人员出于个人利益考虑会抵触数字化培训模式的推广；农民工工作时间长、劳动强度大、休息时间短的特点会降低其主动学习的自觉性；数字化培训模式难以及时干预和监督。此外，缺乏面对面交流的数字化培训模式不仅不利于农民工实际操作技能的发展，更不利于农民工之间的交流和互动，这可能导致数字化培训模式只能成为农民工就业培训的一种辅助手段。因此，农民工就业培训的发展应

---

① 《世界银行贷款项目"农民工培训与就业"资源包开发项目动态》，http：// cmrvt. cettic. cn/qt - bulletin. action - typen = 5&kind = 0，2014 年 8 月 16 日。

重视传统和新型培训模式的有机结合，操作性技能培训采取传统的课堂培训方式，专业性的理论知识学习则可以由新型的数字化培训来完成，由员工自主安排学习时间，选择学习内容，实现优势互补。

此外，还包括准政府部门之间的合作。以 2010 年共青团浙江省委、共青团安徽省委主办的浙江省青年农民工"订单式"技能培训推进月活动为例。共青团安徽省委和共青团浙江省委签订了服务两省青年农民工的培训就业合作协议，依照该协议，两省将实现"就业培训共抓、就业信息共享、流动团员共管"等诸多方面的合作，通过搭建工作平台，畅通信息渠道，为两省农民工工作对接提供快捷的绿色通道。①

第二节　重庆市农民工就业培训的供需分析

新生代农民工所从事的行业分布逐渐形成"两升一降"的特点，即在服务业和建筑业中呈上升的趋势，而在制造业中的比重有所下降。2009 年国家统计局的统计数据与 2014 年全国农民工监测调查报告的数据对比显示，农民工在服务业和建筑业的比重由 11.8% 和 17.3% 上升到 16.5% 和 22.3%，分别上升了 4.7% 和 5.0%，而从事制造业的农民工比重则由 2009 年的 39.1% 下降到 2014 年的 31.3%，下降了 7.8%。由此说明，新生代农民工相对于传统农民工对从业岗位抱有较高期望，在职业选择上明显偏向于就业收入和工作环境更好的行业。

为了解重庆地区农民工就业培训相关实际情况，本课题调查组针对在重庆市区务工的农民工进行了抽样调查。为确保样本的准确

---

① 宁波市团市委城区部：《省青年农民工"订单式"技能培训推进月》，http://www.nbyouth.com/info.aspx–id=13122，2014 年 8 月 16 日。

性、完整性、可靠性，我们选取了重庆市区 N 就业培训机构的农民工及重庆市 H 企业务工的农民工进行了集中问卷调查。

一 调查基本情况

此次的调查从 2014 年 7 月起至 2014 年 10 月止，调查方式为随机抽样、发放调查问卷。我们共发放了 613 份调查问卷，共回收 603 份，废卷 43 份，有效问卷 560 份，此次的调查问卷有效回收率为 91.3%。在有效回收的调查问卷的基础上，利用 SPSS17.0 软件及 Epi DATA 软件对调查问卷进行详细分析，并利用计算方差、标准差等多种计算方式，试图从有效的数据中，获取相关信息。

此次调查的男女人数分别为 353 人和 207 人，所占的比例分别为 63.1% 和 36.9%，男性占比明显。年龄以青壮年为主，在 20—40 周岁年龄段的样本数为 400 人，占样本总数的 71.4%；教育文化程度以初中、高中为主，样本数为 505 人，占样本总数的 90.2%。而收入分配则没有这么集中，1500—2000 元和 1500 元以下所占的比例较大，分别为 36.5% 和 31.3%；职业技能等级分配中无等级的占了总数的 56.3%，低中级总共占 33.1%。由此可见，本次调查的主要对象是文化程度和技能水平较低的青年男性。

二 重庆市农民工就业培训的现状分析

大城市、大农村是重庆市的一大特点。全市约有 3100 万人口；重庆是一个传统的劳务输出大市，长期以来，农民工市外输出远远高于市内就业数量，最多时更是有高达 70% 的农民工选择市外就业。近年来，随着重庆整体经济的快速发展，各类新兴产业方兴未艾，市内就业岗位显著增多，农民工工资水平持续提高。金融危机之后，尤其是近两年来，越来越多的农民工顺利选择在市内就业。为帮助农民工顺利就业，重庆市财政出资，农民工能够免费参加职业培训，包括岗前培训、技能培训、家政服务培训等。"截至 2014 年 3 月，全市已有 325 万名农村劳动力享受到这项贴心服务。截至 2013 年末，重庆市转移农村劳动力非农就业 773 万人。其中，418 万人选择留在市内工作，355 万人选择外出务工，市内外就业比重达到54∶46，外出农民工返乡人数呈现增长趋势"。① 对农民工进行有针对性的培训对重庆市的经济发展意义重大。重庆市当前开展的农民工培训项目包括："阳光工程"示范培训、进城农民工"订单式"培训、农民工就业适用技能培训、新型农民工技术培训等。

（一）农民工就业培训的影响因素分析

1. 文化程度对就业培训的认同度影响

此次调查样本的学历分布具体为小学及以下占8.9%，初中为61.6%，高中为28.6%，中专及高职为0.9%，而大专及以上则没有。以这五个文化程度层次进行分类，统计结果见图3-1的柱状图（横轴为学历，纵轴为认同度）。

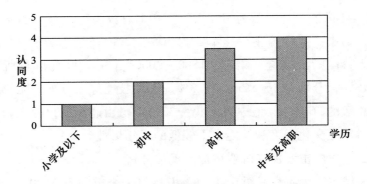

图3-1 不同文化程度对职业技能培训的认同度

由图3-1可知，农民工学历高低程度对就业技能培训的认同度有不同程度的影响，初中文化程度及以下者认为培训对就业的帮助不大，而学历越高的农民工对培训的认同度越高。文化程度高的农民工的学习能力相对要高些，从就业培训中获益也多些，从而导致了农民工培训认同度的差异性。当然，高学历者重视就业培训的最根本原因是他们从工作中获得的回报要相对高些。新生代农民工一

① 杨涛：《算经济账算亲情账：重庆超半数农民工选择家门口就业》，http：//news. 163. com/14/0303/10/9MDG5DQV00014AEE. html. ，2014 年 3 月 3 日。

般都是"80后"、"90后"，学历一般都是初、高中，在文化素质上
整体比其父辈要高很多，相应的这部分人对就业技能培训的认同度
也高些。

2. 年龄阶段对就业培训的认同度影响

依抽样调查的数据分析可知，重庆市农民工的年龄分布为：20
岁及以下的占 0.9%，21—30 岁的占 50.9%，31—40 岁的占
38.4%，40 岁及以上的占 9.8%。按照这四个年龄段分类进行统
计，其结果如图 3－2 所示。

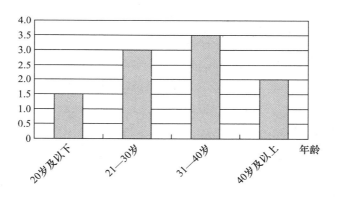

图 3－2　不同年龄段对就业培训的认同度

由图 3－2 可知，不同年龄阶段的新生代农民工对就业技能培训
的认同度呈倒 U 形：从"20 岁及以下"到"31—40 岁"这个阶段，
农民工对就业培训的认同度逐渐增加，而一旦超过这个年龄界限，
其认同度就有所降低。从图 3－2 中可知，31—40 岁阶段的农民工
的认同度最高，与其他年龄段的人相比，这个年龄段的人是最愿意
学习的，他们的工作劲头、思想活跃度、学习动力都达到最高点。
通过对社会职业技能需求和农民工自身技能水平的调查，对农民工
实施具有针对性的就业技能培训，不仅可以通过就业培训提高他们
的劳动技术，进而增加其就业机会和提升其就业水平，而且还能提
升生产效率和工作质量。

（二）接受培训机会与信息获取分析

此次我们就农民工是否曾经接受过就业培训进行调查，发现30.0%的农民工从来没有接受过就业培训，只有49.1%的农民工表示接受过一次就业培训。由此可见，重庆地区农民工接受就业培训的机会较少。虽然重庆地区很早就出台了有关支持农民工参加就业培训的相关政策措施，但因社会力量参与不足以及农民工自身主观意愿尚欠缺，导致长久以来农民工所获得的就业技能培训严重匮乏。经过数据分析，调查情况如表3-5所示。

表3-5 农民工接受的就业培训次数

次数	频数	百分比（%）
0 次	168	30.0
1 次	275	49.1
2 次	52	9.3
3 次	21	3.7
4 次及以上	39	7.0
缺省	5	0.9

农民工就业困难的另一重要因素是就业信息获取渠道狭窄（见表3-6）。大多数进城务工的农民工都是依靠亲戚朋友的介绍和中介机构来获取就业信息。就业信息获取渠道的狭窄直接导致农民工在就业市场处于被动地位，给了很多黑中介利用"信息优势"骗取农民工钱财的机会，农民工在受到不法侵害时，因碍于面子或害怕失业，不愿意利用法律武器维护自己的合法权益。有鉴于此，政府在解决农民工就业问题时不能单靠出台相应的政策，还需要积极发挥引导作用，扩大就业信息量，拓展就业渠道。

（三）就业培训资金来源分析

农民工培训工作基础薄弱，加之不同程度的历史欠账，导致培训工作的开展困难重重，其中资金来源问题便是最大的一个问题。

政府、企业、农民工三方从培训中都不同程度地直接或间接受益，所以理应合理分担就业培训相关费用。基于此次抽样调查的分析数据，培训资金由政府、单位、农民工三方共同承担的占 61.8%，其余由此三方分别承担，比例为 18.4%、7.5%、5.5%，其中政府承担的培训资金额度超过一半。如表 3 - 7 所示。

表 3 - 6　　　　　　　　农民工获取就业信息的渠道

渠道	频数	百分比（%）
工厂招工	190	33.9
熟人介绍	180	32.1
自己寻找	145	25.9
职业中介	10	1.8
政府部门组织外向输出	20	3.6
缺省	15	2.7

表 3 - 7　　　　　　　　农民工技能培训的资金来源

出资方	频数	有效百分比（%）
政府出资	103	18.4
单位出资	42	7.5
自己出资	31	5.5
三方出资	346	61.8
未填	38	6.8

　　加强新生代农民工技能培训所产生的社会经济价值是显而易见的，主要表现为用人单位和农民工本人经济所得的增加，此外，还有广泛的潜在社会文化价值。新生代农民工作为城市的一个新兴群体，具有较大的流动性，其素质状况与技能水平和一个城市文化精神的展现、公民道德素质的培育有着密切的联系。所以满足城市和社会对此类功能和价值的需求，也成为政府投资新生代农民工培训的间接动力。

　　企业依靠农民工获取经济利益，是就业培训投资的受益者，所以理应为农民工承担培训资金。农民工劳动素质和劳动技能提高后，企业的生产效率、经济效益和社会影响也会不断提高，使得企业在同行竞争中能够获得长远发展，所以企业对新生代农民工的培训负有不可推卸的责任。

　　就业培训中最直接的受益者便是农民工自身。农民工当前所从事的工作大部分都处于较低层次，所以素质和技能的提高能在一定程度上改变其当前状态，最显著的效果就是收入的增加。

　　由于政府、企业和农民工三方对于就业培训服务的购买意愿和购买能力有所不同，因此培训资金的分担应视具体情况而定。

（四）就业培训后的农民工去向分析

　　调查数据显示，大部分农民工表示在接受完技能培训后愿意进入企业就职，如表3-8所示，这一比例占所调查人数的41.6%，而想回农村务农的比例仅占总人数的8.3%左右，由此可见，进城到企业务工已经成为大多数农民工的第一选择，城市对他们的吸引力可谓非同一般。大部分农民工在参加培训之后倾向于到企业工作，愿意接受以工业劳动技能为主的培训，这也提醒企业在组织就业培训时要融入企业文化教育，加强对农民工的职业忠诚度培养。

（五）就业培训政策的了解程度分析

　　调查统计数据显示（见表3-9），重庆市新生代农民工对于农民工就业培训的相关政府扶持政策，"完全不了解"和"了解很少"的比例很高，分别占了21.7%和45.4%，此现状在很大程度上限制了重庆农民工培训工作的推广。其原因在于相关政策不完善、政策宣传不到位、民工自身意识不高。相当多的农民工不知道基层政府组织了免费的培训课程，更不了解报名资格、程序和相关手续。许多农民工甚至存有疑虑，怀疑政府开展的免费培训是培训机构骗人的幌子。所以很有必要加强农民工就业培训政策的社会宣传力度，提升宣传的实际效果。

表 3 - 8　　　　　　　　　农民工接受技能培训后的就业意向

就业意向	频数	百分比（%）
进入企业	233	41.6
另谋职业	182	32.6
回农村务农	47	8.3
自己创业	80	14.3
缺省	18	3.2

表 3 - 9　　　　　　　　对农民工就业培训扶持政策的了解程度

了解程度	频数	有效百分比（%）
很了解	7	1.2
一般了解	143	25.5
了解很少	254	45.4
完全不了解	121	21.7
未填	35	6.2

三　重庆市农民工就业培训需求分析

政府出台了一系列促进农民工就业培训的相关政策，设立了专项培训资金，鼓励企业、培训机构和非营利组织参与，但实际并未达到预期的效果。造成这一结果的原因比较多，其中最重要的原因是培训的内容、方式等并不符合新生代农民工的实际需求，虽然政府花费了大量资源，但受训后的农民工却收获不大。所以要想改善农民工就业培训效果，必须组织专业人员对新生代农民工的实际培训需求和劳动力市场的需要进行调查。可与企业签订用工协议，采取"订单式"培训，根据不同企业及企业所需不同类型的人员进行分批次、分类别的培训，进一步增强新生代农民工培训的针对性、实用性和有效性。

（一）就业培训的经济动力分析

通过接受就业培训提高就业能力，以此来获取更多收入，已获得新生代农民工的广泛认同。调查发现这一比例高达47.8%，其次是要求跳槽或加薪，所占比例分别22.7%和16.6%；其余途径，如延长工作时间所占的比例共有 3.6%。如表 3 - 10 所示。这一现状应该得到相关政府部门、用工企业和培训机构的重视。

表 3 - 10 农民工提高收入的途径

途径	频数	有效百分比（%）
延长工作时间	20	3.6
提高就业能力	258	47.8
要求加薪	93	16.6
离职跳槽	127	22.7
其他	52	9.3

农民工对参加就业技能培训所抱期望也较高，大部分农民工期望在参加培训之后能够挣到一份较为可观的收入，希望拿到 3000—3500 元的占 31.8%，3500 元以上的占 19.5%。如表 3 - 11 所示。由此可见，就业技能培训对新生代农民工来说有着迫切的需求性，政府和企业须加大对农民工技能培训的重视和投入。

表 3 - 11 培训后农民工的期待月收入

工资（元）	频数	有效百分比（%）
2000—2500	36	6.4
2500—3000	193	34.5
3000—3500	178	31.8
3500 以上	109	19.5
未填	44	7.8

（二）就业培训意愿需求分析

随着电子业、制造业等行业新技术、新设备、新材料的不断运用，缺乏技能的新生代农民工的就业难度也有所增加。在寻找就业机会的过程中，新生代农民工也逐渐意识到劳动技能缺乏和知识水平低下所带来的劣势，所以他们希望提高自身素质以增加自主择业的竞争力，而最有效的方式就是参加相应的就业技能培训。

在"是否愿意接受职业培训"选项的调查中，我们发现大部分新生代农民工有强烈参加技能培训的需求。在560份有效问卷中，有390名新生代农民工表示愿意参加政府组织或就业单位所提供的技能培训，接近2/3，占了总人数的69.6%。由此可知，新生代农民工对技能培训有着很高的认可度。因为面对的非农就业压力大，许多政策因城乡户籍因素存在不同的待遇，为了增强自身在城市中的发展能力和生存能力，大部分的新生代农民工都希望通过教育和培训来提升自己的就业能力、综合素质和收入水平。

（三）就业培训方式需求分析

培训方式是指培训主体提供培训服务、传授培训知识和技能时的组织与运作方式。在此次调查中发现，从事不同行业的农民工所青睐的培训方式有所不同，这与农民工就业的要求、培训机构开设课程之间存在相互关系。因为就业培训机构提供的就业培训服务项目并不能涵盖所有农民工对就业技能提升的要求。这也反映了农民工就业培训需求与就业培训投入力度之间存在矛盾。表3－12反映出从事不同行业的农民工对不同培训方式的需求情况。

由表3－12可以得出，绝大多数农民工都愿意接受企业提供的就业培训服务，这一比例高达66.1%，也有约16.1%的农民工愿意接受传统的"师傅带徒弟"类型的传统培训方式。不同行业中的农民工所期待的培训方式也存在差异，比如建筑行业的农民工倾向于企业培训和社会机构培训，家政、保安业的农民工则倾向于企业培训和学徒制。这就要求就业培训的组织者处理好需求多元化与培训方式多样性之间的关系。

（四）就业培训内容需求分析

重庆市新生代农民工的就业培训课程需求呈现丰富性和多样性的特点。经对调查数据的整理，大致分为四大类培训课程，如表3－13所示。

表 3 – 12 农民工所从事的职业与期待的培训方式 单位：人

期待的培训方式 目前从事的职业	自学	跟师傅学艺	参加企业的培训	参加社会机构的培训	其他	缺省	总计
建筑施工行业	5	5	40	15	5	0	70
酒店、餐饮娱乐行业	5	5	60	0	0	0	70
家政、保安服务	15	20	35	0	0	0	70
服装、纺织行业	5	10	15	0	0	0	30
电子、电器行业	5	10	35	10	0	0	70
其他	15	25	150	10	5	0	205
缺省	0	15	25	0	0	5	45
总计	50	90	370	35	10	5	560

表 3 – 13 农民工希望参加的就业培训项目

项目	频数	有效百分比（%）
技能类（建筑、制造、烹饪等）	283	50.5
创业思维类（励志、开阔视野等）	77	13.8
礼仪类（语言、行为、着装等）	132	23.6
基本知识（经济、写作、法律等）	68	12.1

从表 3 – 13 可知，新生代农民工愿意通过参加各类培训课程来学习行业知识以提升自己的综合能力，增加就业能力和选择机会。技能类如建筑、制造、烹饪等所占比例为 50.5%，是最受农民工欢迎的培训内容，其次为礼仪类培训项目，占总数的 23.6%。新生代农民工在重视如烹饪、建筑等传统行业的同时，也喜欢接受能带来较好收益和获得较体面工作的高技术知识。部分农民工也开始有意识地主动学习礼仪方面的知识，希望提高自身素养以找到更好的工作和融入城市生活。这一数据说明了新生代农民工较父辈农民工有了很大程度的进步，但同时也显示出新生代农民工对经济、写作、法律等基本知识的重视程度不够，其占比只有 12.1%。

（五）就业培训时间需求分析

新生代农民工对培训时间的要求与传统农民工相比有较为明显

的差别（见表 3 - 14）。大多数新生代农民工认为为期一个月的培训是最为合理的，基本上能够了解一门技术的大致内容。有 63.7% 的新生代农民工愿意选择脱产学习，因为这样可以更好地集中时间对一门技术进行系统的学习，但培训时间最好控制在 10—20 天；有 28.7% 的新生代农民工则倾向于不脱产的培训方式，认为这样可以不耽误工作。新生代农民工期望参加培训的具体时间也存在多样性特点，学习时间选择晚上和周末的大体相当，所占比例分别是 15.5% 和 13.2%。

表 3 - 14　　　　　　农民工希望参加就业培训的时间意愿

类型	时间	频数	有效百分比（%）
脱产	10—20 天	195	34.8
	20—30 天	162	28.9
不脱产	晚上	87	15.5
	周末	74	13.2
未填		42	7.6

本章小结

农民工就业培训相关文件是一个完整的配套体系，可从中共中央"一号文件"、国务院及相关部委文件、地方政府文件三个层面加以梳理和总结，农民工就业培训的涉及面也极为广泛，大部分文件都包括资金投入、扶持指导、多元方式、培训监督等多个方面，从传统型培训到"订单式"培训，农民工就业培训的相关政策也逐渐科学化、精细化，更好地保障了农民工就业培训的质量。

调查问卷分析为完善农民工就业培训服务和实现与农民工实际需求的衔接提供了依据。新生代农民工的技能培训主要由政府部门、企业单位和培训机构承担，但企业认为农民工培训无法给企业带来较高的经济收益，所以实行农民工技能培训较少；而政府所提供的无偿培训覆盖率较低；培训机构的费用较高，使得新生代农民工难以支付技能培训费用，这些都使得新生代农民工减少了获得参加培训的实际机会。此外，新生代农民工在就业过程中逐渐意识到现有的劳动技能和知识水平难以达到当前的岗位要求，通过参加培训以提高自身发展能力的意愿较高，但因培训内容与农民工实际需求不吻合，导致难以通过参加技能培训而获得在就业岗位上所需要的技能。上述诸多问题不仅导致就业培训资源利用率低，也阻碍了农民工就业培训工作的顺利开展。

第四章　新生代农民工就业培训的问题与风险

　　农民工就业培训的效果好坏受到政府、企业和农民工等主体的诸多因素影响，我们可以从问题和风险两个角度对农民工培训的影响进行分析。农民工就业培训存在的问题大致可归纳为农民工就业培训的认知偏误与信任危机、农民工就业培训责任主体不明晰、监督农民工培训的保障与监督保障制度不健全、农民工培训评估机制效力不彰显四个方面。概而言之，农民工就业培训可能引发四类风险：运作风险、技术风险、寻租风险和委代风险。新生代农民工就业培训过程中的问题和风险并非孤立存在，而是彼此相互联系、相辅相成的，只有对其采取综合性的解决措施，才可能行之有效。

第一节　新生代农民工就业培训的问题分析

一　农民工就业培训的认知偏误与信任危机

　　管理者的培训投资观念对培训活动的得失成败有决定性作用。当前政府部门、企业管理者和新生代农民工自身对农民工就业技能培训都没有树立正确的观念、形成科学的认识，其表现为对农民工培训的认知不明、认知错误、认同度不高三个方面。

　　（一）政府对培训的重要意义认知不明

　　对调查数据和相关文献进行分析可知，大多数政府部门并没有将新生代农民工就业培训放在一个应有的战略高度来对待。中央政府视农民工就业培训为"阳光工程"，但农民工培训工作的长期性和复杂性却未得到相关部门的充分认识，计划经济体制的影响在农民工就业培训规划中仍然存在。虽然对培训任务和目标、课程内容、相关措施、资源分配等都做好了安排和计划，却忽略了不可抗力因素和现实的地区差异，拘泥于一种静态式的工作思维方式。不断变化的新环境、新问题与此种工作思维方式产生了错位，这无疑会影响新生代农民工就业培训的质量与效果，因为各受益群体和真正受训主体的真实需求被忽视。

新生代农民工就业培训未被某些地方政府视为重点工作，政府各部门的观念陈旧，工作思想也不统一。政府部门的部分工作人员认为新生代农民工与传统农民工一样，只适合做苦力活，对其进行技术培训是一种不必要的浪费，因为技术活让城里人去做就行了，甚至有极少人认为农民工技能的培训与政府无关，是农民工自身或企业应解决的问题。另外，大多数新生代农民工对政府组织实施的各类培训工程的了解程度非常低，也不知道针对农民工就业培训的优惠和政策。

疏导"民工潮"或解决"民工荒"一直都是各级政府的工作事项，对农民工技能培训的相关文件不少，但实际操作和投入较少。新生代农民工长期处于游离于城市之外的状态，技能培训工作虽有一定成效，但在广度和深度上尚有待拓展。政府部门并未将农民工就业培训中的各种利益因素放在动态环境之中进行考虑，规划工作受狭隘的官僚作风和保守思想的影响，缺乏创新精神。

农民工就业技能培训工作既属于涉农范畴又属于教育范畴，同时作为促进农村劳动力转移的手段，又是推进城市化进程中的一项复杂的、长期的工作，所以政府应当用一种发展的战略眼光来认识新生代农民工就业技能培训工作的重要意义。

（二）企业对农民工培训的认知错误

企业没能正确认识农民工培训对企业的积极作用。由于农民工是就业者中最不稳定的阶层，其就业具有活动性大和职业转换快的特点，培训农民工具有很强的正外部性，很可能是为他人作嫁衣。①少部分企业领导对培训的期望过高，认为新生代农民工的工作能力能在较短时间内通过培训得到提升，进而能立竿见影地提高公司的绩效。这种误解可能导致对培训的投资过高而预期效果不明显。而大部分企业认为培训增加企业的经营成本，耗费金钱和时间，培训只会增加跳槽的人数，把对新生代农民工的培训仅仅当作一种成本，而非投资。这些错误认识使企业对新生代农民工就业技能培训的作用产生了误解，从而导致了风险的存在。

此外，对农民工就业培训的其他一些错误认识也是值得我们注意的。例如，培训工作只需要人力资源部负责而不需要其他相关部门的辅助、培训内容只应该依据现阶段岗位所需而定、只有工作能力不足的人才需要参加培训等。正因为对培训缺乏科学和全面的认识，才导致了农民工职业培训无法起到预期的作用。

《中华人民共和国劳动法》规定："各级政府应当把发展职业培训纳入社会经济发展规划，鼓励和支持有条件的企业、事业组织、社会团体和个人进行各种形式的职业培训。"此外，还有"用人单位应建立起职业培训制度，有计划地对劳动者进行职业培训"。劳动法虽然规定了企业对企业职工的责任，但并没有明确企业的培训责任，2010年国务院颁布了《关于做好农民工培训工作的指导意见》（以下简称《意见》），《意见》中明确规定："企业要把农民工纳入职工教育培训计划，确保农民工享受和其他在岗职工同等的培训待遇，并依据企业发展和用工情况，重点加强农民工岗前培训、在岗技能提升培训和转岗培训。"尽管如此，当前部分企业对培训工作重要性的认识还是不够，没有保持一种全面、科学的态度去对待，政策落实不到位。

新生代农民工培训对企业发展至关重要。首先，对新生代农民

---

① 王书军、王素君：《农民工培训中的市场失灵及对策分析》，《农业经济》2007年第5期。

工进行技能培训能提高劳动生产率。科学管理理论认为通过培训能够提高工人的整体劳动技能水平，进而提高企业的生产效率。农民工在经过培训之后，在同样的单位时间内能够生产出更多的产品和服务，或所制造的产品质量更高、提供的服务水平更高。其次，对农民工的培训对企业的组织文化有凝聚作用。在对企业新进农民工进行培训之际，可以向他们灌输企业理念和文化，使他们更加深入地了解所在企业，从而产生归属感和认同感，增加企业的凝聚力。再次，农民工培训使生产安全保障也有所提升。在生产过程中要百分之百地杜绝安全事故是不可能的，但可以通过对员工的培训来降低事故发生概率，从而保障生产安全完成，最为主要的是能避免人身安全伤害和财务损失。最后，培训能增强企业的竞争力。人才是现代企业的核心竞争力，人才竞争是当前社会最主要的竞争，职业培训就是对人力进行投资。美国经济学家西奥多·W. 舒尔茨（Thodore W. Schultz）认为，人力资本主要是指凝结于劳动者自身的知识、技能，是劳动者所表现出来的劳动能力。企业发展过程中的问题是千变万化的，只有通过对人员的终身培训才能在同行业竞争中获得长远的可持续发展。

（三）农民工对培训的认同度不高

1. 观念偏差

新生代农民工缺乏接受就业培训的主观愿望，对职业技能培训的认同度也不高，这两者都不利于培训工作的顺利开展，农民工参与积极性的缺乏会直接导致生源不足。新生代农民工的业余时间更多选择消遣娱乐，较少考虑参加职业培训。尽管新生代农民工到外地务工的人数比较多，在思想观念上有了一定的转变，但农民出身的农民工，其农民经历直接影响到了农民工的积极性、主动性和创造性[1]，仍避免不了其受传统保守思想的消极影响。求知欲和自信

---

① 尚海滨、江华：《试析农民工主体意识的缺失与激发》，《理论观察》2008 年第 3 期。

心不足，使部分农民工不愿意参加政府组织的免费培训，如果让其自己支付培训费用就更不可能。尽管一些农民工想要学一门技术，但又担心学不到技术而花费不值或上当受骗。他们一般比较看重眼前利益，认为培训既花精力又费时间，尽管培训的学费能得到国家部分补助，却又顾虑培训会耽误挣钱，或培训后的收益与不参加培训相比，并没有明显的不同，而且还需要付出机会成本，所以参加职业培训的积极性不高。当前的社会是一个学习型社会，对人的素质的要求更高，人力资源的重要性也在逐步增强，所以必须坚持终身学习的观念，要适应不断发展变化的客观世界，要把学习从单纯的求知变为生活的方式。但是大多数农民工并没有真正明白这个道理。因此，为了促进新生代农民工解放思想、更新观念，必须加强对农民工培训的政策宣传，以使新生代农民工真正了解就业培训的目的。

2. 信任危机

农民工对就业技能培训缺乏信任也是影响培训工作顺利开展的一个障碍，更为准确地说，新生代农民工是对政府相关部门和培训机构缺少信任。一方面是农民工对政府部门的信任缺失。少数地方政府为了完成农民工技能培训名额的指标考核，就向农民工承诺高标准的补贴，而参加培训的农民工在培训之后实际上并没有得到政府承诺的补贴。另外，某些政府部门监管不力，对违法的培训机构采取听之任之的态度，使得这些机构更加漠视法律，农民工的合法权益受到肆意侵害，致使农民工对政府部门产生了公信力危机。另一方面是农民工对培训机构的信任缺失。市场上部分中介行业的行为不规范，非法职介机构设局行骗，部分培训机构所提供的培训方式和培训内容与所宣传的相去甚远或违反国家相关规定收取高昂的费用等，这些乱象都严重损害了农民工的合法权益，从而引发了农民工对职业介绍服务或培训机构的信任危机。

二　农民工就业培训责任主体不明晰

目前，农民工就业培训过程中存在着政府与市场和政府内部两种责任主体不够明晰的情况。

（一）政府与市场分工不明

农民工就业技能培训服务具有准公共物品的性质，政府部门理应承担相应的责任，然而这并不意味着政府必须直接提供培训。直接提供给新生代农民工的就业技能培训项目，一般都存在质量不高、时效性不强、成本较高等缺点，还会降低新生代农民工参与的积极性。此外，还可能会导致垄断现象在农民工培训市场中出现，从而使市场效率和秩序遭到破坏。由培训机构所操纵的完全市场化的农民工培训门槛过高，农民工没有积极性，更没有财力参与其中。这就导致无法划清政府和市场各自的责任。如政府将培训工作外包于培训机构，所需的市场准入资格、培训定价规则与培训质量评估等相关规则、制度又不完善。

（二）政府内部权责不清

其一，现阶段大部分新生代农民工都具有较高的流动性，地方政府投资技能培训的积极性被这种跨地区性务工特征削弱。当经济不景气时，返乡农民工再就业的压力对劳务输入地并没有影响；在经济发展、规模扩张时，即所谓的"民工荒"现象出现时，劳动力处于短缺状态，技能培训的需求也不高。劳务输出地认为自己所开展的免费技能培训，是在为其他地区培养技术人员，是拿自己的财政为劳务输入地做贡献，所以投入培训的积极性也不高。此外，作为劳务输出地的地方政府的财政情况往往比较拮据，而实际的培训工作却正是由其基层政府来组织开展的，这就形成了事权与财权不对称、权责不对等的状态，所以使得县、乡基层政府的积极性也不太高。

其二，政府部门内部的责任分工不明。不同地区负责新生代农民培训工作的部门有所不同，但大部分都包括以下部门：省劳动保障厅，省扶贫办，省财政厅，各省辖市、区、县人民政府。由于部门众多、政出多头，彼此之间的协调变得非常困难，有好处的项目大家都争着去做，而收益不大、出力不讨好的事情大家都不愿意管，这种部门之间相互推诿的现象比较常见。最为重要的是，当农民工需要进行相关政策咨询或利益受损需要帮助时，既找不到责任主体，也找不到可寻求帮助的地方。分属的部门众多，也导致培训资源的分散，条块分割，办学规模不达标，专业缺失或重复，教育培训资源得不到高效利用，而这些都使得新生代农民工就业技能培训的效率降低。

三　农民工培训的保障与监督制度不健全

（一）农民工培训的财政投入制度不完善

政府相关部门对新生代农民工培训的重视度不高，在设计有关新生代农民工培训的制度时考虑得不够完善和周全，加之教育培训投入经费不足，培训工作缺乏物质资源保障，这些都成为制约新生代农民工就业培训工作开展的最大障碍。近几年来，随着城镇化建设的推进和农村劳动力的大规模转移，中央和各级地方政府先后制定并颁布了《关于批转促进就业规划（2011—2015年）》《中国农村扶贫开发纲要（2011—2020年）》等相关政策，同时也开展了"星火职业技能远程培训项目""世界银行贷款农民工培训与就业项目"等相关项目。但政府却未能充分认识到新生代农民工所具有的独特性，并且到目前为止，相关教育法中对新生代农民工就业培训都没有涉及，正因为农民工就业培训政策的法律化不足，才使得新生代农民工培训效果得不到切实有力的法律保障。

中国现阶段的城乡二元户籍制度成为新生代农民工参加政府组织培训的一大阻碍。在城镇工作但仍属农村户口的农民工，部分人无法享受居住地政府所提供的免费培训，在外地打工因地区限制也无法享受输出地政府所提供的免费服务，这就造成了农民工就业培训实质上的不平等。地方各级政府将培训工作视为上级对其下达的临时性工作任务，相关统计数据和经费预算模糊不清，并缺乏长远规划，每年的财政支出计划中也不明确包含新生代农民工的专门培训费用。此外，新生代农民工输出地大部分属于中西部欠发达地区，人力资源投资又是一项长期性的工程，需要较长时间之后才能取得收益，所以财政实力本来就薄弱的地方政府常常不太愿意将有限的资金投入到培训工程中去。

农民工就业技能培训是一项惠及农民工个人、用人单位乃至全社会的事业，属于准公共物品，具有较强的外部效应，政府理应对资金投入承担主要的责任。[①] 当前各级政府财政给予的农民工培训补贴额度都在逐年增大，但是支持力度远远不能满足当今农民工培训的实际需求。《2003—2010 年全国农民工培训规划》中明确提出，要加大农民工培训的资金投入，农民工的培训资金由政府、用人单位和农民工共同负担。但这只是国务院出台的原则性政策规定，具体的分担比例并不明确具体，农民工培训资金究竟如何在各相关培训主体间合理分担一直缺乏可操作的实施标准。

中央与地方的投入不断增加，但与人数众多的劳动力及市场培训需求相比还是远远不够。2004—2008 年，"阳光工程"共培训农民工 2000 多万人，投入补助资金 32.5 亿元；2006—2008 年，财政就业专项资金共投入培训资金 80 亿元，每年平均近 26.7 亿元。依《2003—2012 年全国农民工培训规划的要求》，全国 2006—2010 年，要对 2 亿农民工开展岗位培训，对 5000 万农村剩余劳动力开展基础性技能培训，对 3000 万人开展职业技能培训，据此推算，就能完成 5000 万人的引导性培训和 3000 万人的职业技能培训，人均 100 元的引导性培训和人均 600 元的职业技能培训，共计需资金 230 亿元左右。面对如此庞大的农村劳动力群体，目前所支付的财政资金远不能满足培训的实际需求。以上诸多原因导致了政府对新生代农民工就业技能培训的投入仍然严重不足。

（二）农民工培训补助标准额度偏低

以"阳光工程"为例，其培训补助标准在逐年提高。2006 年，中央财政安排的培训补助资金对东部地区按人均 120—130 元、中部

---

① 杨晓军：《农民工就业技能培训模式研究》，中国社会科学出版社 2009 年版，第 179 页。

地区按人均 160—170 元、西部地区按人均 180—200 元的标准进行补助。2007 年，中央安排的财政专项补助资金对东、中、西地区分别按人均 173 元、250 元、300 元的标准进行补助。2008 年，中央资金继续对东、中、西部地区实行不同的补助标准，按照东部地区人均 170 元、中部地区人均 310 元、西部地区人均 370 元的标准进行补助。但是，据全国"阳光工程"办公室 2007 年对餐饮、建筑等 9 个培训量大的专业进行调查，发现平均培训成本达到 602 元（不含生活费），与当年中央财政人均补助标准相去甚远。如果农民工所参加的技能培训属于技术含量较高类型的，自身所需承担的费用可能还比较高。① 相比起中央所统一支付的"阳光工程"就业补助，劳动部和扶贫部所开展的转移就业技能培训的补助标准要稍高一些。

最近几年，地方政府针对农民工培训的补贴标准额有所提升，不同省市区的补贴标准额也不同。江西省 2010 年出台的《关于进一步加强农民工技能培训工作的通知》要求：根据培训工种、培训内容、培训时间和培训成本等，控制在人均补贴 300—1600 元的范围内，制定科学合理的培训补贴标准。原则上农民工就地转移就业和外出就业技能培训补贴人均 300—1000 元，贫困地区和贫困劳动力培训补贴标准可适当提高。2010 年济南市出台《关于进一步做好农民工培训工作的实施意见》，要求农民工培训补贴要与未就业高校毕业生、城镇登记失业人员的就业培训实行同一补贴标准，按所学专业每人技能培训补贴 300—1000 元，并根据实际情况逐步提高补贴标准。

就业技能培训的补助标准低，直接导致了培训时间的大量缩水，很大一部分是 10 天以内的短期培训。在如此短的时间内，农民的知识和技能是不可能有较大提升的，与此同时还会影响培训机构的培训效果和办学积极性。比如从 2007 年开始，湖北武汉市农转办出台

---

① 何筼：《公共就业培训管理》，科学出版社 2009 年版，第 124 页。

文件正式明确规定，"阳光工程"的普通工种及第三产业岗位技能培训必须在校培训一个月以上，实习1—2个月，这就对培训质量提出了更高的要求，但是由于物价上涨和武汉市大多数农民工不愿交钱参加培训等因素，培训机构只能在降低培训质量和亏本之间进行选择。

（三）农民工培训项目的监督不力

实现市场调节和政府监管的最佳结合既是政府有效监管的体现，也是政府在农民工就业技能培训中的责任所在。我国当前的农民工就业技能培训监管体系与现实需求还存在较大的差距，很大一部分原因在于相关法律法规不完善。一些私立的技能培训活动无法可依；政府监管缺位使得一些不法分子欺骗农民工受训人员，并屡屡得逞；一些钻法律漏洞的不法培训机构依然逍遥法外。

目前，农民工就业技能培训在资金的筹集、使用、管理和拨付方面仍存在一些问题。政府对农民工就业技能培训的款项拨付还处于随意、临时、分散的状态，影响了培训资金的统筹和有效使用。各级政府每年资金的拨付没有连续性，拨付时间拖延、没有统一的安排，在操作中款项到位时间滞后，因此影响了培训机构的办学积极性，甚至导致了一些培训机构先向农民工收取培训费用。而后一种情况致使农民工对政府组织培训的初衷产生怀疑，从而影响了就业培训的生源。①

一方面，不公平竞争的现象在新生代农民工就业技能培训市场中同样存在，在农民工培训中也出现了"市场失灵"的现象。部分培训学校不具有相应的办学资格或无法提供合格的培训服务，而另一部分组织或个人在利益的驱动下，弄虚作假，提供低质服务，无视法律和道德。由于缺乏有针对性的监管制度，导致监管松散，加之监管部门只对书面申请进行审查，无法对硬件设施和培训效果进行

---

① 谢小青：《就业培训——基于多元主体视角下的动力机制研究》，人民出版社2008年版，第40—41页。

调查，为部分培训机构偷工减料、骗取国家补偿资金提供了机会。

另一方面，监督主体和监督手段过于单一化。当前农民工就业技能培训的监督主体主要是政府主管部门，容易导致权力的过分集中，在监管者角色不明的情况下，易出现徇私舞弊或滥用职权的现象。俗话说"老虎也有打盹的时候"，由于监管人员的数量和精力有限，监管力度在客观上也有所减弱。监管手段的单一化对新生代农民工培训的监管来说也是一种弊端，各级地方政府都是以上级部门的相关规划和政策为主要依据，然后再结合本地区的实际情况制定详细的执行规则。这就使得监管手段受行政干预的影响比较大，法律和经济手段不足，技术手段不完善，具体监管过程随意性大，这些最终都将导致监管手段的约束力不强，效果不佳。

四　农民工培训评估机制效力不彰显

评估机制的系统性和完整性程度会影响培训工作的高效顺利开展，只有在得到合理评估之后，才能确定合理的奖惩对象和标准，才能使评价者和被评价者不断改进和修正自己的活动。培训评价看似是一项收尾工作，实质上贯穿于培训的全过程，当前缺乏的正是一套完整科学的评价体系以促进新生代农民工就业技能培训工作的开展。各个地区采用的农民工培训项目评价方法与标准不统一，如对培训基地建设情况的评定、评价内容的选择、培训任务完成度的评判及资金运行绩效评估与标准等。在"阳光工程"启动以后，中央政府相关部门颁布了一套全国通用标准（见表 4－1），但细则不明、标准不清的情况仍较为严重。

比较典型的是，上述标准虽是一个可量化和可操作的评估体系，但是只有一般数量指标，很少有质量指标，而且指标笼统、过于单一，所以无法对新生代农民工就业培训"阳光工程"开展科学评估。现在科学化绩效评估指标应该以"5E"指标为基础，"5E"是指经济、效率、效益、公平、环境，将这五个标准具体化，构建一个具体、可操作的农民工就业培训评估体系。部分地方政府就将原本的"民生工程"视为"政绩工程"，农民工在培训中的被骗事件也时有发生，歪曲了中央政府的初衷并使新生代农民工的切身利益受到严重损害。缺乏评估机制对各方主体进行激励和约束，特别是对政府官员的行为监管不够，对农民工就业培训绩效的考核虚化，以至于相关管理人员违法乱纪，以损害农民工利益的手段来牟取不正当利益，把"阳光工程"变为"敛财工程"，培训质量和效果就成了一个寻租和牟利的借口。

表 4 – 1　　　　　"阳光工程"培训单位检查验收标准

检查验收内容	计分标准
1. 制定科学的工作计划和培训实施方案	达到要求得 5 分。工作计划或培训实施方案有培训目标、组织实施、培训内容、经费使用、保障措施，少一项扣 1 分
2. 有开展技能培训所要求的教学设施、设备、实训基地和师资	达到要求得 5 分。教学设施、教学设备、实训基地不合要求的，各扣 1 分，师资不符合要求的扣 2 分
3. 有符合岗位培训要求的职业技能和引导性培训教材，并且每个受训学员人手一套	达到要求得 15 分。达不到要求的，每项扣 7.5 分
4. 收费标准经当地财政、物价部门核定或经过公开招标明确，财政补助资金通过降低收费标准或培训券的方式补贴给农民	达到要求得 15 分。到不到要求的，每项扣 7.5 分
5. 教学管理体系健全，学员考核合格，完成培训任务，建立培训台账	全部完成培训任务得 30 分，每少 1 个百分点扣 1.5 分，少于 80% 为不合格
6. 完成转移任务并建立转移台账	全部完成转移任务得 30 分，每少 1 个百分点扣 1.5 分，少于 80% 为不合格
7. 开展就业跟踪服务	达到要求得 5 分。有领导或专业人员负责就业跟踪服务工作，但没有明确分管领导的扣 3 分，无专人负责就业跟踪服务工作的扣 2 分
8. 按时上报培训工作进展情况	达到要求得 5 分。月报每少一次扣 0.5 分，扣完 5 分为止

资料来源：中国农村劳动力转移培训网（农业部主办）。

五 案例分析

（一）案情介绍

免单却不买账的农民工培训

在 2012 年春节后的福州"春风行动"招聘会上，众多企业推出了高薪职位，因岗位对技术和经验要求较高，导致很多岗位空缺。而保安、餐饮服务人员等技术含量较低的岗位成为新生代农民工应聘的热门职业。许多建筑企业、餐饮服务业以及加工制造企业等劳动密集型企业的职工整体文化水平不高、技术能力欠缺，技术工人较少，很多一线生产职工只能从事技术含量很低的工作。特别是新生代农民工缺乏学技能的主动性，技能素质偏低，造成了我国技能型工人严重的"老龄化"以及结构性不适应问题相当突出。[①]

（二）案情分析

此次招聘会中，有两种现象值得注意：一是新生代农民工不愿意接受地方政府的免费培训；二是不少农民工根本不知道免费培训农民工的"阳光工程"项目。尽管中央政府出台了免费培训农民工的相关惠民政策，也投入了大量配套的财政资金，结果农民工参加培训的积极性不高，农民工培训工作的实施并没有达到预期的效益。农民工为什么对政府免费培训这样的好政策持怀疑和冷淡的态度呢？

其一，部分地方政策对农民工存在歧视，主要表现为身份歧视，如就业条件和待遇的差异悬殊。即便是在国有企业，往往仅因农民工身份，劳动者就可能受到用人单位同工不同酬、无社会保险，甚至不签劳动合同等歧视性对待，这类问题在私营企业更为普遍。不论是劳动合同签订情况还是劳动条件、工资待遇等，农民工的状况都普遍差于当地的城镇就业人员。由于随时可能被解雇，出于对就

[①] 光明网：《"光明社区·博客"：农民工对政府免费培训为何不领情》，http://bbs.gmw.cn/thread-1005180-1-1.html，2013 年 4 月 1 日。

业不稳定的担忧，致使许多新生代农民工不愿意在培训上花费时间和金钱。

其二，各级政府和媒体对于政府免费培训农民工的宣传力度不够，广大农民工不了解这项惠民政策。进场的农民工人数不少，但报名参加免费培训的却寥寥无几。不少农民工要么不知道政府免费培训的事，要么不相信，认为"天下没有免费的午餐"，所谓免费的培训极有可能存在欺诈。

其三，部分地方的农民工技能培训流于形式、缺乏内容，效果不理想。虽然目前许多劳动力输出地的政府劳动部门都会组织农民工接受相关培训，但这些技能培训普遍针对性不强，导致农民工参加的热情不高。一方面，培训机构的能动性差。培训课程大多在培训班开设前就已由省级主管部门统一设置规划好，办学机构只能按照相关部门设定的培训标准筛选出符合条件的农民工进入培训机构进行培训，这种格式化的培训方式造成了培训课程内容滞后、种类单一，与市场和与农民工的真实需求脱节，培训内容与其到企业就业所需技能要求不相符。另一方面，受训人员的能动性差。培训者与被培训者意愿的对接，是影响培训效果的一个重要因素。培训选择权的缺失，扼杀了农民工接受培训的兴趣，因农民工有其他发展需求，其愿望与"规定动作"要求的脱节，使农民工理所当然地失去了参加培训的机会。

其四，多头管理的存在造成对农民工培训资源浪费，补贴标准较低，导致培训的效果不尽如人意。目前扶贫、农业、教育、劳动、就业、城建、妇联、工会等部门均有提供培训的任务和责任，缺乏协调的多部门共管下出现了培训投入和补贴标准的不一致。贫困地区受财政状况限制，配套资金、培训投入明显不足，而十分有限的资源又分散在多个不同部门，被摊薄的培训资金愈加杯水车薪。有的地方由于监管不严，导致了培训经费的截留、挪用、浪费和贪污。

其五，农民工可不支付培训费，但仍需支付住宿、伙食、交通

等费用。事实上，免费培训落实到农民工身上，只是给了他们一张
入场券。培训期间的生活成本，对于本来收入就不高的农民工而
言，无疑是一笔较大的开支，所以他们宁愿放弃参加培训而选择出
去打工挣钱。

其六，培训管理不规范。如师资力量不强、专业性不够、随意
压缩课时、教学内容严重缩水等。

（三）解决之道

树立"防范胜于救灾"的思想，切实将就业培训惠民工程做实
做好。

（1）改革现有的户籍制度，促进农民工的城市融入。加强劳动
监察，切实保护农民工的合法权益，逐步将农民工纳入与城镇居民
同等的社会保障系统，要求企业必须依照相关规定与农民工签订劳
务合同，不得随意解雇农民工，同工同酬。打破地域、部门限制，
使农村转移劳动力可在户籍所在地或求职就业地按规定享受职业培
训补助或技能鉴定补助。

（2）通过广播、报纸、宣传栏、论坛、QQ 群、短信、微信等
多种渠道广泛宣传农民工就业培训政策，以便提高农民工培训的相
关惠民政策的社会知晓率和参与度，既可提高农民工参加就业培训
的积极性，也可以动员社会力量参与和支持农民工培训项目。

（3）按照"市场需要什么就培训什么，农民工要求什么就培训
什么"的原则，突破计划经济桎梏，紧贴市场需求。建立培训就业
信息网站，加强人力资源市场需求信息和农民工培训需求信息的调
研、发布，使培训机构和农民工及时了解相关信息。培训机构应以
农民工的需求为出发点，结合自身特点，科学设置培训内容，实施
多样化的培训；在培训内容方面，相应增加心理健康辅导、城市文
明常识等方面的授课，帮助受训农民工更好、更快地融入城市社
会。实施更加灵活多样的农民工培训政策，容许农民工根据自身的
意愿和客观条件来自由选择培训机构和培训项目。

（4）设立农民工培训的政府专项资金。制定培训资金基本补贴

标准，构建"政府补助、企业承担、个人分担"的三方投资制度，加强培训资金使用的全程监管，保证资金安全和使用效率。将加强农民工就业技能培训工作列为社会经济发展的重点任务，制定统一的培训规划，明确各政府部门职责。调整各部门的补贴政策，使得对不同培训对象能够分类培训，减少交叉重复，在补贴方式和标准上也要逐步实现统一。

（5）科学规范管理、严格监督评估。政府相关部门及企业要制定农民工培训绩效评估指标体系，要对农民工培训工作进行实名制管理，对培训开展过程加强全方位的监督，包括资格认定、培训内容、资金使用、质量评估和专业师资队伍建设等。培训机构要选拔思想作风好，素质过硬，专业能力强的教师担任培训授课教师，确保教学质量。要建立农民工培训台账，实行培训工作的全程考核，做到审核结果公示、培训信息公开、培训过程透明、社会参与监督。对违反相关规定的培训机构给予惩处。

（6）推行"三段"式教学方式。为切实保证培训质量，在培训过程中采取"三段"式教学方法。第一阶段开展公共课培训，内容包括社会保险、职业道德、计算机操作等。第二阶段开展技能课培训，以用工企业生产需要为指导。第三阶段开展实训课培训，从企业内部聘请技术骨干或聘请具有职业技能等级证的教师从事实训教学，并且实训教学课时不低于整个培训时间的 60%，经过系统培训后，受训学员将成为生产线上的行家里手。

第二节　农民工就业培训的风险分析

一　农民工就业培训的运作风险

（一）培训效益风险

企业对新生代农民工进行就业技能培训，从理论层面上说的确能够给企业带来效益，并能促进企业获得长远的收益。但这并不是绝对的。"投资有风险"，技能培训属于人力资本性投资，具有长期性和隐含性。一方面，企业提供的培训缺乏前瞻性与适应性。与传统农民工相比，新生代农民工具有独特性，企业所提供的培训方式和内容都必须与这一群体的实际特点相符，还要兼顾企业需求和个人需求。如果企业的培训内容不符合时代发展的要求或缺乏针对性，最终将无法获得较好的效益。另一方面，农民工本身的培训态度对培训实际效果也至关重要，部分农民工对企业提供的培训没有积极性或缺乏提升自己的意愿，也会降低培训的效果。

（二）员工流失风险

社会竞争力不断提高，农民工的自身价值能通过培训得到较大的提升，选择机会和适应能力有所增强。员工的报酬要求若没有得到满足，就会增加员工流失的可能性。大多数农民工最开始都是以普通劳动力的身份进入企业务工，只具有潜在人力资本。是否对新生代农民工进行培训，必须考虑未来的收益是否高于当前的支出，若收益足以补偿当前相应的损失则培训对企业是有利的。相比自己组织新生代农民工培训，企业更愿意直接从市场上招聘所需要的技术人员，所支付的薪酬和风险比担负的培训费用和风险要低许多，所以也容易导致企业对农民工培训工作的忽视。

新生代农民工群体中的员工流失现象较为严重。一方面，为了得到更高的收入，新生代农民工愿意放弃现有工作岗位而选择新的企业，因此新生代农民工群体自身就具有较高的流动性。另一方面，随着城乡发展和新农村建设，农村经济得到前所未有的发展，不仅提供了更多的工作岗位，也提供了一些自主创业的机会，新生代农民工在家乡也能找到薪酬较高的工作和岗位。考虑到照顾家庭和当地较低的生活水平，部分新生代农民工已开始逐渐返乡工作或自主创业。这也导致新生代农民工在接受技能培训之后，不会长时间地留在外地企业，这对一些企业来讲可谓是"赔了夫人又折兵"。

已入职的农民工的流失将会对企业造成三方面的损失。第一，直接损失，企业所负担的学费、授课费、资料费等各类费用，以及支付员工的工资和各类福利；第二，间接损失，参加培训的农民工在培训期间无法参与工作，必须聘用临时人员替代受训人员所支付的额外工资；第三，参培农民工的流失会破坏企业的凝聚力，造成留守员工向企业提出更高的要求，由此引发企业的公关危机。部分流失的优秀农民工掌握着企业的商业秘密，还可能会对企业造成极大威胁。因此农民工流失风险对企业培训工作的开展无疑是一个较大的障碍。

（三）培训激励风险

培训工作的顺利开展不仅取决于投资主体的积极参与，还必须有受训人员，即新生代农民工的合作，所以必须形成对员工产生激励作用的外部环境。如果一个企业不具备健全、合理的激励机制，受培训人员得不到有效的激励，会导致人力资本的所有者，即农民工的创造性、积极性不能被充分调动起来，其人力资本价值也将大大降低，所以培训对象的学习态度、敬业精神、体力精力等因素都应当受到高度重视。对农民工的激励包括经济激励和精神激励两个方面。

农民工参加就业培训最主要的目的是通过提高自己的技能来增加收入，若农民工没有得到合理的经济激励，其工作积极性自然就会被削弱，因此企业必须借助于激励性的职业培训与职业生涯规划来实现对新生代农民工人力资本的调动和使用。

随着时代的不断发展，经济因素已不再是唯一因素，有越来越多的精神激励因素进入到企业与农民工之间的博弈。农民工务工不仅仅是为了获得满足生存需要的薪资，不再满足于"养家糊口"，开始关注企业的文娱活动、地理位置、工作和生活环境、发展前景以及提供的培训等。如果企业忽略了新生代农民工的此类精神需求，新生代农民工要么以消极态度对待工作，要么"用脚投票"直接走人。良好的、持久的农民工职业培训制度在某种意义上讲也是一种农民工个人发展的精神需求，所以企业必须予以足够的重视。

二　农民工就业培训的技术风险

新生代农民工就业培训的技术风险指的是新生代农民工就业技能培训的方式和内容与市场需求严重脱节，不能对培训需求、培训计划实施及风险做出正确的判断而可能对企业造成各类损失。这些风险在错误技术的操作之下，导致产品或服务的提供无法按时或保质保量完成。

（一）培训内容设置风险

很多培训机构重学历而轻技能，不能及时按照市场的实际需求来调整培训的内容，也不积极通过对市场需求的有效预见来对内容进行更改，完成培训指标和拿到补助名额是这些培训机构的主要目标。培训内容设置风险大致可以分为两类：一是培训项目设置是否与培训者的要求吻合；二是具体的培训内容是否具有有效性、科学性。新生代农民工与传统农民工有着本质上的区别，他们对培训是发展型需求，而不是生存型需求。部分新生代农民工表示在外地有了一定的基础和经验之后就打算回乡自己创业，所以很期待能够通过政府提供的技能培训获取相关知识。新生代农民工在工作当中遇到问题时，更多的是采取法律途径来维护自己的利益，特别是当遭遇到比较严重的欠薪问题时。企业对新生代农民工整体性评价不高，许多单位将新生代农民工视为"不负责的员工"，没有责任感，对企业的忠诚度低，若对工厂存在某种不满意，会在不要工资的前提下直接向工厂提出辞职。所以对新生代农民工培训不仅只是传授技能，更为重要的是要对新生代农民工的综合素质、职业伦理、责任心和忠诚度等方面进行培训和教育。

（二）培训计划实施风险

培训计划的实施是培训工作开展中的重要环节，培训效果的好坏将直接受其影响，这个阶段发生风险的可能性较大，培训主体和监管主体应予以足够重视。

其一，培训方式单一、死板，尚未形成灵活多样的培训方式，没有充分考虑新生代农民工的工作时间长、文化水平低、闲暇时间不定等特点，不少培训以学术讲座的形式开展，导致培训效果不佳。这既不利于培训机构的发展，也不利于农民工培训积极性的调动。在实践中，新生代农民工更倾向于面对面的操作型讲解，情景模拟和案例分析的培训方式也很受欢迎。

其二，培训管理者作为培训计划实施的操作者，必须要具有一定的综合能力，若胜任力不足就会影响计划实施的效果。管理者的综合能力主要包括：拥有良好的组织、管理、激励、沟通的能力，并能够掌握相应的培训技能等。

其三，选择一个什么样的培训导师对培训效果的好坏有着极为重要的影响。培训导师必须具备基本的人际沟通、分析问题和解决问题的能力，以及良好的专业实践技能。

（三）培训效果评估风险

培训效果评估风险是指培训机构所采用的评估方法是否能准确反映培训的效果及收益的可能性。该风险产生的原因主要有以下几点：第一，培训机构缺乏相应的评估技术；第二，企业在短期内无法获得进行深层次评估所需要的各类数据。此种风险既影响到此次接受培训的新生代农民工，还会影响到下次培训工作的开展。

三 农民工就业培训的寻租风险

（一）寻租理论

"寻租"（Rent - seeking）一词，由安妮·克鲁格（Anne. O. Krueger）（1974）最早提出。她认为：寻租是指"利用资源通过政治过程获得特权，从而构成对他人利益的损害大于租金获得者利益的行为"①。寻租最开始出现于经济领域，但寻租概念早已经进入社会学、政治学等领域，远远超越了最开始的经济学。寻租的危害表现主要有降低社会总福利、错误配置资源、使垄断者在收入再分配

---

① Anne O. Krueger, "Political Economy of the Rent - seeking Society", *American Economic Reivew*, No. 64, 1974, pp. 291 -303.

中获利等。

（二）寻租风险分析

由于农民工就业培训是一项需要政府管理的经济活动，所以就存在着寻租的可能。提供就业技能培训的市场很大，如果是政府买单则可能会给供应商带来声誉与实际效益，这使得众多培训机构争先与政府签订合同。政府相关部门或培训负责人员因掌握着机构参与竞争的一些制度和规则，便可能成为培训提供者实施利益合谋和争抢拉拢的对象，也可能利用自身所拥有的权力向培训供应者索取不正当的经济利益。这就会阻碍其他合法提供者的进入，损坏其他培训机构的利益，违背市场公平竞争的原则。培训机构则以降低培训水平、减少培训课时为对价，作为给予相关政府官员的回扣，所以最终利益受损的还是参加培训的农民工。

公共资金被浪费、受训者利益受损，而部分官员和培训机构却获利，这种结果违背了农民工培训政策的公共性。其根本原因在于决策权过于集中和缺乏合理监督，培训机构的审核、培训计划的审批、补助资金的拨付和监督体系的组建等重要环节的决定权都集中于政府相关部门的少数官员手中。

此类案件的频发，既损害了受训学员的权利，又让国家财政资金遭受巨大损失。政府负责部门和培训机构弄虚作假，违法利用户籍信息资料骗取更多的补助名额，部分新生代农民工不仅没有领取到政府给予的补助资金，还失去了提高技能和脱贫致富的机会，增加了机会成本。

培训后的就业率即培训效果是培训评估的重要衡量标准，必须改变以前不重实效、只看数字的考核方式。要降低上述寻租腐败的发生率，就必须采取一系列的措施：其一，要严查腐败，弥补资金的空缺以保障培训工作的顺利进行；其二，国家要制定严格的进入门槛，对培训机构和学校的资质进行实质性调查，对违法乱纪者要给予严厉惩罚，除绳之以法外，还应将其逐出农民工培训市场；其三，公开所有培训信息，培训的经费、形式、内容、课时等培训信息都应公之于众，充分保障受训农民工的知情权。

四　农民工就业培训的委托—代理风险

（一）委代理论

从现代意义上讲，"所谓委托—代理关系是指一方（委托人）委托另一方（代理人）代其从事某种活动，代理人的活动将会影响到委托人的利益，而且代理人的活动最后引起的责任（或损失）将由委托人承担。"[①] 委代理论存在两个基本前提：一是委托人和代理人之间存在目标的不一致；二是委托人和代理人之间信息的不对称。委托—代理理论认为，在缺乏合理的激励与约束机制的情况下，代理人可能牺牲委托人利益而追求个人利益，为了减少损失，委托人就要对代理人及时进行激励、约束和监督，基于此而产生的代价之和统称为代理成本。[②] 因此，在委托—代理关系中，在存在他人代理的情况下，委托人的最优利益无法得到根本性的保障，委托人的委托成本就会增加。

信息不对称是新生代农民工就业技能培训中产生委托—代理风险的主要原因。在当今社会中，信息是一种具有极高价值的经济资源，但不同主体所拥有信息的质量与数量并不对等。信息缺乏的委托人要信息充裕的代理人替其进行决策，二者的目标不一致时，就会产生委托—代理风险。委托—代理理论认为，由于委托人与代理人之间信息的不对称，委托人可能缺乏对代理人行动细节的必要了解，代理人极可能利用自身所处的优势地位采取某些机会主义的行动，降低自己的风险，并借机实现自身利益最大化而使委托人的利益蒙受损失。在二者信息不对称的情况下，委托人为了更好地实现自身的利益，就必然要利用契约中的信任、承诺、激励、补偿、监督等手段的安排加强对代理人的行为监督，这些无疑都是委托人委托行为的成本。

---

① 马俊、叶娟丽：《西方公共行政学理论前沿》，中国社会科学出版社 2004 年版，第 63 页。

② 周春燕：《城市轨道交通运营外包相关方研究》，同济大学出版社 2007 年版。

　　委托—代理环节的增加加剧了委托—代理关系的复杂性，委托人与代理人在利益上的冲突、信息不对称以及政府人员的自利行为均对监管提出了极大的挑战，不仅增强了监管难度，甚至会导致监管失败。①

　　（二）委代风险分析

　　政府作为"超自然人"具有"人民公仆"的特征，官员作为自然人难掩其本身理性"经济人"的本性。作为政府官员，一方面会追求权力、职务、薪金、荣誉和社会地位的最大化；另一方面又会在责任与利益面前趋利避害，采取降低风险的行为。新生代农民工就业技能培训过程从资金、补贴发放、课程安排、机构选择、价格确定到培训完成，在这一过程中涉及诸多环节和多方主体，相应地，会产生多种委托—代理关系。第一种是纳税人与政府之间的代理，纳税人通过法定程序将公共资金的使用和支配权委托给国家公共事务管理机构——政府；第二种是指中央政府根据具体的事权、职能划分，将财政职能划分给财政部、劳动和社会保障部等相关部门；第三种是指政府部门或企业与培训机构或高校机构之间的委托—代理关系；第四种是指办事人员、监督人员与其他各主体之间的诸多委托关系。其中公共利益、单位利益及个人利益交织在一起，每种代理关系都可能因为代理人与委托人之间各自利益的不一致或冲突而发生委托—代理风险（简称委代风险）。

　　在各种代理关系中最易产生委托—代理风险的是第三种代理关系，即培训机构或高校与政府部门或企业之间的代理关系，政府部门或企业作为委托人，培训机构或高校作为代理人。理由有以下三点：

　　（1）培训机构和高校处于信息的优势地位，政府或企业则处于劣势地位。在整个培训过程中，政府虽然能对培训过程和培训结果

---

　　① 詹国彬：《需求方缺陷、供给方缺陷与精明卖家——政府购买公共服务的困境与破解之道》，《经济社会体制比较》2013 年第 5 期。

进行监督和评估，但是在实施培训项目外包时却明显处于劣势。

（2）虽然可以通过建立监督、激励机制来防止参与各方只顾自己利益的最大化，而损害其他利益相关者的利益，但在实践过程中委托方很难防止其他方的利益串联。

（3）委代双方通过契约形式所确定的彼此在培训上的权责关系，并不能完全排除委代风险的发生。

培训机构的目标与培训组织者的目标存在较大差异，培训机构是为了获取高额利润，在实际的培训过程中可能会以损害投资主体或受训者的利益为代价，如设施不达标、降低服务标准、培训内容不符合要求等。委托—代理的风险产生于代理人不尽力或因徇利而偏离委托人的委托目标，根本原因要归结于缺乏相应的监管措施或执行不力。

政府相关部门或企业单位投入大量的培训资金，鼓励新生代农民工参加技能培训，但因这三类主体缺乏对技能培训领域的系统了解，使得参加培训的新生代农民工并没有得到物有所值的受益。代理关系中的信息不对称，代理人隐藏信息、利用培训券徇私舞弊等，都可能会导致农民工培训中的委托—代理风险产生。

五　案例分析

（一）案例介绍

腐败高发的雷区里的"唐僧肉"

进入 21 世纪以来，促使广大新生代农民工顺利就业成为政府急需解决的要务之一。考虑到西部地方政府财力有限和农民工人数众多的现状，国家向西部地区下拨了大量资金，为农民工提供免费的技能培训以提高其技能水平和就业机会。国家规定培训机构每培训一名农民工，即可获得500—800元的财政补贴经费。如何让这样的大投入真正服务于"最大的民生"，能真正惠及于民，而不是让某些官员中饱私囊，这是个亟待解决的问题。近年来贪污农民工培训资金的腐败现象屡禁不止，如贵州窝案、重庆大渡口区出卖培训指标案、广西购买培训指标案。仅以贵州一省为例，一些地方劳动和社会保障部门与一些社会培训机构官商勾结，弄虚作假，相关负责人及工作人员大肆套取农民工就业培训资金。自2008年以来，贵州省就查处涉及农民工培训腐败系列案件共150余起，下至乡镇上至省级部门，各级官员贪污少则数万元，多则上百万元，甚至上千万元。对农民工的补贴资金从中央财政下拨到地方，地方各级劳动和社会保障部门负责审核职业培训学校，分配培训指标并审核培训合格的农民工人数，培训机构据此向财政部门申请补贴，财政部门再将财政补贴直接发给培训机构。有的培训机构与相关官员勾结，通过收集农民工身份证及照片来炮制虚假培训名册，办空壳学校套取国家补助资金。不少地方的农民工"报个名，照张相，领个脸盆就回家"。还有部分官员通过收取贿赂或和他人合伙组建临时性培训机构来直接套取国家财政补贴资金。媒体曾报道负责培训的官员大发培训财的事情。贵州省劳动和社会保障厅原副厅长杨锦福利用职务之便，通过违法批准农民工技能就业培训定点资格、违法批准增加培训指标、违法批准农民工技能就业培训学校成立等方式，收受贿赂高达80多万元。私欲膨胀、制度欠缺和监管不力等诸多原因导致原本的一项民生工程变为敛财工程①。

（二）案情分析

类似案例具有一个共性，那就是"三多"：干部涉案多、涉案金额多、违法花样多。从作案主体来看，从基层干部到省级部门领导都有参与；从涉案金额看，贪污受贿金额往往达几十万元，上百万元；从作案手法来看，大多数是领导干部直接干预和肆意插手招标投标、工程分包，为他人谋取利益，从中收受巨额贿赂。

西部不少地方之所以频发农民工培训窝案，其原因主要有以下

_____

① 中国青年报：《贵州套取农民工就业培训资金系列窝案透视》，http://news.qq.com/a/20081111/000518.htm；21世纪经济报道：《贵州农民工培训窝案启示录》，2008年11月11日；http://finance.sina.com.cn/roll/20090428/01536156262.shtml.，2009年4月28日。

几方面。其一，劳动和社会保障部门集中了三种权力：培训机构审批、培训资质检查、培训费用分配，"三位一体"的机制无法有效监管农民工培训学校；其二，缺乏有操作性、针对性的规范培训流程和相应监管制度，对容易出问题的高风险环节的监管不到位，如只进行书面申请审核，对培训的真实情况和培训实际效果放任不管；其三，贪污受贿呈现窝案状态，涉及部门多和涉案人数广。全流程作案，从设立培训机构、开班、发放补贴到最后的检查，各级部门相互勾结、互相包庇、共同违法，形成了联合分赃的利益链条；其四，培训内容缺乏针对性，培训模式简单陈旧，传统培训模式由政府将培训资金直接发放给培训机构，再由培训机构对农民工进行培训，此种方式增加了代理风险和监管难度。

（三）对策措施

政府买单的农民工培训中之所以大规模、大面积地发生寻租腐败，主要原因在于农民工培训的诸多环节都存在严重的制度缺陷，此外还与政策法规不健全，培训监督管理不到位有着极大的关系。为有效防止类似寻租腐败现象的重演，应从以下几个方面着手防范。

1. 加大预防和惩治腐败的力度

按照"谁审批谁负责"的原则，成立专项治理工作小组，加强治理的工作力度，严肃查处虚报、私分、截留、挪用、套取培训补贴资金的单位和个人。将农民工培训工作纳入政府相关部门的年度工作目标考核内容，对于那些工作不力、弄虚作假或未能按时完成目标任务的，进行通报批评，并对相关责任人员进行处分。

2. 实行项目和资金统筹管理

制度缺失是导致腐败分子有机可乘的重要原因。建立规范统一的农民工培训项目和资金统筹管理机制，健全培训补贴资金与培训成本、就业效果、培训质量挂钩的绩效评估机制。将考核标准具体化，使其具有可操作性，注意各种资料的收集和档案整理，确保培训的真实性和实效性，严禁仅凭学员花名册等简单资料就可申请补贴的行为。

3. 建立健全培训监督机制

要对农民工培训工作加强指导，加强对培训标准、培训内容和专业师资队伍建设等方面的监督检查。为遏制农民工培训过程中的贪污腐败行为，必须坚持"权力在阳光下运行"，在培训地点或相关网站全面公开各个培训阶段的相关资料（如参训人员名单、学时、参训项目、补贴费用等），设立举报电话、咨询热线，实时接受政府监管部门的审计和社会的广泛监督。

4. 严格培训考核评估管理

由政府有关部门，如就业、财政、监管等相关部门专业人员组成评审委员会，制定农民工培训质量效益评估指标体系，统一培训考核指标、考核程序和考核办法。对培训学校的教学规模、师资力量、办学条件、培训能力等资质进行严格考核。委托有资质的社会中介组织对培训机构的培训质量及资金使用情况进行评估，绩效评估情况作为下一年定点培训机构认定的重要依据。

5. 推行培训券模式的运用

以培训券的方式将选择权转移到参加培训的农民工手上，降低传统培训模式中的代理风险和监管难度，同时扩大培训机构间的质量竞争，增加培训机构的数量和培训内容。给予农民工更广泛的职业培训选择范围，在严格依照认定程序的情况下，按照领到就业培训券的农民工的意愿开办培训班，而不再是僵硬的"开班审批"的定点培训模式。

本章小结

新生代农民工就业技能培训过程中将涉及许多利益相关者，各主体间利益的冲突促使培训问题和培训风险复杂化。本章对新生代农民工技能培训过程中所存在的问题和风险进行了梳理，并对各类问题和风险的表现与成因进行了剖析。问题与风险是相互交叉的，二者之间并不存在绝对的划分，不能期望通过牺牲一方利益的方式来实现其他方的利益，只有建立起良好、长期的合作关系，才能在技能培训过程中实现多方主体共赢的局面。

第五章　多元主体参与的新生代农民工就业培训模式

新形势下，新生代农民工的就业培训模式已日益呈现参与主体多元化的趋势，政府、培训机构、企业、农民工、社区以及第三部门等多元主体通过合作，共同完成农民工就业培训工作。农民工就业培训服务属于准公共物品，在农民工就业培训体系中，政府处于中心地位，担负着组织和领导其他主体开展培训活动的职责。除农民工外，农民工就业培训最直接的受益方就是用工企业，农民工接受培训后的职业技能增强，有助于企业产品或者服务品质的提升。农民工就业培训要结合企业需求，通过市场供求调节农民工的培训项目。培训机构作为就业培训任务的承担方，具体负责农民工就业培训项目的实施。第三部门以追求公益为目的，自愿投入到农民工职业培训体系中。在农民工培训过程中，这些主体之间协调合作、各司其职，共同承担和完成各种类型的农民工职业培训工作。

第一节　多元主体参与模式的基本特点

目前，农民工就业培训服务具有多元化资金投入、规范化准入管理、市场化竞争、标准化评估四个特点。

一　多元化资金投入

农民工培训具有准公共产品的性质，庞大的投资成本需要各方共同分担，以实现农民工就业培训投入主体的多元化。各级政府应严格按照中央相关政策文件要求，把农民工培训投入纳入公共财政的预算范围，建立起中央到地方省、市、县、乡五级的财政投入机制，并明确各级政府的投入比例。此外，还要落实企业对培训的投入，积极鼓励企业投入到农民工职业培训中。大力提倡社会力量对培训的资助，农民工作为就业培训最直接的受益者，可通过分期方式，偿还部分培训费用。总之，逐步建立以政府投入为主导、用工企业投入为辅助、农民工个人负担和社会资助为补充的农民工培训成本的多元主体分担机制，使农民工职业培训能够得到稳定有效的资金保障，确保农民工培训项目的长期有效运行。2014 年 10 月，国务院总理李克强在国务院常务会议中提出，要大力创新融资方式，积极推广政府与社会资本合作（PPP）模式，使政府投资和社会投资相辅相成。2016 年政府工作报告中明确"将完善政府和社会资本合作模式，用好 1800 亿元引导基金，依法严格履行合同，充分激发社会资本参与热情"纳入 2016 年政府八大重点工作当中。这些都为通过合同承包方式购买农民工培训服务提供了政策依据。

二 规范化准入管理

农民工就业培训项目运作实施首先要遵循"平等竞争、社会公示、条件良好、择优认定"的原则。政府部门及行业协会等培训主管单位要加强对农民工培训机构的资质审核以及制定科学合理的准入标准，对培训机构的资格、场所、设施设备、师资队伍、办学定位、经费投入、专业设置等方面制定具体细致的要求。严格准入机制，对于达标的农民工培训机构，政府颁发资格证书，对未达标的限期整改乃至取缔，决不允许不具备资质的机构开展农民工就业培训工作。2013 年 8 月 13 日，国务院常务会议研究如何推进政府向社会力量购买公共服务，明确要求"将适合市场化方式提供的公共服务事项，交由具备条件、信誉良好的社会组织、机构和企业等承担"。2013 年年底国务院出台《关于政府向社会力量购买服务的指导意见》，规定向具备条件、信誉良好的社会组织、机构和企业购买公共服务，购买方式有三种：委托、承包和采购。随后，各级地方政府制定《关于推进政府向社会力量购买服务的实施意见》。

三 市场化竞争

目前从事农民工就业培训的机构还不够规范，造成就业培训效果不是特别理想，甚至于个别培训机构利用培训机会骗取国家的培训补贴资金。2008 年爆发的贵州农民工培训窝案即为这方面的典型。为提高农民工培训效果，政府可采用市场化运作方式，建立农民工培训机构的市场准入制度，吸引和利用社会优质培训资源，并通过竞争机制来规范农民工培训市场。同时，以政府对培训机构的资金补贴和量化评估考核作为杠杆，撬动各培训机构之间开展良性竞争。中共十八届三中全会通过的《中共中央关于全面深化改革若干重大问题的决定》中指出："凡属事务性管理服务，原则上都要引入竞争机制，通过合同、委托等方式向社会购买。"

四 标准化评估

加强对培训效果的制度化评估，是保证农民工就业培训绩效的重要手段。美国著名管理学者德鲁克有一句管理箴言："没有评估就没有管理。"政府主管部门要加强监管力度，对培训效果实施量化考核以提高培训质量和水平，同时采取有效措施防止培训机构骗取国家培训补贴资金的行为。政府主管部门不仅要对培训效果进行量化评估和考核，而且要对培训机构的课程教学实施情况进行实时监管，通过考查专业课程设置合理性、实施情况、理论实践课时数、经费使用效益、用人单位的满意情况以及受培训学员满意情况六个方面，并结合量化考核情况决定政府培训补贴和奖励资金的实际拨付数额。

2015 年 3 月 1 日起施行的《中华人民共和国政府采购法实施条例》明确了《政府采购法》第二条所称"服务"，包括政府向社会公众提供的公共服务和政府自身需要的服务，也即肯定了政府也可以购买像"农民工就业培训"这样的公共服务。这为地方政府就如何购买、实施及考核评估采购公共服务提供了法律依据，避免了地方各级政府自行制定和颁布一些政策法规所带来的缺乏可操作性和规范性，且效力低、随意性大等问题。

第二节　多元主体参与的农民工就业培训模式

农民工已成为中国产业工人的重要组成部分和城市基础建设的重要力量。为了推动农民工就业，促进农民工市民化，增强企业竞争力，需要坚持以提升技能、服务就业、终身培训为原则，统筹利用各类职业培训资源，建立面向有就业创业愿望和能力的所有农村转移劳动力的终身培训体系，因此，广泛开展农民工就业技能培训已经越来越重要。农民工就业培训服务具有准公共物品的特征，其产品的供给应该由多元主体来提供，即在政府主导下，充分发挥企业和培训机构的潜能，并积极培育和发展第三部门，引入市场竞争机制，打破农民工就业培训业务的政府垄断局面，形成公共部门、市场部门和第三部门角色互动、优势互补、各尽其责、共同协作的多元化农民工就业培训服务供给体系。

一　政府的公共政策规划与项目实践

（一）政府职能与角色定位

充分认识做好农民工职业技能培训工作的重要意义。加强农民工职业技能培训，是提升农民工就业创业能力的重要途径，也是调结构、促转型和加快城镇化发展的战略举措。中共十八届三中全会通过的《中共中央关于全面深化改革若干重大问题的决定》指出："政府要加强发展战略、规划、政策、标准等制定和实施，加强市场活动监管，加强各类公共服务提供。"深入推进政府职能转变，全面正确履行政府职能，政府主要应当管的是农民工职业培训项目的战略、规划、标准、政策和监督，而不是自己直接提供农民工职业培训。2014 年《国务院关于进一步做好为农民工服务工作的意见》要求："加强农民工职业培训工作的统筹管理，制定农民工培训综合计划，相关部门按分工组织实施。加大培训资金投入，合理确定培训补贴标准，落实职业技能鉴定补贴政策。改进培训补贴方式，重点开展订单式培训、定向培训、企业定岗培训，面向市场确定培训职业（工种），形成培训机构平等竞争、农民工自主参加培训、政府购买服务的机制。鼓励企业组织农民工进行培训，符合相关规定的，对企业给予培训补贴。"

各级地方政府相关部门要切实加强对农民工培训工作的组织与领导，认真履行培训项目，执行部门职责，科学制定本系统培训计划和实施方案，统筹安排和落实本系统农民工职业技能培训资金，并落实专人负责组织实施。

政府主导型的农民工就业培训模式是指以政府机构为主力，依托劳动和社会保障部门开办或者委托的培训机构承担就业培训任务。以政府财政支持的"阳光工程"就属于政府主导的农民工职业技能培训的示范性项目，"阳光工程"在劳动力主要输出地区、贫困地区、粮食主产区和革命老区开展就业技能培训，着力使农村劳动力向非农领域转移。该工程按照"政府推动、部门监管、学校主办、农民受益"的原则组织实施，致力于提高农村劳动力的整体素质和就业技能，促进农村劳动力由涉农产业向非农产业转移，由农村向城镇转移，实现农民工稳定就业和增加收入的目标，从而推动城乡经济和谐发展。

按照马克斯·韦伯的官僚制组织理论，政府机构是一个典型的官僚制组织，也叫"科层制"。"科"是指横向政府组织；"层"是指纵向层级，政府职能和角色与之相适应，不同层级政府职能定位和配置不同。

目前，根据我国各地实施的农民工就业培训现状来看，涉及农民工就业培训的政府部门可以划分为横纵两个方面。横向方面，主要有劳动和社会保障部门①、财政部门、农业部门和教育部门等；纵向方面，自上而下从中央政府到基层乡镇政府，所有层级的政府都参与其中。

1. 各级政府

各级政府在实施农民工就业培训这项民生工程中都负有重要职责。国务院作为中央政府，其职能主要有政策制定和监督指导，其中，包括政府购买就业培训服务的行政法规的制定实施，制定战略层面的方案，统筹规划全国性农民工就业培训工程，并指导监管全国各地方、各部门的实施情况。

当前中央政府尚未制定政府购买就业培训服务方面的行政法规，与之相关的只有全国人大公布的《中华人民共和国就业促进法》（以下简称《就业促进法》）和《中华人民共和国政府采购法》（以下简称《政府采购法》）。《就业促进法》缺乏详细规定而仅具有指导意义，《政府采购法》仅规定实体商品的采购而无无形的公共服务。国务院制定政府购买公共服务以及农民工就业培训行政法规，全国人民代表大会或者其常务委员会制定相关法律就显得十分必要。国务院要根据中国的具体国情制定政府购买农民工培训服务方案，在实施农民工就业培训工作中必须从长远战略出发，完善顶层设计，以科学的方法指导具体过程的实施，并严格监督各级政府的落实情况。

省级地方政府在实施农民工就业培训这项民生工程中也负有责任，广大农民工遍布我国各省、自治区和直辖市，因此我国各个省级政府都有责任组织实施好农民工就业培训工程，完善农民工就业培训体系。省级政府具体职责主要有：①制定详细具体的政府购买农民工就业培训服务方面的政府部门规章；②协调农民工就业培训实施过程中出现的一些跨省的问题；③根据本辖区特点和"农民工

---

① 2008年国务院机构改革方案中，劳动保障部与人事部合并为人力资源和社会保障部，本书仍用"劳动和社会保障部门"代指此系统的部门。

就业培训意愿"报告制定符合本辖区实际情况的农民工就业培训实施方案；④监督指导辖区内各级政府和相关部门实施情况并及时向国务院汇报政策的执行情况；⑤委托本辖区内的相关社会组织管理一些具体事务。

在政府购买就业培训服务方面，地市级政府主要有四大职责：①制定关于政府购买农民工就业培训服务的地方政府规范性文件；②协调农民工就业培训实施过程中出现的一些跨市的问题；③依照农民工就业培训意愿报告的内容，完善省级政府制定的农民工就业培训实施方案；④及时向上一级政府提交下级政府呈送的农民工就业培训意愿报告。

区、县政府的主要职责是：①向地市级政府提交乡镇政府所呈送的农民工就业培训意愿报告；②根据辖区内的经济状况，结合上级政府下拨的培训资金数量和培训目标人数制定农民工领取培训券的标准，尤其是合理划分就业培训券面额种类和制作就业培训券；③依据领取就业培训券标准，及时对申请领取就业培训券的农民工资格进行审核，对于符合条件的农民工按相应的标准及时发放就业培训券；④对培训机构的培训效果进行科学评估，尤其是对农民工培训技能的掌握情况、受训农民工的就业率等进行评分，以此核定相应的就业培训券兑现等级；⑤根据评分结果及时将培训经费兑付给培训机构，包括向直接聘用农民工并自己培训的用工企业兑付培训经费；⑥协调农民工就业培训计划实施过程中出现的一些跨县的问题；⑦监管其他几类相关主体行使其各自职责的情况。

乡镇政府作为最基层政府，与农民工接触沟通相较于其他层级政府更为便利，可以说乡镇政府最接近和了解农民工，而且农民工同乡一级政府交流也比较容易、成本较低，因此乡镇政府的主要职责主要体现为与农民工直接"打交道"。其职责具体有：①向本区内农民工宣传农民工就业培训的政策法规；②及时统计年度外出或返乡农民工的就业、创业情况；③登记和汇总农民工关于就业意愿、就业培训方面的相关信息，撰写农民工就业培训意愿报告并及时向上级政府提交。

2. 政府部门

就全国各地农民工就业培训的实施情况看，农民工就业培训主要涉及劳动和社会保障部门、农业部门、教育部门、财政部门、地方政府等。它们各自相应的职责主要如下所述。

劳动和社会保障部门的主要职责：会同财政部门决定就业培训券的面额并制定就业培训券种类；制定农民工领取培训券的具体标准，依据领取就业培训券标准，及时对申请领取就业培训券的农民工资格进行审核，对于符合条件的农民工按相应的标准及时发放就业培训券；对培训机构的培训服务水平与培训质量进行评分。负责综合管理劳动就业服务工作的就业局，其在劳动就业服务、职业介绍、就业训练、协调指导街道（乡镇）劳动保障事务所的就业服务工作、组织创办劳服企业、扩大社区就业等方面发挥重要作用。根据国务院深化行政审批制度改革的要求，自 2014 年起，一些政府按照《中华人民共和国民办教育促进法》，简政放权，将民办职业培训机构审批从省级、市级人社（厅）局下放到县（市）区的人社局。上级政府人社（厅）局放权后，责任并没有减轻，还要认真做好培训机构的培育和监督。

财政部门的主要职责：一是会同劳动和社会保障部门决定就业培训券的面额并制定就业培训券种类；二是筹集、监督和管理培训经费；三是按照劳动和社会保障部门的培训绩效评分，及时按标准兑现培训券；四是积极引导社会资本参与农民工培训服务建设，集合社会力量建立各级各类培训机构。

农业部门的主要职责：农业部门作为解决"三农"问题的主要部门，在实施农民工就业培训工程的过程中，农业部门应该坚持以人为本，努力为农民工提供便利。农业部门及时组织力量深入调查研究返乡农民工的情况，了解返乡农民工的行业地域分布、年龄结构、返乡原因、就业意愿和培训需求，评估农民工返乡对当地经济建设、对农民增收的影响，积极宣传返乡农民工的培训政策。以农业部门为依托，全面开展农民工的素质教育以及劳动技能培训，借助农村劳动力转移培训"阳光工程"、针对农村扶贫对象而实施的"雨露计划"以及新型农民科技培训工程等系列农民工的素质教育和劳动技能培训项目，大力开展面向返乡农民工的就业、创业培训与帮助。做好对返乡农民工的专业技能、政策知识、法律法规和维权等方面的培训，重点开展就地就近转移培训、实用技术培训和生产技能培训，促进返乡农民工再就业。

教育部门的主要职责：作为部分高校、职业培训学校等官办培训机构的主管部门，教育部门可以对选择到公办培训机构接受培训的农民工给予适当优惠政策；更为重要的是，教育部门应该做好义务教育工作，农民工就业培训作为一项系统工程、民生工程，对新生代农民工的要求更高，这要求新生代农民工具有良好的素质，其中，义务教育阶段的坚实基础将对新生代农民工更好地接受就业培训产生关键性的影响。而将义务教育与职业教学相结合的"9＋3"免费中职教育办学模式也是值得推广的，四川就在藏区深化了"9＋3"免费职业教育的就业培训改革，在职业教育和民族教育工作中发挥了重要作用。教育部门要从战略层面建立健全技工人才培养机制，构建终身教育理念下的职业教育体系，真正扩大职业院校的办学自主权，将民办职业培训学校机构纳入现代职业教育体系。探索面向全社会、面向未来的职业教育，在时间上融合职前教育、岗前培训、在职培训；在空间上融合企业、学校、社会以及社会上各类合作教育机构，开展职业教育及培训，打破正规与非正规、学历与非学历的界限，为不同渠道的职业教育参与人员（包括农民工）设计不同的向上通道。

（二）政府的角色与职责

在当代，我国政府的职能定位是"经济调节，社会管理，市场监管，公共服务"，从政府职能定位的视角看，再结合农民工就业培训具有的准公共产品的性质，为农民工提供就业培训服务是我国政府义不容辞的责任，即为农民工提供就业培训服务乃政府职责所在。

1. 农民工就业培训服务的安排者

农民工就业培训属于政府履行社会职能范畴，政府对此负有责无旁贷的提供义务。然而，政府可以做出用公共开支来提供某种服务的决定，但并不意味着必须依靠政府设施、靠政府雇员来亲自提供这种服务。服务提供者（亦称服务安排者）可指派消费者给生产者，指派生产者给消费者，或者选择服务的生产者。因此，在农民工技能培训市场与第三部门日趋成熟的情况下，政府可以从农民工就业培训服务的直接生产者转变为服务提供者。通过选择合格的服务直接生产者的方式履行向农民工提供就业培训服务的职责。例如，浙江省长兴县于2004年把"培训券"制度延伸至农民工就业培训领域。从该制度的运行中，我们不难发现政府的主要职责是培训券的发放以及培训机构资格的认定与监督，真正向农民工提供就业培训服务的主体是市场上的民营就业培训机构。在这种培训模式下，政府的角色是农民工就业培训服务的提供者，其通过间接生产的方式为农民工提供就业培训服务。除了长兴县以外，全国还有不少地区采取这种模式。此外，政府作为农民工就业培训服务的安排者还体现在伙伴关系模式中，即政府需要创造条件把非政府组织纳入农民工培训体系，将志愿机制延伸至农民工培训服务领域。

2. 农民工就业培训服务体系构建的责任者

政府是农民工就业培训服务的安排者，可以通过间接生产的方式提供就业培训服务，也可以通过延伸志愿机制的作用领域实现农民工就业培训的伙伴关系提供模式。然而，我国市场体系还没有达到西方发达国家那样的完善程度，再加上市场主体具有逐利性以及市场自身存在着固有的缺陷，使得农民工就业培训市场模式有可能因为这些潜在的市场失灵因素而出现资源配置上的低效和无效。此外，由于我国对非政府组织实行"双重管理体制"，这就导致非政府组织在注册申请时必须找一个政府部门作为其"业务主管单位"，因此我国的第三部门实际上具有"半官方"的性质。正是非政府组织的特殊性质，使得这些组织无论在日常运行上，还是在经费上都对政府存在着依赖。在资源依赖理论中，各类组织的依赖是相互的，它们的依赖程度取决于权力的流向以及强度。组织间的依赖程度失衡时，权力就变得不平等。由此可见，参与到农民工就业培训服务体系的社会组织如果不具有独立性，那么就必然会导致农民工就业培训伙伴关系以及伙伴模式难以形成并发挥作用。可喜的是，近年来，不少地方为进一步深化社会组织管理体制改革，开展了社会组织的登记管理改革。2013 年《国务院机构改革和职能转变方案》也发布了社会组织直接登记的内容，规定行业协会商会类、科技类、城乡社区服务类、公益慈善类等社会组织可以向民政部门申请直接登记而成立，无须再找业务主管单位挂靠。四类社会组织告别"双头管理"，开始"直接登记"，这无疑为将市场机制与伙伴关系引入农民工就业培训服务领域提供了良好契机，政府需要重新界定政府与社会、政府与市场的关系。要理顺以上两种关系，政府需要重新构建新的农民工培训服务体系，以制度化安排保障第三部门的培育发展与作用发挥。政府应构建完善配套的农民工就业培训服务体系，包括就业培训政策法规体系、信息服务平台、价格补贴体系、培训效果评估体系以及培训机构管理体系。

3. 农民工就业培训服务的生产者

农民工就业培训涵盖了职业技能培训与引导性培训两部分。职业技能培训是依据不同岗位的基本要求而开展的上岗技能培训。而引导性培训包括就业地区的风俗人情、发展概况、城市生活常识、人际关系处理、法律知识等方面。可见，农民工就业技能培训设置的课程内容范围较为广泛。在所有课程当中，因部分课程具有较高的培训利润和较好的实用性而吸引了众多社会民办培训机构来"生产"，如五金加工、装修装饰、家政、餐饮等培训。民营培训机构在上述领域的培训活动具有效果、效率、师资和成本方面的优势，因此这些培训由民营培训机构提供就颇为科学合理。相反，因部分培训课程具有较强的外部性，加上这类课程难以直接转化为现实生产力，开展此类课程几乎没有市场且无利可图，所以民营培训机构一般不会主动提供这种课程的培训服务，如地区发展概况培训、地区风俗人情、法律常识引导性培训课程等。这实际上是"市场失灵"在农民工就业培训领域的体现。但该类课程对于农民工人文素养、就业以及市民化进程有着重要的作用，具有不可替换的特征。所以，为了弥补市场在此类课程培训上的失灵，政府有时需要直接向农民工提供这种课程的培训服务。从这个角度看，政府也需要充当农民工就业培训服务的直接生产者角色。

4. 农民工就业培训服务的监督者

在农民工就业技能培训服务体系中，服务体系供给模式主要有市场模式、政府模式以及合作伙伴关系模式，在这些模式中生产的主体包括政府、企业、非政府组织以及培训机构等机构。因此，农民工就业培训体系实际上涉及众多主体的多元提供模式。由于存在信息不对称、制度不规范等，每一种培训提供模式都有可能在其实际运行中出现偏差。例如，政府直接生产模式中由于信息不对称就容易产生权力寻租和腐败现象，市场模式因为监督机制不完善而导致培训机构与受训农民工之间相互勾结，伙伴关系模式由于约束机制不规范而导致资金滥用等情况。因此，为了避免或纠正农民工就业培训模式运行中产生的偏差，政府需要构建农民工就业培训监督体系，以规范在不同培训提供模式中各类主体的行为。而且，政府作为公共资源的最大掌握者，更应该履行好监督者的职责。从这个角度上来讲，政府还应该担当就业培训服务监督者的角色。

（三）公共政策项目规划

处于社会转型期的中国存在着大量的弱势青年，特别是迁移到城市工作的农民工，他们大多学历不高，基本上就业于次级劳动力市场，成为最易失业的一个群体。[1] 因此，需要国家和地方政府通

---

① 李湘萍：《关于农民工培训提供机制的案例研究》，《职业技术教育》2005 年第 10 期。

过开展"阳光工程""雨露计划"等专门的公共政策项目来扶助和支持新生代农民工就业培训工作。

设计农民工就业培训中的多方合作机制主要涉及府际关系中的政府部门跨部门合作。县级以上各级政府在制定政府规章或者其他规范性文件以及方案时会涉及相关政府部门，所涉部门应该在自己主管的领域内提出科学合理的建议或者方案。

公共政策项目规划目前有很多，如"阳光工程"培训项目、农村劳动力技能就业计划、"星火"职业技能远程培训项目等。"阳光工程"是由政府公共财政支持，主要在劳动力主要输出地区、贫困地区开展的农村劳动力转移到非农领域就业前的职业技能培训示范项目。按照"政府推动、部门监管、学校主办、农民受益"的原则组织实施，旨在提高农村劳动力素质和就业技能，促进农村劳动力向非农产业和城镇转移，实现稳定就业和增加农民收入，推动城乡经济社会协调发展。在"阳光工程"的组织实施中，由农业部、财政部、人力资源和社会保障部、教育部、科技部和建设部成立全国阳光工程办公室，负责制定政策、综合协调和项目监管。各地按照公开、公平、公正的原则，以订单培训的形式，面向社会招标确定项目实施单位。培训单位根据用工需求，制定培训计划，安排培训课程，组织开展培训和就业服务工作。培训经费由政府和农民工个人共同承担，政府补助资金通过降低培训机构收费标准或培训券方式体现。

2004 年启动实施的"农村劳动力转移培训阳光工程"，仅头三年，中央财政就累计安排资金 12.5 亿元，培训农民 880 万人，其中 760 万人实现了转移到非农业产业就业。转移就业率达到 85％ 以上，"阳光工程"已经成为目前最有影响力的行动计划。人力资源和社会保障部门实施了"农村劳动力技能就业计划"，以农村新成长劳动力、农村剩余劳动力和已进城务工的农村劳动者为主要对象，开展职业技能培训。农业部门、扶贫部门、教育部门、科技部门、建设部门、工会共青团妇联等群团组织也都开展了形式多样、内容不同的培训活动，为农民工能够顺利进城务工创造条件。

然而，由于农民工人口众多，许多地方政府在农民工培训上财政投入较少，经费总体上仍然不足，人均经费非常低。由于经费严重不足，培训机构为了避免亏损就不得已缩短培训期，当前市场培训机构的农民工培训还存在严重的乱收费问题。作为间接的受益主体，在看不到直接的利益回报的情况下，很多地方政府消极怠工，有些政府将财政的钱投向其他地方，或将国家对农民工技能培训的专项补贴挪作他用，这些行为直接造成农民工就业技能培训的效果大打折扣。

二　市场化培训模式与实际运作

中共十八届三中全会指出，政府与市场这两只"手"如何能够有序地使用，关键在于市场这只"看不见的手"在资源配置中发挥决定性的作用。政府这只"手"主要是为社会主义市场经济的平稳健康发展提供良好的市场大环境，为全体公民提供基本的公共产品与服务，让市场在资源配置中起决定性的作用。在农民工就业培训服务中同样也是如此，要充分发挥市场机制的作用，积极推进市场化的农民工就业培训模式的运行，市场化培训模式其实就是营利性组织，包括用工企业和营利性的民办培训机构两种模式。

（一）企业主导型培训模式

1．运行方式

农民工培训市场的发展对于农民工获取就业机会能力的提高具有十分重要的意义。目前我国还处在培育培训市场与就业市场这两大市场的初级阶段，市场的调节使技能型农民工转入附加价值更高的部门，这种劳动力变迁正在校正着我国工业化模式存在的结构性偏差。农民工就业技能培训市场的崛起，弥补了过去几十年农村教育资源的不足，是对前期教育投资严重不足的一种补救。①

---

① 周其仁：《机会与能力——中国农村劳动力的就业与流动》，《管理世界》1997年第5期。

　　用工企业是农民工就业技能培训的直接受益者，但是各方面的原因使得用工企业对于开展农民工技能培训的动力不足。必须看到的是，目前我国市场上存在着由企业主导的农民工就业技能培训模式，具体表现为企业内部培训和"订单加定向式培训"。企业内部培训则指的是企业根据自身的用工需要对其招聘的农民工进行岗前技能培训或者岗上技能培训，通过开展不同形式的培训使农民工在短期内适应工作岗位的基本需要。在企业对职工进行技能培训时，由于企业与农民工之间不具有长期稳定的合约关系致使农民工培训的外部性增强，加上部分企业注重短期利益，经常是在为了提高短期生产率的情况下所进行的短期培训行为，因此用工企业对于农民工技能培训很少从战略的高度长远地考虑通过提高企业员工的整体素质来实现产品升级，以实现企业的可持续发展能力和培育企业的核心竞争力，而往往只看到我国当前农村剩余劳动力无限供给的人口红利以及企业发展过程中对员工的数量的短期需求。当前我国企业对职工提供的职业技能培训基本上都是在企业存在短期生产需求情况下的短期行为。

　　"订单加定向式培训"模式，顾名思义，就是用工企业结合自身的用工需求，通过订单的方式与职业技能培训机构或者职业院校签订人才培养培训合同，进而录用合作院校的合格毕业生。这种培训方式具有极强的目的性，用工企业通过该方式得到自己所需的劳动力，而职业培训学校则可以明确教育目标，精简授课内容，通过动手与动脑相结合的教育方法提高受训农民工的技能。总而言之，培训机构根据用工企业的需求来培训农民工，不仅使培训机构的培训成本降低，教育出合格的受训人员满足企业要求，而且使农民工较快适应工作岗位，可以说是实现了培训机构、用工企业与农民工的多赢目标。

　　2. 效果与缺陷

　　对于用工企业来说，受过相应必要就业技能培训的农民工能够更好、更快地胜任工作，给其带来更好的效益，可以说企业是直接的受益者，而且用工企业较之于农民工而言，其承载能力更为强大。企业拥有雄厚的资金实力、卓越的技术及管理人才、良好的培训系统、完善的设备资源，可以说是人、财、物俱全，培训资源相对丰裕，显然这些都是用工企业为农民工提供技能培训的有利条件。

　　然而，多数企业都存在严重的"重用轻养"现象，缺乏对农民工进行培训的意愿。用工企业不能够积极主动地为农民工提供培训主要有以下四个方面的原因。第一，受培训投资成本及劳资双方关系不确定性的制约。企业为农民工提供技能培训不但会给企业带来直接的货币成本，而且受训农民工的工作效率能否提高，提高多少也具有不确定性，这些都给企业带来了投资培训的风险。第二，农民工择业的流动性和多变性，给用工企业带来了较大的流动成本，产生了不利影响。具体体现在农民工转业后产生的空缺岗位人员重新招聘的成本和生产受损成本。第三，投资收益外溢的阻碍。用工企业为农民工提供就业技能培训，在提升工作技能、增强就业能力的同时也为其转业服务于其他雇主提供了便利，即福利经济学中所说的正外部性。作为理性"经济人"的企业，自然不愿意为其他企业作嫁衣，更不愿用自己的投资换来其他企业竞争能力的提高、利润的增长。第四，企业忧虑农民工职业技能提高后随之而来的是提高工资议价能力的威胁。农民工在接受技能培训后，工作技能加强的同时提高了工资议价能力，增加了和企业谈判工资的筹码，在《劳动合同法》正式赋予企业职工谈判权后，企业可能面临来自农民工们集体要求"涨工钱"的威胁。

　　3. 企业的角色与职责

　　企业培训是一种有目标、有计划、有步骤的学习模式，其目标就在于改善和提高员工的技能、知识、工作态度、工作方法以及工作的价值观，从而发挥出企业职工的最大潜力，提高企业职工个人能力的同时也提高企业的业绩，推动企业不断进步，实现个人和企业的双重发展。农民工技能培训是一项人力资本投资，是企业形成核心竞争力的基础。

企业主导的农民工职业技能培训模式包括岗前职业培训与在岗职业培训两种。岗前农民工职业技能培训，指的是用工企业根据农民工的技能状况、职业道德和文化基础等方面的整体素质情况，再结合用工企业对农民工的综合素质要求以及具体工作岗位的特殊要求，进而对农民工进行有针对性的岗前培训。在岗农民工职业技能培训，指的是企业为了改进企业员工的工作方法，提高企业生产效率而进行的有关职业技能、知识以及工作态度等方面的培训。

企业在对农民工进行就业职业培训时，需要对培训需求开展科学合理的分析，力求培训资金得到合理利用，防止预算不足而影响到企业正常运作。开展培训需求分析，首先，需要通过访谈、职代会提案或问卷调查等方式对员工培训需求进行定期调查，把握不同岗位的差异化需求，作为制定培训计划，将新生代农民工个人品质与企业要求完美结合奠定科学基础。其次，对不同农民工群体实施套餐菜单式培训。用人单位的培训组织部门在深入调查了解不同需求的基础上提出一个培训项目菜单：第一类是适用于企业全体员工的必选培训项目；第二类是由各职能部门规定的部门必选培训项目；第三类是基于新生代农民工的自身需求以及企业相关规定的自选培训项目。通过套餐菜单式培训内容的多元设置来满足企业需求和新生代农民工个人需求。

企业要积极鼓励新生代农民工进行各项培训。一方面，用工企业可以开展宣传教育，帮助新生代农民工正确认识技能培训对于自身职业生涯的作用，同时通过对培训目的与成果的介绍加深他们对技能培训的认识，了解并帮助他们树立对技能培训的兴趣与信心，从而让新生代农民工能够积极地投入到职业技能培训中去；另一方面，用工企业也通过合适的激励措施，在培训过程中或者培训结束后对新生代农民工进行一定的激励，从而保证培训的效果。

为使企业培训达到最佳效果，并为企业带来良好的生产效益，企业在完成新生代农民工培训后，可以通过提升薪酬水平、提供职业生涯设计以及员工援助计划（EAP）① 等"留人策略"，防止培训后员工流失造成的巨大损失，将农民工的个人目标和企业的战略目标相结合，提高农民工对企业的忠诚度。此外，企业在进行培训时应重视对新生代农民工进行企业文化的宣传，加深新生代农民工对企业的认同感，形成强大的凝聚力。

（二）培训机构主导型培训模式

中国解决就业结构型矛盾的核心是教育改革。我国以建设现代化职业教育为突破口，对教育结构体系实施战略性调整，将 1999 年大学扩招后"专升本"的地方 600 多所本科院校转为职业院校。由此可见，当前教育改革的突破口是现代职业教育体系，重点培养技术技能型人才，而培训机构在技术人才的培养中可发挥重要作用。

1. 运行方式

培训机构主导的农民工职业技能培训模式是指除政府组织机构承办的技能培训院校外，为促进农村剩余劳动力的转移，由社会组织或个人开办的面向社会的培训机构，结合所掌握的用人单位的人才需求信息来开展农民工职业培训工作，满足农村人力资源开发对教育的需求，这些机构的办学经费主要来源于社会组织或个人的投资，与国家财政没有直接关联。

培训机构主导的农民工职业技能培训是以农村剩余劳动力为主要对象的一种职前教育培训，随着我国农村经济社会的发展以及新农村建设的快速推进，由培训机构主导的农民工职业技能培训的培训形式、办学形式以及培训对象都在不断地演变，培训形式也由原来的单一形式逐渐扩展到短期培训班与长期培训班相结合的灵活多样的形式，办学形式逐渐走向多元化、开放化和协作化，培训对象也逐步扩展为各个年龄段的农村剩余劳动力。

培训机构主导型的职业技能培训模式对新生代农民工进行系统的知识学习以及技术实践训练，以提升他们的知识与非农操作技能

---

① 邹东升：《新生代农民工群体员工援助计划思考》，《重庆行政》2012 年第 2 期。

水平，促进新生代农民工素质的全面提升，使新生代农民工能够适应城市的生产、生活，进而加速农村剩余劳动力向城市转移，加快城乡经济协调发展，加速我国城市化和工业化步伐。其中，地方政府提供政策资金支持并进行统筹规划管理；培训学校确定人才培养方案、专业设置和办学形式，并负责教学培训的全过程；企业也积极参与到培训学校的人才培训过程中，对于技能培养方案的制订以及实践训练教学提供力所能及的指导与帮助，并实现对培训学校整个教育培养过程的有效督导。

培训机构主导的农民工技能培训模式涉及内容范围广泛，主要包括专业技术培训和引导性培训。其首要的培训内容涉及城市生产、生活的基础适应性知识，譬如城市生活文明礼仪、劳动法规、法律法规常识以及有关农民工维权方面的法律知识等。其次是专业技术技能培训方面，专业技术既有面向第二产业的（如制造加工）专业技术培训，也有面向第三产业的（如餐饮、旅游等服务行业）培训，培训过程中不仅涉及专业知识方面的培训，更为重要的是有关专业技术实训方面的操作，使接受技能培训后的新生代农民工能够更好地适应用人单位的工作岗位需要。

2. 效果与缺陷

培训机构主导型农民工职业技能培训模式是当前采用较为普遍的一种培训方式，它具有较强专业性，固定的培训基地和稳定的师资队伍，这些能保证培训的质量；此外，在实行市场化运作时，这些民营的培训机构，会尽量满足农民工的就业培训需求，努力提高自身的竞争力，这些能保证培训后的农民工就业率较高。但这种民营培训机构的培训费用一般较高，对于家庭困难的农民工来说，超出了他们的经济承受能力，加之商业培训的趋利性，如果政府相关部门监管不到位，就很容易发生乱收费现象和不规范运作。

改革开放以来，我国政府加大了对民营培训机构的政策支持，制定了很多相关政策对其进行支持、鼓励和指引，以保障民营培训机构的健康、稳定和可持续发展。同时，在市场经济机制下，依靠民营培训机构创办人和管理人自身的不懈努力，民营技能培训机构的发展十分快速，其课程质量、经营绩效和办学环境都在不断提高。近年来，更是产生了一批在全国范围内有影响的、有中国特色的、高质量的民营培训机构。这些民营培训机构在一定程度上满足了不同培训主体的培训需求，在我国农村剩余劳动力的就业转移过程中发挥了巨大的作用，日益成为我国就业技能培训体系中的中坚力量，为国家在各个领域培养了一大批技能型、操作型、实用型人才。

从企业的经营经验来看，知名度高、发展迅速的民营培训机构具有以下几个方面的优点。第一，坚持培训方向和培训课程的市场导向。即在培训课程的设置以及内容的选择上紧密定位就业市场上最紧缺、最急需的一些专业或者行业。灵活务实的办学机制和教学计划，使得这些民营培训机构的培训安排与用人企业的实际需求实现很好对接，切实培训企业所需的人才，使得受训人员能够在相关岗位上快速地适应，增强受训农民工的市场竞争力。第二，突出自身办学特色。在培训市场竞争日益激烈的市场大环境下，任何一家民营技能培训机构若想迅速发展，甚至脱颖而出，就必须形成自己的竞争优势，开创自身的办学特色，并在培训机构的长期发展中将这些优势或特色加以保持。第三，注重实践操作技能的训练。实践操作练习，是提高每一受训学员职业技能、满足企业用人需求的必经之路。第四，开展多层次的招生服务，建立灵活多样的办学机制。不同于公办技工学校那样较高的进入门槛，民营培训机构实现办学层次上的多样化，具体而言，在实际授课对象上，民营技能培训机构可以选择下岗失业者、转岗转业人员、青年劳动力、农民工、农村剩余劳动力等。民营培训机构开展的就业培训具有较强的市场针对性，通常能够有效把握市场需求热点。因此，该类机构培训的学员在劳动就业市场上一般具有较强的竞争力，受到农村转移劳动力的欢迎。另外，在民营培训机构满足城市外来务工人员，尤其是在农民工进城之后带来的巨大的技能培训需求的同时，还有众多其他培训机构没有涉及的培训业务范围，而且进入该类机构学习的学员大多也是农民工。

一方面，作为市场经济的产物——民营就业技能培训机构，收益或利润最大化是其自身创办与发展的目标。而进城农民工往往经济条件差，承受不起高昂的学费，在此情况下，民营就业技能培训机构压缩了相应的实用技能培训内容。另一方面，为扩大招生规模，民营就业技能培训机构通常会采取一些虚假宣传广告，混淆视听，甚至于带有一定的欺骗性，这些行为损害了培训机构的信誉，导致农民工对其信任度下降，进而影响到其他参与人员的培训积极性。

3. 培训机构的角色与职责

民营培训机构是指那些符合政府所制定的标准，经过政府或者相关第三部门资质鉴定的技能培训机构。其职责主要如下。①接受政府相关部门或者第三部门的资质审核鉴定。②结合就业培训市场的规律，在农民工报名或接受用人单位的订单后，认真负责开展培训工作，并在培训结束后及时组织相应的考核以检验受训人员的培训效果，条件好的技能培训机构可以直接向用人单位推荐考核优秀的受训农民工，这样既提升了参训人员的就业率，又提升了培训机构的知名度，同时还提高了其他农民工参与技能培训的积极性。③在培训结束后，兑现就业培训券前，技能培训机构必须如实向政府劳动和社会保障部门及时提交参训人员的技能掌握程度以及技能培训后农民工的就业情况清单。

三　第三部门培训模式与实际运作

市场化培训模式（包括用工企业和营利性的民办培训机构）和政府是目前农民工就业培训的主要提供者，但由于经济、制度、地域分割等因素的存在，导致不少农民工难以从这些组织和机构获得自身需要的、能够支付得起的职业培训，即农民工培训存在着所谓的"有效供给不足"的现象。当市场与政府在农民工培训服务提供方面出现"做不好或不愿做"的市场失灵和政府失灵时，作为现代文明的第三大社会治理模式的第三部门（包括非营利组织和社区）

就可以拾遗补阙、有所作为，改善农民工技能培训的"有效供给不足"的现象，由此有机会成为农民工提供培训服务的主体之一。

（一）非营利组织培训模式与实际运作

近年来，尽管非营利组织以及公益领域、政府主管部门在公信力危机面前显示出"无力""无奈""无方"，使公益组织的公信力危机频发，还使非营利组织遭遇严重后果和影响。[①] 但是，非营利组织参与公益事业的热情日渐高涨，在新生代农民工融入城市过程中，非营利组织可以在农民工的权益维护、义务教育、社会化教育和职业培训等方面发挥积极作用。其在农民工就业培训中的参与总的来说是利大于弊，相对于政府提供的农民工就业培训服务而言，非营利组织所开展的农民工就业培训在项目运行及其实际成效方面都体现出了一定的特点。

1. 运行方式

由于非营利组织具有自治性、草根性、非营利性、志愿性的特征，实现社会公益、服务社会弱势群体是它们的组织宗旨，因而它们比政府和企业更能够解民忧、扶民困，克服政府失灵与市场失灵。[②]

非营利组织作为政府和市场之外的另一种社会力量，在社会的各个领域发挥着其独特的作用，尤其在农民工职业技能培训服务方面。目前在我国以非营利组织为主导的农民工就业技能培训主要是对农民工进行就业—权益保护—体化的新型技能培训模式，该模式充分体现出非营利组织在农民工培训中具有的独特意义和作用。在该新型的技能培训模式中，非营利组织利用自己的志愿者资源，通过募集社会公益资本的方式，面向社会举办职业技能培训学校，为农村剩余劳动力提供包括一般技能、心理调适以及基本知识三个方

---

① 参见康晓光主编《中国第三部门观察报告 2014》，社会科学文献出版社 2014 年版，第 5—20 页。

② 徐延辉、郭玉辉：《网络治理视角下的美国弱势青年教育救助模式分析》，《学习与实践》2011 年第 4 期。

面的就业培训。

　　整体而言非营利组织在我国发展得并不是很成熟，虽然，我国目前已有由非营利组织主导的农民工就业技能培训模式，但是该模式并没有被广泛地推广与应用，真正由非营利组织主导的农民工就业技能培训机构为数不多，国内目前较为主要的有中华职业教育社、全国农民工社会服务中心等，这些参与到农民工就业技能培训中的非营利组织主要为农民工群体提供职业指导和介绍、职业培训和教育，为有需要的农民工提供帮助。由非营利组织为主导的农民工就业技能培训新模式的推广，十分有利于集中社会资本来满足农民工的技能培训和就业需求，为农民工群体的顺利择业、就业开辟了新的通道。

　　非营利组织在农民工就业技能培训项目中主要负责全面组织和协调工作。具体而言，有如下职责：就业培训项目计划与立项申报和就业培训项目的需求调查；依据就业技能培训项目的进度分批次地拨付项目资金；实时派员深入实地调查跟踪就业技能培训项目进展、协调地方管理并通过项目实施单位提交技能培训项目进度报告等形式及时对项目建设进行严密的过程管理；及时跟踪了解就业培训项目资金的使用状况；对就业培训项目所产生的社会、经济以及生态效应进行考察；对就业技能培训项目完成情况及其验收进行监督；对就业技能培训项目开展所取得的经验以及所暴露出来的问题加以归纳和总结。

　　非营利组织一般采取以下三个措施来保证项目资金的安全使用和规范管理。第一，建立健全资金拨付程序。每个培训子项目的经费拨付都采取分批的方式进行，即在某培训项目已获得一定的启动经费正式进入实施阶段以后，后续资金的拨付情况取决于非营利组织的工作管理人员对培训项目进展的实地检查和对培训项目实施情况的考核。如果发现培训项目没有按照预设的进度和内容进行，那非营利组织就会立即暂缓培训项目后续资金的拨付，直至就业技能培训项目达到实施的预期目标。第二，要求各技能培训项目设立培训项目专户，以确保每笔培训项目资金的封闭运行以及健全账务手续。第三，进行年度财务会计审计和项目终结财务审计，及时发现问题、总结经验，并通过审计报告的形式向各有关方通报农民工就业技能培训项目资金的具体使用情况。

2. 效果与缺陷

非营利组织在农民工的就业培训中发挥了积极的作用，作为政府和企业的有效补充，对促进农民工的顺利就业扮演了不可忽视的角色。然而在我国目前的社会经济发展状况之下，非营利组织的发展条件尚不充分，还有很大的发展空间，在为农民工提供就业培训服务时也受到了诸多因素的制约。

第一，观念因素。在我国，非营利组织被称为公益性民间组织的传统由来已久，也被广大人民群众所熟知，作为一个舶来语，非营利组织在1995年正式进入中国，迄今为止在我国仅有20年的发展期。在我国改革开放不断深入和市场经济持续发展的条件下，我国的民间社团也获得了迅猛发展。但是在我国的公益事业发展条件不成熟的情况下，非营利组织的发展也在一定程度上受到制约。

首先，与西方发达国家相比，我国政府依然是主导社会发展的主要力量，人民群众对于非营利组织缺乏认同感，群众基础的缺失在很大程度上抑制了我国非营利组织的发展。在公众的认识中，政府作为社会发展的主导地位并未发生动摇，在公众心中公民文化的观念较为淡薄，非营利组织在社会领域中所发挥的独特作用并未被公众所正视。而对于公众来说，农民工就业技能培训服务这项原本应由政府提供的准公共物品，若是让非营利组织等其他社会力量来提供，必然缺乏足够的社会认同，这充分揭露了非营利组织目前在我国的社会公信力仍然不高。

其次，从非营利组织在我国的总体发展现状中不难发现，非营利组织的关注焦点大多在扶贫、环保、妇女权益保护以及医疗卫生等传统公益服务方面，这也导致其在农民工就业技能培训服务这一领域未能获得足够的关注。20世纪90年代，非营利组织在我国才开始真正发展，短暂的发展期令我国非营利组织的发展带上了浓重的西方色彩，未能独立结合我国国情因地制宜地发展，而是在很大程度上借鉴了西方国家的发展模式。无论是非营利组织的涉及领域还是其运行机制等，当前我国的非营利组织主要通过模仿西方发达国家非营利组织而逐渐发展起来。加上公益意识形态在我国并未深入人心，我国公众的志愿精神较低，致使非营利组织没能获得足够的人力资源，缺乏运作、发展的主动性与动力，而这将制约着非营利组织在各个领域切实发挥有效作用。

第二，体制因素。公益领域"行政化"的"深层根源"是行政权力不受制约，而其"直接根源"是政府维护自身利益的意志和能力。政府首先要维护自己的政治利益，其次希望扩大自己的经济利益，最后还要保护"自己人"的利益。同时作为既得利益者，官办公益组织也会想尽办法维护自己的既得利益。另外，计划经济时代的历史积弊也是重要原因。《第三部门观察报告2014》认为，中国公益领域"行政化"的实质是"行政控制"，而非依法管理，是"权大于法"，主要表现为"政府越位"和"歧视性执法"。政府越位具体包括行政干预募捐及捐款使用、干预公益组织，包括民间公益组织，公益事业的受益者——大众，甚至政府。长期来看，社会是"赢家"，政府"相对优势"不断下降，总的趋势还是"去行政化"。尽管在这个总趋势中"行政化"现象此起彼伏，但是，这并不表明公益领域的"去行政化"的进程能够持续顺利地进行下去。实际上，自2011年以来，变化的趋势愈加模糊，难以预测。①

近年来，中国公益领域"去行政化"的呼声日趋高涨。这并非无中生有，相反，其有着深刻的现实根据。一方面，公益领域"行政化"不断上演，如强制性公益较多、歧视性执法也非鲜见、官办组织享受超出法律规定的优待，垄断了大部分资源，却大多数时候

---

① 参见康晓光主编《中国第三部门观察报告 2014》，社会科学文献出版社2014年版，第5—20页。

只对政府负责,社会无缘置喙。另一方面,与之相反的"去行政化"进程也进行着;如逐步改革双重管理体制,多省份对四类组织实行直接登记制度。30 年来,在中国的公益领域中,行政组织内部治理,而歧视性执法覆盖了公益组织从登记到资金、从组织运营到税收优惠的方方面面。近来,为了激发社会组织活力,民政部实施和推广了"行业协会商会类、科技类、公益慈善类和城乡社区服务类四类社会组织直接登记"工作,并完成已成立的四类社会组织与原有业务主管单位脱钩以及力争到 2015 年年底全国性和地方性的行业协会商会与行政机关脱钩。

2016 年 3 月 16 日我国通过了首部《慈善法》,与以往立法相比较,本次慈善立法尽可能地提高了可操作性,也尽可能地为慈善组织的发展留有空间。譬如,在征求意见稿的过程中,许多人多次建议像慈善发达国家那样"去政府化",放由社会力量和慈善市场自由竞争,进而形成自我约束、自我发展的机制,但囿于我国慈善领域缺乏严格的行业自律、健康的第三方评估机制,以及社会舆论生态的多元性与复杂性等现实,立法者认为,现阶段最适合国情的慈善事业监管应当是在法律规范下,政府、行业和社会等多方有序参与的立体型监督体系,其中政府监管部门还要发挥重要作用,但立法要对政府监管部门赋权明责,使包括其在内的各方监管主体依法、规范、有序参与监管。同时,《慈善法》降低入门门槛、简化程序,减少政府的干预,而加强对慈善过程的监管,《慈善法》主要规范一定规模和范围内的慈善组织与行为,对于社区、单位内部的慈善活动等原则上不进行干预,对于不开展公募、不申请减免税收或政府购买服务待遇的慈善组织适当放松管制,为慈善事业发展营造宽松的环境,以便充分调动社会各界参与慈善事业的积极性。《慈善法》还专章对慈善服务作了规定,这是因为,伴随社会的发展,直接提供款物的慈善方式相对式微,而提供各种服务的慈善项目和慈善组织越来越多,势必需要相对完善的法律规范为服务落地提供依据。

　　第三，经济因素。资源严重紧缺是我国非营利组织面临的一个非常严峻的问题。非营利组织在提供农民工就业技能培训时若缺乏足够的资金支持，必然会降低其提供的农民工就业技能培训服务的质量与效果。目前，我国多数非营利组织面临资金严重不足的境地，正常活动的开展受到严重影响，其中甚至有不少非营利组织处在名存实亡的"休眠状态"。2001 年，清华大学非营利组织研究中心提供的调查报告——《中国非营利组织研究——以个案为中心（2001）》显示，在我国，超过 90% 的非营利组织每年支出不足 50 万元，只有不到 2% 的组织每年支出额的规模达到 100 万元以上。这份报告从另一侧面反映出我国非营利组织拮据不堪的经济状况。相对于中国的非营利组织来说，国外的非营利组织更多地体现为社会行为而非单纯的个人行为，不仅筹集资金数量大，动辄以亿元为单位，而且其募集的对象固定，资助的对象也较为集中固定。可见，资金问题成为阻碍我国非营利组织发展的重要问题之一。

　　多方面的原因导致了我国非营利组织筹资能力低下。非营利组织较差的社会公信力导致了其组织筹资能力也较差。在我国，非营利组织的发展历史短，社会资源不足，加上我国管理制度以及法律政策环境等不利因素，使我国非营利组织在素质与能力方面相比于其他国家和地区的同类组织严重不足。在缺乏严格的管理体制以及规范运作方式的情况下，一些非营利组织打着为社会服务的幌子，行坑蒙拐骗之事，严重损害公共利益。我国非营利组织的这些行为不但影响社会的稳定，而且极大地损害其公信力，损害了其在社会公众中的形象。同时，我国大部分的非营利组织是根据政府的需要，由其业务主管部门发起建立的，而不是基于社会的实际需要而自发成立的。在我国，很多非营利组织缺乏明确的使命和宗旨，缺失独立性，而且在经费上很大程度依赖政府的财政支持。基于此，我国非营利组织自行通过社会进行资金的募集受到较大阻碍。

　　第四，人力因素。对于非营利组织而言，充足的人力资源是其发展壮大的关键，也是其更好地发挥自身作用的坚实基础。就我国非营利组织发展现状来看，人力资源的匮乏，是除经济制约因素外的，另一制约着非营利组织发展的至关重要的原因。在缺乏足够人力资源的情况下，非营利组织的发展无从谈起，对农民工提供就业技能培训服务也只能是纸上谈兵。

改革开放以来，中国的经济转型和经济发展令人瞩目，而中国的社会转型和变革却相对滞后、缓慢。民间公益起步晚，政策环境及制度限制大，资金及人力匮乏，加上薄弱的社会基础，中国的民间公益尚未形成强大的力量，民间活力不足。与此同时，中国的公益运作模式大多停留在捐款、赠物、扶贫济困的传统慈善模式上，公益所需要的专业人才和投入往往都被忽略。不重视人才与项目执行效率之间的关系、忽视自身人才培养和发展等多种因素致使中国民间公益组织的人力资源状况与其他行业的状况形成巨大反差：人力资源严重匮乏，人员薪资和福利过低，人员发展机会少，人员流失频繁，专业性差。

2010年9月，由南都公益基金会资助的民间公益人才战略性项目——"银杏伙伴"成长计划，旨在帮助青年人突破成长中的瓶颈，进而成为推动某一公益领域发展的领袖型人才。该计划实施三年来，通过媒体平台和资源对接，使公益人力资源问题以及解决方案获得了更广泛的关注和参与。该计划所开发的一套有助于产生未来公益领袖的"梦工厂"式的运营机制，包括筛选、支持、网络建设，切实、有效地培养新时期的中国民间公益领袖。该计划同时倡导社会各界一起搭建人才成长的支持体系，共同支持公益人才成长。"银杏伙伴"成长计划直接投资于人，其资助理念、资助路径在中国公益发展史上具有里程碑的意义，它对公益领域特别是公益基金会具有变革性的影响。

3. 非营利组织的角色与职责

非营利组织通常通过多种方式为农民工提供就业技能服务，其中，最为直接的方式便是由非营利组织凭借自己的资源亲自为农民工进行职业技能培训。目前我国有教育培训型的非营利组织，即将关注的重点集中于对服务对象的教育和培训方面。这类非营利组织通过募集资金创办教育培训机构，购置必要的教育培训设备，由参与志愿服务的、具有教育培训资历的专职或兼职人员担任培训教师，为学员提供知识以及职业技能的培训。由于非营利组织服务涉及教育培训，所以必然要具备一般教育机构所应有的教育条件，包括教育场所、设备等硬件设施，也包括负责授课与实训的人力资源，以便为农民工提供培训服务奠定基础。当然非营利组织也应考虑到农民工的特殊性，在为其提供服务的时候不仅要考虑到其需求的多样性，从不同的专业教育机构为其聘请专业任教老师，也要适当对其进行心理疏导，使经过培训的农民工不仅是具有一技之长，能顺利就业的劳动者，更是身心健康有益于社会的城市公民。

除了自身直接为农民工提供就业培训、岗位信息及咨询服务外，非营利组织还可以扮演公益中介组织的角色，为农民工提供各种就业技能培训方面的信息服务。在农民工就业技能培训方面，信息不对称问题突出，常常使农民工没有足够的信息获取渠道，找到适合自己的技能培训机构来参加职业培训；相反，职业技能培训机构开办了各类农民工培训班，却苦于生源匮乏招收不到足够的农民工接受培训，这种错位在很大程度上造成了资源的浪费。要想解决这种供需不对接的问题，就需要一个中间组织来为双方牵线搭桥，非营利组织便可以扮演这个"中间人"角色。一方面非营利组织可以通过网络调查以及实践调查的方式与农民工群体进行交流，切实掌握这个群体的就业培训需求状况，并进行总结分类，构建培训需求网络体系。另一方面非营利组织可以收集职业培训机构的信息，建立就业培训供给网络体系。这样非营利组织可以将两个网络体系进行供需配对，使需要培训的农民工顺利找到适合自己的培训机构，也使培训机构不再为缺乏培训对象而处于尴尬境地。同时，由于非营利组织在从事以上工作时收集了大量的有关农民工和职业培训机构的信息，就可以利用这个资源优势为农民工提供咨询服务。

游说和倡议政府及企业促进农民工就业培训。实力雄厚或声誉良好的非营利组织对于政府和企业还是有比较大的影响力的。随着我国行政改革的推进和政府职能的转变，政府由"全能型"向"治理型"过渡。现代治理模式的形成有赖于多元治理主体的强大，而非营利组织作为社会自治力量的主体，可以在多元治理模式中更好地发挥作用。具体到非营利组织与政府的关系上，非营利组织既可以在政府顾及不到的公共领域内承担公共服务责任，又可以通过影响政府的政策制订来达到同样的目的。非营利组织可以全程参与政府提供的农民工就业培训。首先，对农民工的就业培训需求情况进行收集与分析，并将之反馈给政府的相关部门，进而辅助政府更好地进行农民工就业培训的项目规划、服务设计等；其次，说服政府部门对农民工培训给予更大的资金支持，制订更有利于农民工就业培训的政策法规以及加大对政府专项培训资金的监督力度等；最后，开展对农民工就业培训的第三方评估。非营利组织还可以对经过培训的农民工进行跟踪调查，通过掌握培训绩效水平来对政府部门的就业培训服务质量、效果与效益进行评估，以此作为改善和提高政府就业培训服务的依据。对于企业来说，非营利组织可以从企业的用工角度出发，通过自身收集的资料为企业提供合适的农民工资源与信息，与企业建立良好的合作伙伴关系。非营利组织可以运用企业应承担的社会责任对企业进行游说，呼吁企业切实承担起自身的社会责任，在用工的同时能够主动为农民工提供好的就业培训，与政府和非营利组织一起共同参与到这项有意义的公共就业服务中来，从而促进我国的农民工就业培训体系的形成，为中国实现从人力资源大国到人力资源强国做出贡献。

鼓励和劝说农民工积极参与就业培训。农民工就业培训体系的建立，除了要有服务的提供者来确保服务的数量与质量之外，更要有农民工这个受众的广泛参与，在这方面，非营利组织仍然可以发挥积极作用。农民工尤其是新生代农民工群体的时代特性使得他们的就业期望值较高，并且希望通过从事有发展空间的职业来实现自己的人生价值。一方面，非营利组织可以利用农民工的这种心理，通过媒体、网络、报纸等各种方式向农民工宣传参与就业培训、掌握职业技能以及提升自身素质对其未来职业乃至人生发展的重要性，让新生代农民工充分认识到参与技能培训是对自己的未来负责任的明智选择，是对自己将来的发展有益无害的有利之举，让他们明白接受就业培训就是增加自身就业资本的最直接方式。有了思想上的认同，农民工必然会在行动上予以呼应，积极主动地参与就业培训。另一方面，非营利组织还可以作为政府及企业的代言人，在充分了解政府和企业的政策和举措的基础上，向农民工传达政府以及企业关于农民工培训的服务对象、培训方式、培训内容以及优惠政策措施等，借以倡导、鼓励农民工积极主动地参与到就业培训的队伍中去。

借助国际非营利组织的帮助促进就业培训。事实上，各国的非营利组织也会在一定程度上进行交流与合作，它们已经跨越国家的界限，为世界各国需要帮助的人群服务。目前我国的非营利组织发展并不成熟，不管是在运作机制、公信力还是在筹资能力方面，都与发达国家的非营利组织存在较大的差距。所以应该与发达国家的非营利组织加强交流，学习经验并完善自己，并在此基础上寻求合作与帮助。在农民工的就业培训领域，我国的非营利组织可以向成熟的国际性非营利组织申请资金、技术及人力资源等方面的援助，利用国际上先进的经验来指导并促进我国农民工的就业培训服务，也使我国的非营利组织能够在此过程中汲取到有益的养分来帮助自身成长。

（二）社区培训模式及其实际运作

1. 运行方式

美国行政学者戴维·奥斯本（David Osborne）与特德·盖布勒（Ted Gaebler）将"社区拥有的政府"作为具有企业家精神的政府的十大特质之一，并对其进行了阐释："社区拥有的政府：授权而不是服务，即政府把公共管理控制权从官僚机构转移到社区，给广大社区公民授权，培养他们的自治意识与自治能力，使社区从依赖政府救助与庇护的问题成堆的'弱者',转变成掌握自己命运的、强有力的'强者'。"① 社区培训模式就是一种"社区拥有的政府"的部分特质的活用活化。

2010 年教育部在《农村劳动力转移培训计划》中强调:要充分利用社区教育资源,面向社区内进城务工人员,开展城市文明生活和农民工技能培训。社区主导型的培训模式主要源于亚洲几个国家发起的社区主导型发展(Community Drived Development)模式。社区主导型就业培训可给予单个社区较为直接的管理权,与政府主导型、学校主导型和企业主导型培训模式有着很大的不同,它可以很好地将政府资源与社区资源综合运用。建立政府、社区与家庭相融合的培训模式,成立由政府引导,社区街道办或居委会负责,社区内学校、企事业单位参与的社区教育委员会,组织运作社区培训教育,实现农民工培训中社会各方的互动与合作。一般来讲,社区对农民工培训具有较高的参与规划和决策权利,而作为培训服务的主要提供者,地方政府机构主要负责对社区培训项目在资金和技术上提供帮助和引导,并通过各种形式对培训项目的实施进程及结果进行监督和管理。社区主导型培训中政府与社区之间的协调运作主要涉及以下几个方面。①政府将农民工就业培训项目的决策权移交给社区;②政府将培训所需要的资金控制权交付给社区;③政府通常要设立公开透明的公示、监管和投诉机制;④政府建立为社区提供支持的服务体系;⑤探索通过实施过程提高社区组织能力。

此外,政府并不是一次性提供培训所需要的基础设施或者一些基础的服务项目,而是要制定相关流程,使参与农民工培训的社区可以具有集体决策、财务管理和技术实施等方面的能力,这样才可以很好地提高农民工就业培训的积极性。

通过社区主导型农民工就业培训,提高农民工在劳动力市场中

---

① 戴维·奥斯本等:《改革政府——企业家精神如何改革着公共部门》,上海译文出版社 2006 年版,第 163 页。

的竞争力，缩短其在新岗位上的适应期和在城市生活的适应期，促进农民工市民化进程的加快。例如，武汉市把进城农民工的教育培训作为社区教育的重要内容，在市终身教育推进委员会的组织领导和统筹协调下，建立健全组织领导机构，形成教育培训网络，先后培训进城农民工 12 万余人次，有 2000 余人通过培训顺利找到就业岗位和拿到职业资格证书。

2. 效果与缺陷

社区主导型培训模式随着现代社区的蓬勃发展渐渐进入公众视野，因其收费低、开放性及灵活性等特点成为目前农民工就业培训的有效途径之一。社区培训与学校主导型培训模式不同，其依托社区力量、社区资源，对社区内的全体成员施以各种形式的教育，来满足社区成员的不同层次的教育需求，提高社区成员整体素质。社区培训所具有的普遍性、开放性和多样性等特点可多方位地满足农民工培训的特殊要求，因此将农民工就业培训纳入社区培训不仅可行而且很有必要。

社区虽是为城市居民生产生活提供服务的基层群众组织，但在农民工培训方面有其独特的优势。首先，社区可以充分发挥它分布广泛、覆盖面积大和最贴近群众生活的优势，通过现有的教育资源再利用，为农民工培训就业提供及时便捷的服务，使农民工在社区中学习成长，尽快地实现由"农民"到"市民"的转化。其次，社区居民委员会对社区内企业用工情况及社区就业岗位情况比较了解，可以根据农民工的实际情况和社区就业岗位情况，开展有针对性的培训，帮助农民工在社区内实现灵活就业。再次，社区主导的农民工职业培训使农民工充分感受到社区的关爱和城市的认同，以便农民工更快地适应城市，更好地融入社区的生产生活。最后，社区培训收费低。社区培训直接作用于小局域的经济文化，学员就近读书，无交通麻烦和食宿等困扰，又由于社区居民中的离退休专家学者自愿参与，将大大节省师资费用，这为农民工接受教育降低了培训成本。因此，社区培训的这些优势使其更贴近农民工的利益诉求，是农民工就业培训的良好的选择方式。

但是，社区培训在我国农民工教育培训中缺位。社区能为农民工提供培训就业的资源有限，而且能用于农民工职业培训的资金也很少，再加上农民工流动性大、不易被社区统计和纳入就业管理服务的范围，因此社区主导的农民工培训只能是小规模进行。另外，社区主导的农民工职业培训由于受培训师资和培训条件的限制，对农民工的培训只能限于引导性、适应性培训和技术要求不高的简单职业技能培训，对于技术含量高的生产性培训则无法进行。此外，虽然国家出台有专门的社区自治的相关文件，但由于传统管理体制的影响，街道办事处仍然习惯于对居委会的具体领导和业务进行指挥，导致在社区治理过程中出现严重的越位、缺位、错位，使得社区自治流于形式，农民工社区教育缺失。

3. 社区的角色与职责

将农民工就业培训纳入社区培训具有其可行性，主要是由于社区有其不可替代的角色与优势。随着经济和社会的双重转型，城市基层社会管理体制经历了从单位制、街居制到社区制的变迁，社区的出现改变了传统城市基层社会管理的理念和方法，承担起整合社会资源、调适社会结构和连接私人空间与公共空间的功能。城市社区是社会管理的基本单元，现阶段利益矛盾和冲突频发，各种复杂议题与迅速变革挑战着社区的未来发展方向，推进城市社区的建设与创新，加强居民社区参与的积极性与主动性，是现阶段城市社区社会管理创新的必然选择。

新型城镇化的核心是以人为本，农民工是我国城镇化进程中涌现出的一支新型劳动力大军，为推动经济社会发展、促进城市发展繁荣做出了重大贡献。《国家新型城镇化规划（2014—2020 年）》显示，1978—2013 年，我国城镇化率已从 17.9% 提升到 53.7%。《2015 年国民经济和社会发展统计公报》显示，2013—2015 年，我国城镇化率由 53.7% 上升到 56.1%，年均提高 1.2 个百分点。全国农民工总量 27747 万人，比上年增长 1.3%。其中，外出农民工

16884万人，增长0.4%；本地农民工10863万人，增长2.7%。目前我国正在积极稳妥地推进城镇化，着力提高城镇化质量，但在城市社区，基本公共服务还没有完全覆盖到农民工群体。根据2011年《民政部关于促进农民工融入城市社区的意见》，充分发挥社区的功能作用，健全以社区为依托的农民工服务和管理平台，促进农民工融入城市生活，让27747万农民工享受与城市居民均等的公共服务，是以人为本的新型城镇化的一项首要任务。吸引广大农民工就近参加就业培训，不仅方便生产生活，也有助于农民工更快更好地融入城市社区，为此，城市社区也应该积极承担部分农民工就业培训任务。社区开展农民工就业培训，可以保证农民工融入城市而并非简单地在城市生活和工作，人籍分离的实际状况容易因缺乏管理主体而缺乏归属感，而社区则可弥补这个缺憾。社区替代农民工原有管理主体，重新让他们获得归属感和存在感，给予他们与城市社区居民平等的地位和待遇，为他们提供基本服务和就业培训机会。

要对农民工社区就业培训问题有深刻的认识和准确的定位。目前，我国农民工社区就业培训才刚刚起步，政府部门、社区、用工单位以及农民工群体对农民工社区培训的重要性认识还不到位。所以，社区应加强农民工社区培训的宣传，包括实施农民工社区培训的目的、意义以及操作过程，使社会对农民工社区培训的目标、途径、措施及作用都有清晰的认识。通过广泛宣传，争取社会各界对实施农民工社区培训教育的理解和重视，为开展农民工社区培训创造良好的环境条件。

社区开展农民工培训工作应建立贯穿城乡的农民工社区就业培训体系。通过政府统筹，对社区内存量资源进行充分整合，实现教育资源共享，提高培训绩效，建立从农民工输出地到输入地政府、企业合作社区的，贯穿城乡的农民工社区培训结构体系。在农民工输出地社区针对当地的具体情况，开展农业技能培训和转移就业培训；在农民工输入地社区，主动吸纳农民工，提供引导型培训，对那些在转移前未经培训的农民工，根据需要进行特殊的职前培训。

此外，社区培训要加强社区、企业与学校有关农民工教育资源的交流与合作。

社区肩负着组建稳定、合格的农民工社区培训师资的任务，加强以专职为骨干、兼职为主体、专兼结合为模式的农民工社区培训队伍建设，注重培养和培训社区教育人才，农民工就业培训的教师可以由教育培训机构通过开展继续教育来解决，也可从职业学校、成人学校、企业、技术推广部门等组织聘请，定期组织开展培训，提高社区教育队伍的管理和教育水平。

社区应建立多层次的农民工社区培训筹资机制。农民工社区培训需要的经费投入仅依靠教育部门和政府的临时性支出是不够的，因此，要建立从中央到地方多层次的筹资体制。中央财政要设立农民工社区教育专项经费，加强引导性培训和职业教育的师资培训、课程教材开发和多媒体教育资源建设，以及骨干教师和社区学校建设；各级人民政府也要加大对农民工社区教育的经费投入；各类企业要承担对农民职业教育和继续培训的相应费用。广泛吸纳社会资金，用于农民工社区培训工作，鼓励社会各界及公民个人对农民工社区教育提供资助和捐赠。

本章小结

政府、企业、培训机构、第三部门、社区以及农民工都是新生代农民工就业培训的参与主体，也是利益相关者。他们通过分工合作共同完成农民工的就业培训工作。这些主体模式各有千秋，在具体的模式选择上，应当因事制宜，扬长避短。在多元合作模式中，政府是当然的主要责任主体，应当以社会公平正义和公共利益为基本出发点，承担资源提供和整合者的角色；企业应当以可持续共赢为出发点，承担基本劳动保障提供者及资源支持者的角色；培训机构主导型培训模式比较专业和灵活，但是其培训目标聚焦于短期效益，培训安排粗放，容易导致培训内容与企业需求脱节；将农民工就业培训纳入社区培训具有可行性，但社区能为农民工提供就业培训的资源有限，再加上农民工流动性大、不易被社区统计和纳入就业管理服务的范围，因此仅能小规模进行；非营利性组织无论是作为公益慈善类还是城乡社区服务类的社会组织，都可以直接登记，申请成立，无须再找业务主管单位挂靠，这为更多的非营利性组织参与农民工就业培训提供了良好的政策支持。因此，构建政府、企业、社会多元参与的农民工就业培训多元格局，通过运用多种多样的培训模式，不仅实现了各主体在农民工就业培训服务上的功能分工、资源整合、优势互补、互惠共赢，也已成为推进农民工基本公共服务均等化的有效路经。我们相信，通过完善农民工就业培训的相关政策制度安排和激励机制设计，调动各方的积极性、主动性和创造性，农民工就业培训的惠民事业一定还会取得更大的发展。

第六章　农民工就业培训中的政府工具

政府工具，又称政府管理方式或治理工具，它主要是指公共行政主体在管理社会公共事务的过程中，为履行公共管理职能，提高公共管理效能所采取的方式、手段、方法和技术措施的总称。政府工具是公共行政过程中达到治理目标必不可少的条件和桥梁。萨拉蒙将政府工具的特性概括为三个方面。第一，政府工具除有一些共同属性外，每一种具体工具都有其自身区别于其他工具的特性；第二，每一种工具都有特定的结构化、制度化的行动模式，它是一组公共行动的权利与义务；第三，这种结构化的集体行动，目的是解决公共问题，并不只是政府行动。① 总体来说，政府工具具有手段性、多样性、差异性和动态性几个特性。在市场经济不断成熟、政府职能日渐改变的今天，政府治理模式、行政管理方式都亟待创新。20 世纪 90 年代以来，随着市场化进程的加速，我国公共管理尤其是政府管理的某些部门、领域、方面已尝试引入市场竞争机制，如政府采购、公共工程招投标、水产权交易等。同时，目标管理、绩效评价等工商管理技术以及合同外包、社区治理、志愿者服务等社会化手段也逐步在公共部门管理中推行。新的政府工具的引入正不断体现在地方政府的许多公共治理创新项目中，目前各地的农民工就业培训项目便是如此。

当代各国政府改革与治理中常用的市场化政府工具有合同外包、

① Lester M. Salamon, *The Tools of Government: An Introduction to the New Governance*, New York: Oxford University Press, 2002, pp. 19 – 20.

特许经营、凭单制、民营化、用者付费、产权交易等十三种。① 农民工就业培训作为一种公共服务内容，具有准公共产品性质，这就决定了农民工就业培训具有市场化的内在基础。准公共物品属性决定了其供给主体的多元化，农民工就业培训可以由政府直接提供，即政府建立公共培训机构对农民工培训直接提供服务，也可以由政府通过预算或政策安排等某种适当方式将农民工培训委托给社会（私人）部门进行生产。限于篇幅，本章结合农民工就业培训工作的实际，探讨合同外包、就业培训券、志愿服务、价格补贴、信息服务等几种典型的政府工具的运用。

第一节　合同外包

作为一项制度安排，公共服务合同外包因其在削减政府规模、节约资金、提高服务效率、提高公众满意度方面的优越性，已成为各国政府民营化改革的重要工具。狭义的合同外包，仅指外包对象为私营部门和非营利部门的合同外包；而广义的合同外包，是将政府间协议或合作，也就是公共服务外包对象是其他地方政府，也视为合同外包。② 民营化理论大师萨瓦斯认为，一旦安排者和生产者合为一体时，就会产生官僚制成本，即会在维持和管理层级系统方面产生成本。当安排者和生产者不相同时，又会产生交易成本，即会在聘用和管理独立生产者方面产生成本。安排和生产功能分开是否值得取决于这两种成本的相对值。在传统政府治理中，一个很大的误区是没有将服务提供和服务生产区别开，因而错误地认为政府在放弃服务生产者角色的同时也就放弃了服务提供者的角色。所以，公共服务合同外包的实质在于将购买者与提供者分离，政府将

① 陈振明：《政府工具导论》，北京大学出版社 2009 年版，第 27 页。
② 句华：《美国地方政府公共服务合同外包的发展趋势及其启示》，《中国行政管理》2008 年第 7 期。

提供者委托给私人组织或非营利组织，同时期望能获得高效率和高质量的公共服务。同时，不同于私有化和公私合作，事前竞争是合同外包的显著特征，合约期限也较短，承包人并不会涉及诸如私人部门参与决策，和公共部门一起承担风险与责任这类问题。

在经济与社会体制双重转型的今天，单单依靠政府单一供应公共服务的方式不能满足公众日益增长的多元化需求。采取公共服务合同外包方式，使政府从公共服务的"直接生产者"变为"合同发包人"，可以适当消除政府对公共服务的垄断，也使得公共服务的供给效率得到提高，成为我国地方政府推动职能转变和改进公共服务供给方式的一大重要选择。公共服务合同外包的过程实际上是一个多重的委托—代理关系，其产权委托链可以简化为"公众—地方人大—全国人大—中央政府—地方政府—企业或者第三部门"。在一些西方国家，公共服务的所有范围和供给方式几乎都引进了政府合同外包，通过一系列的合同来管理人事和其他资源，涵盖了绝大部分的雇佣关系。在这些领域里，政府像一个合同转包商，通过投标者的竞争和履约行为，将原先政府垄断的公共服务供给向营利组织、私营公司、第三部门甚至其他地方政府机构进行转让。承包商按照与政府签订的合同提供公共服务，政府再用财政拨款来购买承包商提供的公共服务。在这中间，政府负责确定某种公共服务项目的数量、质量标准、监督合同的签订和履行，并支付报酬。

中共十八届三中全会通过的《中共中央关于全面深化改革若干重大问题的决定》要求，"凡属事务性管理服务，原则上都要引入竞争机制，通过合同、委托等方式向社会购买"。2013年年底国务院出台《关于政府向社会力量购买服务的指导意见》，规定向具备条件、信誉良好的社会组织、机构和企业购买公共服务，购买方式有三种：委托、承包和采购。随后，各级地方政府制定《关于推进政府向社会力量购买服务的实施意见》。国务院总理李克强在2014年10月24日主持召开国务院常务会议时提出要大力创新融资方式，大力推广政府与社会资本合作（PPP）模式，让社会投资和政府投资相互补充、相互配合。这些都为通过合同承包方式购买农民工培训服务提供了法律、政策依据。

政府外包培训主要是由于用人单位自身没有能力开展农民工培训，或者未开展农民工培训。在此情况下，县级以上政府依法对职工教育经费实行统筹，统筹部分纳入当地就业专项资金，由当地人力资源和社会保障部门会同有关部门统一组织在岗农民工进行技能提升培训或转岗培训。组织过程中，公共部门一般都通过招标把项目外包给培训机构，由培训机构提供专业培训服务。

加强职业技能培训，充分利用社会资源，依托各类教育培训机构，继续推进农民工的培训工作。其运用可以从输出地农民工培训基地与输入地培训机构的认定中体现。早在 2004 年实施的"阳光工程"中，就明确了培训基地的认定条件、程序与方式。培训机构通过公开招标确定，或是经过当地"农村劳动力转移培训阳光工程办公室"评定确认后确定，来签约承包培训任务。在安徽太和县所实施的"阳光工程"中，全县认定了 11 所职业技能培训机构，将其确立为县"阳光工程"培训基地，其中三所属于公办性质。又如上海慈善基金会所进行的"外来媳妇"培训项目，由政府出资并通过公开招标等机制向第三部门购买服务。通过农民工就业培训服务合同外包的运作，政府由直接提供转向合同外包，能够有效节约资金、改善服务质量，同时也能提高顾客满意度与增加公众信任度。

农民工培训服务合同外包在转移政府的公共服务生产职能的同时，也会面临外包所带来的腐败寻租、承包者的机会主义、政府部门的控制困难以及公共责任缺失等风险。因此，为了趋利避害，获得合同外包所带来的更多益处、更少风险，政府必须成为一位"精明的买主"[1]，加强政府能力建设、构建风险控制体系、设计激励性合同、增强社会监督，由此来预防、减少和消除风险。

---

① ［美］凯特尔：《权力共享：公共治理与私人市场》，孙迎春译，北京大学出版社 2009 年版，第 58 页。

市场化改革并不意味着"政府责任"的市场化，不能将本应由政府提供的公共服务完全推向市场，而应将"供给机制"市场化。要明确政府安排责任与监管责任，在此前提下，推行多元竞争的公共服务产出机制，从而降低服务的成本、优化服务的质量、提高服务的效率。在发达国家的公共服务市场化改革中，一大重点在于将供给机制市场化，而当前我国的市场化改革中，却是打着地方财政拮据的幌子，实则"甩包袱""卸责任"，对此应当予以纠正。为了防止农民工就业培训项目合同外包中可能发生的腐败现象，加强政府监管力度，遵循"谁审批谁负责"原则，严肃查处违规违纪的行为。通过政府信息公开的相关规定向社会公开培训资金的使用、管理情况，接受监察、审计部门和社会的监督，对虚报、套取、私分、截留、挪用培训补贴资金的单位和个人，一旦发现，严肃查处。

通过建立培训与就业紧密衔接的方式，适应经济结构调整和企业岗位需求，同时调整培训课程和内容。在制造业、建筑业、服务业等吸纳就业能力强、市场容量大的行业里大力发展农民工就业培训。须明确的是，农民工就业培训服务供给重点在于破除垄断，适度竞争，而不是服务具体应该由政府自己组织生产还是委托企业来生产，同时还应该运用市场、计划和民主进行决策，从而实现社会资源均衡化、资源配置有效化。将负面清单制度加入市场准入条件，以清单方式表明禁止和限制投资经营的行业、领域等，在清单以外的各类市场主体都可以依法平等进入。农民工就业培训领域应该向所有符合办培训资质要求的主体开放，将优质培训机构和其他社会力量吸引到农民工职业培训市场中。

第二节　就业培训券

"就业培训券"源于教育券，教育券又叫"学券制"，于1955年由弗里德曼在他的《政府在教育中的作用》一书中首次提出，目的是克服美国公立学校制度缺陷，实现教育公平。在今天，就业培训券作为民营化工具的具体形式之一，从本质上来讲是一种凭单制。凭单制是一种借用私人市场凭单的理念和技术来改造公共服务供给的政府改革工具。[1] 汉重（Hatry）给凭单制下的定义是"政府部门给予有资格消费某种物品或服务的个体发放的优惠券"。具体而言，就是有资格接受凭单的个体在特定的公共服务供给组织中"消费"他们手中的凭单，然后政府用现金兑换各组织接受的凭单。[2] 不同于财政给生产者的政府补助，凭单制是政府用财政资金直接补贴消费者，这样既避免了生产者对政府补贴的依赖性和可能发生的投机行为，又限定了消费者只能在凭单所指定的物品范围之内使用，避免消费者用在其他地方，进而保障和落实特定人群平等地享有消费特定公共物品的权利。

"就业培训券"是由政府相关部门拨付的就业培训经费转化而来的一种有价票证。将这种有价票证发放到参加就业培训者的手中，他们拿着凭证再自由地选择培训机构，当然，这些培训机构均要事先通过政府审核。培训机构拿到通过竞争获得的票证可以到政府相关部门兑换现金，从而继续投入到办学中。这种竞争状态下提供的公共服务更加贴合被服务者的个人需求，也使参培学员能够主动购买自己想要的培训服务，对培训机构也进行了优胜劣汰，使得资源朝着价值最大的方向投入。政府提供的就业培训券往往只会支付服务的绝大部分费用，剩余部分还是得由参培学员自己支付。

就业培训券体现了四个转变：转变就业培训机构中竞争无序的场面；转变就业培训经费的传统分配方式；转变参训学员在培训中无自主权的现状；转变政府在就业培训中总揽全局的传统角色定位。具体来看，一是将就业培训经费的传统拨付模式由"政府—培训机构"转变为"政府—参培学员—培训机构"。这一做法将选择

---

[1]　陈振明：《政府工具导论》，北京大学出版社 2009 年版，第 207 页。
[2]　宋世明：《美国行政改革研究》，国家行政学院出版社 1999 年版，第 148 页。

权交到了参培学员手中，也间接加大了培训机构间的竞争，形成了优胜劣汰的竞争机制。二是参培学员通过培训券来缴纳培训费用，可以减轻学员的经济压力，而少数不足部分由学员自己负担，也是激发学员学习动力的一种方式。三是通过这种模式可以有效减少传统培训过程中出现的徇私舞弊行为，也从侧面激发机构努力提高培训质量和效果，吸引更多持券学员前往参培。四是将政府的职能责权层层下放，专心做好有关政策规划和项目调研，从大方向上，即核算好就业培训所需的覆盖人群及经费范围，及时审查培训机构的办学能力，保证培训服务的质量与水平。

由此可见，就业培训券作为就业培训教育领域的新措施，其优势主要表现在以下几个方面。

第一，提高政府培训经费的使用效能。在传统分配体制下，培训教育往往存在效率低下的弊病，就业培训券的使用有望克服这一弊病，避免培训中的"寻租"现象。政府主管部门根据区域经济以及产业机构调整的实际需要，分批次、分层次地发放培训券，拿到培训券的人员可自主选择培训机构接受就业培训，培训机构拿到这些就业培训券则可到相应的财政部门申请领取培训费用。此外，通过非现金的方式补助可以防止层层截留，使用者也不能将培训券挪作他用，培训机构也只能在实施了相应的培训义务后才能向政府要求兑换现金。这种先教育消费，后兑换补贴的方式，体现了公共服务供给主体选择机制。采用就业培训券的方式同时也拓展了理财的思路，使得就业培训经费从以往的"隐性补贴"变成"阳光补贴"，实现财政资金使用的透明化，从而提高了资金使用效率和行政办事效率。

第二，赋予参培学员自主选择权。一直以来传统的培训模式多数采用"一锅煮"和灌输式的方法，学员缺乏自主选择权，因此，其积极性往往不高，而参训学员一般又不甘心，所以便导致了食之无味，弃之可惜的"鸡肋"心理。现在，学员可根据经济条件、个人兴趣、机构特色等方面的因素，结合今后的工作倾向，自主选择项目。在态度上实现了"要我学"到"我要学"的转变，从而提高了参培学员参与培训的主动性和积极性。同时，参培学员可以真真切切地看到政府出资、自己获益这一"国家投入"的"惠民政策"，激发了参培学员的自信心、创造力和主动性，提高了参培学员自身"受教育权"的效益。

第三，矫正教育机会的不平等。农民工进行就业培训属于准公共产品中的一种，政府出面对农民工进行技能培训可以保障每个符合条件的人都能平等地享受就业培训的权利，实现教育的社会公平。因为在市场经济条件下，如果仅仅依靠市场来提供教育，那么个人接受教育的机会就会受到个人家庭收入水平的制约，这对于本身无就业收入来源的农民工来说，是很不公平的。因此，由政府提供相应的就业培训券，相当于对培训券接受者进行了二次收入的分配，在无形中促进了社会各阶层的教育公平化。

传统的就业培训体系下，政府垄断着培训机构，相应的经费也只拨付给公立的培训机构，在这样的背景下，社会组织成立的培训机构由于得不到政府的财政补偿和费用分担，不得不选择由参培学员自己掏腰包，这对参培学员来讲也不现实。此外，参培学员从社会培训机构得到的结业证书也不一定能够得到相关部门和社会的认可，从而大大降低参培学员接受社会机构培训的积极性。在以往政府牵头下的培训使得社会培训机构根本不具备和公立培训机构竞争的能力。在此情况下，多数社会培训机构不得不放弃培训业务，同时也阻断了想要投身就业培训行业的社会组织和个人进入其中的想法。

自 2009 年贵州培训窝案被披露后，如何根治农民工培训中的假公济私、权力寻租现象，使"惠民资金"真正用到需要培训的农民工身上，成为社会关注的焦点问题。就业培训券的运用从制度层面上将教育培训变成市场化的"产品"，由政府向有培训需求的农民工发放就业培训券，农民工则凭借培训券选择职业培训学校，而培训机构则按收到的培训券数量，向政府部门兑换国家培训资金。这既增强了培训的针对性与实效性，同时也可有效保证培训的教学质量，更有利于实行全国联网、属地培训。教育培训市场化的做法早已在英国、澳大利亚等国家得到应用，经实践证明切实有效。如澳大利亚政府作为 TAFE 学院（职业技术学院）的拥有者，每年以"购买"的方式，向适应社会需求、教学质量高的教育培训机构的消费者发放培训券，使各种类型、属性的教育和培训机构都能站在同一起点上平等参与竞争，保障高效率地利用教育资源和向社会提供优质教育培训。

2009 年，四川省成都市出台了《就业培训券发放使用管理办法》，向 15 万返乡农民工、未就业大中专毕业生等六类人群发放了就业培训券，供其自主选择参加培训。这一做法，增强了培训的针对性，也激发了农民工的参训积极性，对提高培训后的就业率发挥了积极作用。统计显示，当时全市就有 13.6 万人持券参训，其中约有 3000 人参加了中、高级技能培训，约 4 万人参加了由 8 个行业部门围绕产业需求举办的技能培训，11.5 万人培训后实现就业，培训就业率达 85%，远远高于 78.2% 的全市平均培训就业率。之后，陕西省也发布了关于就业培训券的试行办法，明确将农民工列为就业培训券发放对象。就业培训券对劳动者参与培训的积极性和自主性激发效果明显。

就业培训券具有针对性强、规范性高、影响力大、关注度高的优点。为了防止培训券在使用过程中被折价收购，或是产生虚假培训这样的情况，对就业培训券的使用管理可实行开班申报、随机巡查、现场公示、网络实名以及独立的补贴二审等制度，并制定培训管理的质量标准。2012 年成都市曾对 1137 个培训班进行现场检查，对 84 个不规范和不实培训班做出了不予认定的决定，确保了就业培训券使用的真实性。政府可以直接向农民工发放就业培训券，让其自由选择到具有培训资格的机构接受培训，培训结束后政府兑换培训机构手中收集到的培训券。在此过程中，持有培训券的农民工通过"用脚投票"方式，不断促使培训机构对培训内容、培训方法和培训效果等进行调整，从而提高培训机构的培训效率与水平。2015 年，天津市人社局、财政局联合出台了《天津市职业培训补贴办法》（以下简称《办法》）。《办法》明确采取政府购买服务的方式，对职业培训、技能竞赛、实训机构建设、"职业培训包"及其数字化网络教学资源开发等给予资金补贴。其中，"职业培训包"模式于 2012 年从国外引进，经改进创新融入"互联网＋"模式，通过对学习资源进行数字化制作、线上平台建设、评审验收、成果推广等方式，在节约成本的同时，做到政府信息公开化。

第三节　志愿服务

志愿服务是社会治理现代化不可或缺的环节，是弘扬社会主义核心价值观的重要平台，对于化解社会矛盾，巩固基层政权，具有重要作用。志愿组织可以有效介入公共事务的服务与治理层面，以服务与治理行为为纽带，整合社会相关阶层的利益要求，在政府与市场之外发挥其独特的作用。"随着非政府组织在自身努力和全球共识中的不断发展，将会有更多的对公共事务治理的职能从政府权威部门转移到社会公共部门甚至私营部门，不同部门将相互依赖，彼此形成'伙伴关系'，在一种持续、互动的过程中达成公共秩序，增进公共利益。"① 以志愿服务形式来参与提供公共服务是当今世界解决公共服务供给效率和质量难题的普遍做法。志愿服务一般是指志愿组织利用资源为社会提供无偿援助，服务于社会公众生产生活的行为。随着我国经济的快速发展和社会多元化步伐的加快，农民工培训需求的迅猛增长与政府公共服务能力不足之间的矛盾日益突出，建立高效的志愿服务机制，对促进农民工就业培训的发展是一个有力的推动。因此，发挥民间培训主体的积极作用，寻求通识与技能相结合的个性化素质培训和建立规范的志愿服务培训机制十分必要。

① 王华：《治理中的伙伴关系：政府与非政府组织间的合作》，《云南社会科学》2003 年第 3 期。

志愿服务在农民工培训中，兼具了生产者和提供者的角色。公益性社团组织自发开办了一些培训项目，这些组织所提供的志愿服务，构成了农民工培训服务的众多形式之一。志愿服务多由非营利性组织所提供，此类公益培训强调从根本上改变农民工的生活，同时囿于自身规模与能力，志愿服务大都针对特定群体开展短期培训。例如，富平学校、农家女培训学校以农村贫困妇女为主，北京大学平民学校以服务于该校的农民工为对象。培训内容以引导式培训居多，以长效性培训效果为目标，极少数培训以专业技能就业为导向，这与政府强调的技能培训和以就业为取向的运作方式明显不同。值得一提的是，公益培训虽不以营利为目的，但为确保经费自给自足，部分组织（如富平学校）采取企业化的管理策略，以社会企业的方式运作，以促进机构的可持续发展。此外，一些志愿服务组织则以安排者的角色提供培训服务，例如，上海慈善基金会将所承包的一些培训项目交由其他生产者来提供服务。

志愿组织与当地的政府、社区基层组织以及其他（半）官方的组织建立了共赢的合作关系，也为自身发展以及农民工问题的解决做出了有益的探索。例如，深圳市南山区女职工服务中心就是香港非政府组织与工会合作成立的；北京"农友之家"文化发展中心在2004年以社区居委会为主管单位，开展了某种形式的合作；内蒙古赤峰市妇联成立的"北京打工者之家"，在外部援助中断后，得到了当地政府的大力支持。

从成立形式看，提供农民工志愿服务的志愿组织可分为自发型与外生型。外生型是指由关注农民生存及权益状况的机构或社会人士成立的服务于农民工的志愿组织。在实际运作中这两类组织渐渐有相互融合的趋势，这就表现为自发型志愿组织积极地寻求外部援助，而外生型志愿组织也吸收农民工为志愿者或会员来进行自我服务。[1]

---

① 中国的农民工非政府组织：《经验与挑战》，2012年4月7日，http：//blog.sina. com. cn/s/blog_ 4b36bc8c01014biu. html，2016年3月28日。

实践中有关农民工志愿服务主要集中在权益维护、培训咨询、援助服务与文娱交流四个方面，按各个组织的特色项目可分为维权型、培训型、援助型与文娱型。[①] 培训型组织主要通过培训、讲座、咨询、散发宣传册等形式来对农民工进行技能、法律知识、健康知识、求职技巧、城市生活常识等方面的教育与培训。

为了达成政府组织与志愿组织在农民工培训服务项目上的合作，一方面，培训型志愿组织必须加强培训制度建设，提高培训水平与质量。农民工就业培训社会志愿服务需要规范和引领，通过实行积分制等形式，完善认证和激励机制，使志愿服务活动能够长久、持续和专业化，为推动经济繁荣、农民工市民化、增进农民工福祉，发挥更大的作用。另一方面，政府也需要转变角色，变管制为引导，敞开就业培训的大门，降低就业培训的门槛，积极扶持和资助，培育良性的合作氛围。农民工就业培训志愿服务的主要障碍之一是资金短缺，一旦政府为志愿服务培训提供稳定的资金支持，那么志愿组织将对拓宽农民工就业培训渠道、服务社会公共领域、推动社会公平产生重要作用。

第四节　价格补贴

价格补贴是一个政策问题，具有良好的制度基础。在 2005 年《关于进一步加强农村工作提高农业综合生产能力若干政策的意见》的"一号文件"中，首次提出了要采取补助方式来促进农民工就业培训工作的开展；2006 年"一号文件"提出要对参加培训的农民工提高补助标准；2007 年"一号文件"强调要进一步提高补贴标准。2012 年《关于加强推进农业科技创新持续增强农产品供给保障能力

---

① 中国的农民工非政府组织：《经验与挑战》，2012 年 4 月 7 日，http：//blog. sina. com. cn/s/blog_ 4b36bc8c01014biu. html，2016 年 3 月 28 日。

的若干意见》明确对返乡创业项目给予补贴和贷款支持。2016 年"两会"期间，有代表委员建议政府施行"精准补贴"，以支持农民工返乡就业创业，让企业实现就地生产、就地销售，降低成本，让农民工实现就业生活，安居乐业。这是对"价格补贴"的完善，强调"精准"。对农民工这个特殊的劳动力群体进行就业培训将产生较好的社会效益和经济效益。农民工就业培训需求是有支付能力的需求，分为个人需求和政府需求。农民工参加就业培训，可以增加农民工的知识、拓展农民工的能力；同时，农民工在得到教育培训后，也将会产生正外部效益，帮助提高社会生产力和服务水平，提高国民整体生活水平。从社会整体利益出发，政府对农民工就业培训具有需求，所以应当对农民工就业培训提供补贴。因此，应建立政府补贴机制，充分借助失业保险等现有的基金力量，大力推进农民工就业培训的蓬勃发展。同时，对参加培训后取得相关证书的农民工，按照证书级别给予不等的补助和奖励，并增加失业保险的给付比例。

作为经济调节手段之一的价格补贴，是政府在履行其社会经济职能时，通过财政资金的拨付对企业、事业单位和居民的无偿性资助，同时也是政府优化资源配置、调节分配结构过程中的一项重要政府工具。① 因而，价格补贴通常又被称为"负税收"，是通过价格因素来形成的国家财政的一种无偿性支出。这一在国民收入分配与再分配中发挥着补充杠杆作用的工具，在调节生产与消费之间的固有矛盾以及不均衡状态中发挥着重要作用。因此，要想平衡农民工就业培训机构和非政府组织运行的收支，以及农民工参与就业培训期间的收支，鼓励更多培训机构与非政府组织参与农民工就业培训过程，提高农民工就业培训参训率，政府可以在农民工就业培训领域上引入价格补贴机制。一方面，价格补贴的实施可以降低农民工就业培训机构与非政府组织的运营成本，改变农民工就业培训供给

---

① 李淑萍：《按市场经济要求改革价格补贴》，《审计与经济研究》1998 年第 1 期。

结构，从而吸引更多社会主体参与到该进程中来，推动市场竞争机制与合作伙伴关系的形成并发挥作用。另一方面，价格补贴通过对农民工进行补贴使就业培训价格能够降低到农民工所能够承受的范围内，改变农民工就业培训需求结构，从而实现提升农民工就业培训参训率与培训整体效果的目的。

构建失业保险制度，同时建立农民工就业培训的政府补贴制度，提升农民工职业技能以促进就业和预防失业。总教育培训费用包括国家的投入（一次性的硬件投入和长期的教师投入）、企业投入、社区投入和个人投入。也需要根据教育培训情况对社会和农民工个人带来的收益，进行合情合理的分摊。与此同时，失业保险基金也应该妥善地安排，完善其用途，将其主要用于促进就业与预防失业，让农民工教育培训成为促进就业与预防失业的一大有效手段。

一般而言，可采取三种方式对农民工教育培训消费进行补助：学费补助、收入补助和定额补助。其中，学费补助是指政府承担一部分农民工应交纳给教育培训机构的费用，采取政府直接给教育培训机构的方式，这样一来教育培训机构就会减少对农民工的收费，因而农民工就能用较低的学费参加教育培训。学费补助方式的一大优点就是可以增加农民工接受教育培训的数量，以此来提高个人效用和国家效用。收入补助则是政府将补贴直接发放到农民工家庭，从而提高农民工家庭的收入水平，期望以此可以相应地提高他们在教育培训上的消费支出。然而，收入补助也存在问题，农民工可能会将增加的收入放到其他消费上，并不会将教育培训纳入应有的行程中去。定额补助是让农民工享受到一定的免费教育，在享受这样的免费教育下农民工可以继续按照之前的消费产品进行组合，从而在不增加其他产品的消费情况下明显地增加他们的教育培训消费量。早在 2004 年，一项意在规范农村劳动力转移培训的财政补助资金管理和提高资金使用效益的行动中，财政部与农业部联合印发了《农村劳动力转移培训财政补助资金管理办法》。2014 年安徽省颁布了《安徽省农村劳动力转移培训财政补助资金管理实施细则》，明确对农村劳动力转移就业开展短期非农职业技能培训发放培训补助资金，用以辅助开展基本权益保护、法律知识、城市生活基本常识、寻找就业岗位等引导性培训和宣传。与此同时，培训补助资金的使用也要以农民直接获益为原则，主要采取现金、"打卡"或培训券的形式直接补贴给受培训农民，当然，通过降低收费标准的方式来补贴培训机构也不失为一种良策。

农民工数量较多的广西壮族自治区是在政府价格补贴方面做得比较好的。目前农民工总数达到 1165 万人，占全国农民工总数的 4.3%，广西预计在 2014—2020 年每年培训农民工达到 60 万人次以上，同时打破地域、部门等的限制。自 2015 年起，所有农村转移劳动力均可在户籍所在地或是求职就业地按照规定来享受职业培训补贴和技能鉴定补贴。① 2014 年 6 月，由广西壮族自治区党委、政府制定的《关于创新和加强农民工工作的若干意见》中将总体目标明确为从现在起，到 2017 年和 2020 年，广西将在劳动保障权益、农民工就业与市民化、城镇基本公共服务等方面实现各项目标任务。此外，广西还将在职业教育和劳动预备制培训方面花大力气，力求将绝大部分未升入普通高中或高等院校的农村应届初高中毕业生纳入职业教育，从而在源头上提升农民工的技能水平以及综合素质，以此来促进就业。尽管受经济下行压力影响，农村劳动力转移就业人数有所减少，但是越来越多的农村务工人员倾向于在家门口就业创业，这使得农民工就业问题得到缓解。

然而，需要明确的是，尽管政府实施价格补贴有着上述诸多优点，但该方式也存在很大的风险和不可避免的缺陷。就拿政府发放的补助会导致农民工在就业培训服务中的选择权被限定来讲，农民工仅能在能够获得政府补助的培训机构间进行选择，长此以往将不

---

① 王亮：《广西 2014—2020 年每年将培训农民工超 60 万人次》，2015 年 12 月 21 日，http：//xue163.com/news/720/7201684.html，2016 年 3 月 28 日。

利于市场竞争机制。另外，就业培训券虽然能够让农民工拥有更多的自由选择权，但在应用过程中很可能造成就业培训机构与农民工暗中勾结的情况发生。故此，要想发挥价格补贴这一优势和作用，政府还得完善农民工就业培训的价格补贴体系，对补贴对象、形式、范围、标准等方面进行明确的规定，并向社会公示。

第五节　信息服务

随着数字化和信息化社会的发展，信息的作用愈发重要，信息权作为公民的一项基本权利也日益凸显，然而，与之相对应的却是农民工因其自身人力资本存量不足而面临信息鸿沟的困境。一项关于农民工信息化研究的报告显示，当前农民工最迫切的八大需求是：社会保障、就业、培训、权益维护、生活文化、子女教育、土地流转和政治参与，就业成了农民工想要获取信息的首选。就业培训权利不足是经济权利贫困的主要诱因，农民工因缺少信息采集渠道与工具而成为"信息穷人"，处在城市生活的边缘。作为服务型政府建设中的重要内容，信息服务尚未全面覆盖农民工群体，农民工并未享有与城市居民平等的信息服务，其信息权利尚未得到有效保障。《2015 年中国农民工最新情况调查报告》指出，农民工的平均受教育年限为 8.7 年，初中及以下文化程度的比重仍高达 80.5%。① 虽然政府组织实施的提升农民工就业技能的培训工程已有多年，但未参加过任何技能培训的农民工仍占有不小的比例，而且受过培训的农民工中接受过信息方面培训的更是不多。由此可见，农民工获取信息能力十分有限，从而导致其参与就业培训的机会减少。农民工就业培训需求的满足受多方面因素的制约，例如缺

---

① 《2015 年中国农民工最新情况调查报告》，2015 年 10 月 30 日，http：//bg. yjbys. com/diaoyanbaogao/11206. html，2016 年 3 月 28 日。

乏对培训信息的了解，对农民工参与职业技能培训产生很大的不良影响，甚至可能直接导致农民工无法参与培训，或严重降低农民工的就业培训参培率。

一 政府信息服务

在信息时代，政府不仅是信息的收集者和发布者，更是信息的生产者，政府提供良好的信息服务是服务型政府建设不可或缺的重要内容。对于政府这个社会最大的"信息实体"来说，进一步发展政府公共信息服务，十分符合信息时代对政府职能转变的要求。政府对农民工就业培训的信息服务，主要体现在以下几个方面。

（1）通过多样的途径收集、统计劳动力市场的职业技能信息需求，同时，定期调查不同职业的农民工的职业供求和工资价位，并将调查分析结果及时向社会进行公布。这样，农民工就可以根据市场需求来进行相应的职业技能培训。尤其是劳务输出地政府，更应该注重在这方面加强服务。

（2）建立完善的职业培训信息传递机制，使农民工可及时、准确、充分地了解相关的培训政策与培训信息。除了通过电视、网络、报纸、手机等载体发布信息，在有条件的情况下，更应该深入农村地区和农民工居住地进行现场宣传。

（3）做好对培训机构的监督和评估工作，将监督和评估结果进行公布，增强绩效评估和满意度评估的知晓度，以减少农民工受骗概率，为农民工提供声誉良好、质量过硬的就业培训机构目录。

（4）建立覆盖城乡的就业服务网，将农民工纳入本市公共就业管理和服务的范围，对他们进行免费职业指导、政策咨询、职业介绍和就业信息服务，以此在企业和农民工之间建立完备的就业信息发布平台，做到农民工供求信息的收集和发布尽可能"广、快、准"。

各地在政府就业信息服务方面确实有不少创新实践。例如，为解决返乡农民工就业问题，在 2009 年，重庆启动了"万岗寻您"的特别呼叫行动。正是因为"万岗寻您"这一就业信息服务平台，当地返乡农民工只需拨打电话进行简历登记，便可得到电话面试、岗位推荐乃至送工上岗的全流程服务。厦门市开展"2009 春风活动"，开展"春风送岗位"专项活动，积极构建远程视频招聘、"短信求职通""周末就业大篷车"区、街、社区三级就业网四个层次的就业信息招聘平台，举办退养渔民、农村剩余劳动力等专场招聘会，提供近万个岗位以满足不同层次待就业人员的需求。发挥基层劳动保障站（所）的作用，通过掌握农民工待业、歇岗、返乡和失业等情况，来准确了解用工地劳动力供求的信息，及时把握农民工群体动向，将城乡劳动力资源信息纳入信息数据库管理，不断完善覆盖城乡的农村劳动力供求信息网络，让农民在家门口了解就业信息成为现实。2012 年，人力资源和社会保障部联合全国总工会、全国妇联组织开展以"搭建劳务对接平台，帮您尽早实现就业"为主题的"春风行动"。该行动于 2013 年、2014 年、2015 年在为农民工提供就业信息方面发挥了很大作用。将农民工纳入就业登记制度之中，通过建立失业预警机制，来增强就业公共服务的有效性与针对性。值得一提的是，在信息服务建设中，怎样来补齐农民工这块"短板"，在反贫困和城市化进程中意义重大。通过构建全国性农民外出务工供求信息网，让资源在全国共享，农村剩余劳动力相应的依信息需求而有序流动。与此同时，也要构造一体化的农民工信息服务体系，逐步将被社会边缘化的农民工群体纳入国家公共服务的轨道上来。政府公共信息服务也应消除数字鸿沟，大力构建农民工就业信息平台，据对我国农民工网站信息服务现状的调查显示，综合性农民工网站内容建设同质化现象突出，帮助服务、导航服务、检索服务、咨询服务、互动性服务、信息增值服务、个性化服务等信息服务功能需要改进。我国的农民工网站需要加强网站内容建设，优化网站服务功能，为农民工提供更好的信息服务。

2016 年 1 月中国互联网络信息中心发布的调查数据显示，截至 2015 年 12 月，我国网民中农村网民占比 28.4%，较 2014 年年底增加 1694 万人，农民工在其中就占有一大部分。^① 目前以农民工为服务对象的网站主要有四类：一是综合性的农民工门户网站，例如中国农民工网、民工网、中国农民工—中工网等；二是专业性的农民工服务网站，例如农民工法律援助网、农民工法制维权网等；三是专门的农民工人力资源服务网站，例如中劳网、农民工技工工作网、农民工就业网等；四是由农民工个人开办的网站，例如"中国农民工""草根之家""打工之友"等。调查显示，综合性农民工网站的信息服务呈现以下特点。

（1）在信息内容的组织方面，三个综合性的农民工网站都采用主题分类的模糊组织方案，没有采用其他的信息组织方法。

（2）网站内容建设同质化现象严重，往往缺乏特色。上述三个综合性的农民工网站主要以提供培训、就业、维权信息及各类新闻资讯为主。有些网站内容仅是围绕某主题的新闻报道的信息归类或转载，没有真正来自政府网站的政策法规信息。设立的民工网各省分站也无明显的地方特色，有重复多余之嫌。

（3）信息服务形式不够多样化，以信息发布类服务为主，对检索服务、导航服务、咨询服务及互动性服务虽有所涉及，但过于简单粗陋，改进空间仍然较大。

（4）网站缺乏日常维护，没能做到及时更新，同时也存在不少页面无法打开的情况。

因此，要加强网站内容建设，及时进行网站维护，优化网站服务功能，拓展服务领域，优化互动性服务，以多种方式开展信息定制服务，满足农民工个性化、多样化、动态化的信息需求。至于农民工网站，其作为农民工信息保障体系的一个重要部分，本应该在为农民工提供有效信息、帮助农民工适应城市生活等方面发挥积极作用。重视农民工网站的建设与服务，将有助于弥合社会的"数字

---

① 第 37 次《中国互联网络发展状况统计报告》，2016 年 2 月 18 日，http：//www. chuban. cc/yw/201602/t20160218_ 172432. html，2016 年 3 月 28 日。

鸿沟"，改变农民工在信息获取上的弱势地位，以此来促进农民工市民化进程。

二 第三部门信息服务

随着信息技术的飞速发展，信息服务日渐成为推动社会发展和促进经济增长的重要引擎，而政府在信息服务领域又具有得天独厚的优势，如灵活、高效、成本较低、公益性，公共信息的公共性本质决定了公共信息服务主体的多样性，而政府公共信息服务的低效和缺位以及企业信息服务的市场失灵将会导致第三部门成为公共信息服务的补充力量，政府与第三部门的分工与合作也会成为提升公共信息服务效率与质量的新探索。需要说明的是，第三部门信息服务也属于志愿服务。从当前我国网站类型分布的调查发现，教育、科研网站已占全国网站总数的 2.46%，其他非营利网站为1.08%。[①] 这表明我国的第三部门组织已经逐步发展壮大，延伸到社会公共服务领域，取代政府部门承担了一些公共服务职能，而公共信息服务则是其中必不可少的重要内容。公共信息不仅与公众生活息息相关，而且也是第三部门扩大社会影响力和参与公共管理的切入点。

第三部门提供信息服务有三个方面的意义。一是有利于公共信息服务效率的提高，使公众可以在不同的信息服务主体之间比较选择，使政府、企业与第三部门在信息服务质量、态度、方式、价格、成本等方面展开竞争，并从不同视角、不同层次上弥补充实公共信息服务的内容和形式，从而达到改善公共信息服务状况、提高公共信息服务效率的目的。二是能够降低政府信息服务的成本，从而推动政府行政改革。瑞典政府推行电子政务的成功经验就在于各种委员会、联合会以及行业协会等第三部门组织对政府信息化建设的积极介入。三是有利于进一步维护公众的信息权。信息权也被称

---

① 《中国互联网信息资源数量调查报告》，2006 年 3 月 19 日，http：//wenku. baidu. com/view/00cc76eeaeaad1f346933f1a. html？from = rec&type = onlyLink，2016 年 3 月 28 日。

为知情权，作为公民的一项基本权利和公民诸多民主自由权利的基础，对公民包括农民工来讲意义重大。而只有公众掌握信息，进而广泛参与国家事务才能使这一权利的实现成为可能。第三部门本身来自社会，它对公共信息具有本能的关心，并且有自觉提供服务的动力，相较于政府还能更为准确地把握公众的信息需求，突出表现在一些特别专业的第三部门上。该类第三部门不但提供一般的告知性信息服务，还通过信息资源的共享，组织和提炼分布在不同网站、媒体的同主题信息，对其进行二次信息开发，提高公众把握信息的能力。第三部门应发挥组织优势，加强对劳动力市场信息的分析、预测以及发布，为农民工提供及时全面的信息引导。

三　大数据时代下信息服务新趋势

"大数据"不仅意味着数据多，还意味着每个数据都能在互联网上获得生命、产生智能，散发其活力与光彩。"大数据"不仅在于其"容量之大"，更多的意义在于，通过大数据人类可以分析与使用的数据也在大量增加，若将这些数据进行交换、整合与分析，还可以发现新的知识，从而创造出新的价值。[①] 大数据时代下，倾向于采取虚拟政府的方式提供信息服务。"虚拟的美丽"，作为一种形象的隐喻，可以从字面上理解为"凡是虚拟的就是美丽的"，信息技术在政务中任何形式的应用都将会导致理想的结果。[②] 在强调推广电子信息服务的过程中，要警惕以下两个倾向——"技术主导"和"技术决定论"，数字政府的平台建设主要目的不是平台的科技含量和硬件水平，而是更方便快捷地提供公共就业信息服务，为农民工提供广泛、优质的就业培训信息。

信息服务的有效供给在一定程度上可改变农民工的信息弱势地位，减少农民工"低人权"和"次公民权"的权利贫困现状，促进

---

① 涂子沛：《大数据：正在到来的数据革命》，广西师范大学出版社2012年版，第19页。

② ［美］简·E. 芳汀：《构建虚拟政府：信息技术与制度革新》，中国人民大学出版社2010年版，第3页。

农民工市民化进程。特别是随着信息技术的迅猛发展，大数据已成为当今世界的重要发展趋势的情况下，如何利用大数据解决农民工就业培训问题是大数据时代的一项新议题。中共十八届三中全会提出"推进国家治理体系和治理能力现代化"，大数据是治理现代化的一种技术路径，面对新形势的挑战，国家的治理方式也要随之发生变化，通过充分利用大数据来提高农民工就业培训的供给效率。在这个大数据的时代，政府部门扮演着重要的角色，它不但是大数据时代的推动者，同时也是参与者。政府通过利用所掌握的人力、资金与信息资源，顺应大数据时代的发展趋势，适当地利用掌握的信息资源，以此来推动社会进步、发展，促进政府自身的建设。2015 年中共十八届五中全会明确坚持共享发展，"必须坚持发展为了人民，发展依靠人民，发展成果由人民共享，做出更有效的制度安排，使全体人民在共建共享发展中有更多获得感"。"信息共享"作为共享的一种，也应当纳入其中，尝试构建起针对农民工的信息服务共享机制。

当前，互联网已成为获取信息的主要渠道之一。CNNIC 发布的第 37 次《中国互联网络发展状况统计报告》显示，截至 2015 年 12 月，我国互联网普及率为 50.3%，网民规模达 6.88 亿人，其中手机网民规模达 6.20 亿人，由此可以看出我国互联网发展已从"广"到"深"，网民生活已经全面"网络化"。其中"互联网＋"成为一大亮点，从报告中可以看出，"互联网＋"行动计划助力企业发展，例如在开展过移动营销的企业中，微信营销推广使用率达 75.3%，成为最受企业欢迎的移动营销推广方式。同样，将"互联网＋农民工就业信息服务"结合起来也可以发挥很大的作用。对处于异地陌生信息环境中的农民工来说，网络是他们获取信息的重要途径。农民工信息服务的准公共物品特性，使得政府在农民工信息服务体系中居于主导地位，政府提供信息服务具有权威性、快捷性和有效性等特点，因此，能够保证农民工群体获得平等的信息服务的机会和权利。农民工就业培训信息服务需要发挥全国就业信息网的作用，解决农民工跨地区就业信息互联互通的问题。目前，全国性就业信息平台尚未建立，但各省市区已着手网络信息服务平台的开发，如福建开通了农民工就业服务信息系统。

2006 年的首届农民工信息化论坛上提出"信息化也必须为农民工服务"的口号，2013 年湖北推出首家农民工打工综合信息服务平台，之后江西省萍乡市积极打造更加高效便捷的信息服务平台，进一步拓宽了就业信息发布渠道。萍乡市就业局采取一系列信息化手段，如建立市用工企业交流 QQ 群、"远程视频"招聘，为求职者、用人单位提供更便捷的公共就业服务。2014 年 8 月，萍乡市人力资源服务中心微信公众平台正式运营，及时整理和发布最新政策、公共就业服务活动公告和企业招聘等信息。以小平台传递大能量，就业服务正式驶向信息化"高铁时代"。

大数据时代需要进一步提高农民工信息获取与利用能力。农民工信息培训作为一项公共服务内容，其准公共物品属性决定了供给主体的多元化，政府通过合同外包、培训券等方式将农民工信息培训委托给培训机构或高校进行，通过"三重螺旋"① 机制提高农民工信息培训效率与水平，增强农民工的培训自主选择权，提高信息素养，提高可持续发展能力。通过强化风险控制体系和社会监督，来减少信息服务风险。

大数据时代下，政府应主导信息化基础设施建设，首先，加快建设"一站式"的农民工信息服务平台，治理权利贫困。根据农民工的信息诉求，通过数据挖掘手段对农民工信息资源进行整合，完善智能化就业信息推荐，满足用户针对性、系统性的信息需求。其次，提高个性化信息服务意识，利用网络专家资源发挥虚拟咨询作用，提供个人信息定制服务，以满足农民工多样化、个性化的信息需求，缩小"信息鸿沟"。此外，还应加强大数据时代下农民工培

---

① "三重螺旋"概念于 20 世纪 50 年代初最先出现在生物学领域，90 年代中期，美国学者亨利·埃茨科威兹等在三螺旋概念基础上提出了著名的官、产、学三重螺旋理论，强调政府、产业和大学的合作关系，三者相互作用、互惠互利。

训机构的商业秘密和农民工个人信息的安全。

　　值得一提的是，自 2015 年 3 月 5 日李克强总理在政府工作报告中首次提出"互联网＋"行动计划以来，在这个大数据时代，"互联网＋"作为新兴发展方向，将利好于社会运行的各个方面，农民工就业信息服务就是其中的一个方面。相较于老一代农民工，新生代农民工正逐渐将互联网作为找工作的一种重要渠道。例如目前有的工厂库管和质检人员都是通过世纪人才网找的。也有很多农民工是自己从网上找的工作，因为相较于通过老乡、朋友介绍，其范围要广很多。可以看出农民工在扩展新的工作机会上方式的改变，从原先依赖熟人转向多种渠道。[①] 同时，新生代农民工会利用互联网平台来获取行业信息，交流业务信息，进行自主创业，如开网店、做微商。那么，针对大数据时代下的互联网信息服务趋势，政府需要做良好环境的开辟者、引导者，技术的指导者、培训者。

本章小结

　　作为政府管理方式的创新，政府工具在农民工就业培训领域的选择与利用是一个重要的实践课题。中共十八届三中全会通过的《中共中央关于全面深化改革若干重大问题的决定》提出要全面正确履行政府职能，改进管理模式，而管理模式的改进必须靠引入新的政府工具来实现。通过合同外包、就业培训券、志愿服务、价格补贴、信息服务等政策工具来构建农民工就业培训多元提供主体间的公私伙伴关系，并通过对各种类型工具的运作与效果分析，提供一个适应我国农民工就业培训实践的工具箱。实践表明，农民工就

---

　　① 何晶：《互联网与新生代农民工市民化——基于广州市的个案分析》，《广东社会科学》2014 年第 5 期。

业培训服务的供给改革重点，其实并不在于服务具体应该由政府自己组织或是委托企业、交由志愿组织来生产，而在于破除垄断与恶性竞争，因地制宜地选择恰当的政府工具运用于农民工就业培训项目中，更好地利用社会资源实现培训绩效的优化，进一步提升农民工职业技术能力和用工企业竞争力。

第七章　多元主体参与的农民工
就业培训机制构建

农民工的就业培训不仅涉及培训的主体、培训制度、观念与模式等要素，更关键的在于健全有效的培训机制。机制即有机体的功能、构造和相互关系，通常指一个工作系统的各个组织或部分之间协同合作的方式和过程。一个配套的多元主体参与的农民工就业培训机制由供给购买机制、投入保障机制、协调合作机制以及监督评估机制四部分组成。其中，供给购买机制和投入保障机制是物质基础，切实保障了其余机制的高效运转；协调合作机制能充分调动各方资源，保证农民工就业培训的有效供给和购买；监督评估机制通过对经费、过程和质量的监督评估，有利于提升农民工就业培训的整体绩效。

第一节　农民工就业培训的供给购买机制

一　农民工就业培训的供给机制：社区创新

按照主体不同，本书前文已将农民工就业培训模式分为政府模式、公私伙伴模式、社区参与模式、公益主导模式、网络治理模式、企业模式和数字化模式七类，本节主要更为深入地探究社区参与的供给模式。

（一）社区参与模式

社区是继政府、市场和第三部门之后兴起的又一极具发展潜力的社会力量。《民政部关于促进农民工融入城市社区的意见》中鼓励社区兴办商业性便民利民服务网点以及吸引农民工就近就便在社区灵活就业的规定，为农民工扎根社区、服务社区，提供了政策支持。社区作为社会治理的重要主体和依托，要强化赋权，通过社会自治与共治完成从社会管理到社会治理的转变，这也符合新公共服务的基本理论内涵，即服务公民、追求公益以及重视人权。政府为农民工的顺利就业服务，需要构建以城市社区为平台的农民工就业服务供给体系，实现城市社区治理，促进农民工融入城市社区。

农民工就业培训的社区参与模式依赖于"以城市社区为平台的农民工就业服务供给体系"（见图7-1）。

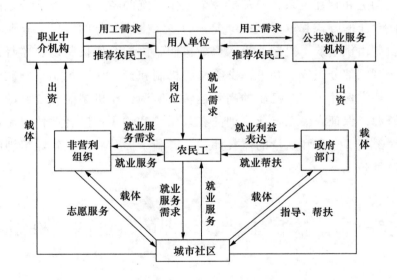

图7-1　基于城市社区平台的农民工就业服务供给体系①

该体系涉及城市社区、政府部门、农民工、公共就业服务机构、非营利组织、职业中介机构和用人单位等主体，各主体均以顺利实

---

① 王飞：《农民工就业服务体系建设研究——基于城市社区为平台的视角》，《当代青年研究》2013年第2期。

现农民工有效就业为宗旨。其业务工作流程是：①将城市社区作为非营利组织、职业中介机构、政府部门和公共就业服务机构向农民工提供就业服务的一大载体；②政府部门和非营利组织则通过出资方式，以公共就业服务机构和职业中介机构为媒介为农民工提供有效的就业服务；③公共就业服务机构与职业中介机构直接服务于农民工，为其提供具体精准的就业帮扶与就业服务；④公共就业服务机构和职业中介机构通过向用人单位推荐农民工，更好地促进农民工就业。

（二）存在的问题

1. 农民工的社区服务不健全

随着城市公共服务社区化发展的潮流，为实现城市社区的善治，政府应该致力于实现将城市社区作为载体、向市民提供公共服务的目标。为农民工提供就业服务是公共服务的核心内容之一，更加需要政府依托城市社区完成。

但是，城市社区在提供就业培训时，因为社区力量尚处于起步阶段，还存在一些缺陷，例如还不能向农民工提供与社区居民同等的社区服务；在将公民纳入城市社区治理活动的实践中时，没有将农民工纳入该体系；城市社区对农民工的管理和服务不到位；信息不对称导致农民工利益表达机制不通畅；在社区提供服务和决定等重大事项过程中，并没有公平对待农民工；在城市社区内对农民工进行培训的过程中，非营利组织难以发挥应有的作用等。

2. 社区就业服务机构缺位

通常情况下，城市社区主要是凭借就业服务机构来为农民工提供就业服务供给，而我国的就业服务机构主要是公共就业服务机构和职业中介机构，但在社区中往往缺乏类似的配套机构。缘于此，农民工无法借助社区的力量拓展信息获取的渠道，而仅拥有有限信息量的农民工不得不在就业市场中处于相对不利地位，用人单位更愿意招募成本较为低廉的城市务工人员。目前看来，仍有大部分老一代农民工主要是靠亲朋好友介绍，来获取相关的就业信息，很少有农民工能通过社区就业服务机构获取有用的就业信息。

（三）政策建议

破解农民工就业培训有效供给不足的困局，不仅需要继续发挥政府和社会培训机构等组织的作用，还要重视开发社区力量，建立以城市社区为平台的农民工就业服务供给体系，同时完善相关法律法规和规章政策，精准把握农民工、政府以及非营利组织与城市社区间的关系，以此构建起高效快捷的就业服务体系。

1. 农民工、政府、非营利组织等与城市社区间的关系界定

（1）农民工与城市社区间的关系。准确定位城市社区与农民工间的关系，是实现社区治理、促进农民工市民化进程的前提。一方面，城市社区对农民工持有公平对待、尽心服务的理念十分重要。秉承以人为本的精神，建设和谐社区，将农民工纳入到城市社区管理范畴中，让农民工享有等同于城市居民的就业服务、政治参与、社会保障等基本权利。另一方面，也应该建立起一套农民工社区参与的长效机制。只有城市社区将农民工视为其社区居民，并基于这层关系引导农民工参与社区管理，共同探索建立社区管理的长期有效监管模式，才可以带给农民工参与社区工作的归属感与自豪感，从而更加主动地参与社区管理与服务。

（2）政府与城市社区间关系。不难看出，政府对城市社区的影响主要体现在组织建设、机制建设和政策帮扶等方面。那么为了实现农民工就业服务的可持续供给，就需要不断完善组织建设与制度调整，并逐步建立政府引导、社区参与、监管有力、适度竞争的社区农民工高效就业服务体系，从而将城市社区作为政府向农民工提供就业服务的平台与桥梁。

（3）非营利组织与城市社区间关系。作为城市社区多元治理主体之一的非营利组织，既能够为社区内的农民工提供就业服务，又能够为城市社区治理和发展贡献中坚力量。城市社区往往与城市社区内非营利组织间的关系更为密切，在非营利组织实现公益目标与志愿服务中，城市社区居民是不可或缺的群众基础，而非营利组织

又可以有效弥补政府失灵与市场失灵、拓宽居民就业渠道、提供就业信息和就业服务、弥补社区建设的经费、人力以及组织志愿服务的不足等。

2. 完善配套的就业服务体系

（1）设立社区农民工就业服务机构体系。各级劳动保障部门应认真调查、了解城市社区农民工分布情况，这可以通过设立尽可能多的公共就业服务机构来实现。首先，需要政府在城市社区设立公共就业服务机构，以提供免费的基本就业服务。其次，需要政府部门通过鼓励、支持和引导建立职业中介机构，用以作为公共就业服务机构的补充，由它们向农民工提供有偿就业服务，弥补公共就业服务机构的不足，从而满足当前农民工复杂多样的就业服务需求。地方政府也可以通过向职业中介机构购买就业服务，为农民工提供无偿帮助。政府需要给予以上机构一定的财政资金补贴，并解决制度保障问题，分清公共就业服务机构和职业中介机构的服务内容、角色定位、服务流程和服务标准。

（2）建设农民工就业的信息网络。目前绝大多数城市均设立有相应的就业服务机构，如何进一步在社区中促进资源的高效利用，如何通过建设覆盖广泛的网络信息服务体系，从而为农民工提供及时、方便和真实、准确的就业信息，以帮助农民工顺利就业成为当务之急。基于此，政府部门应站在统领全局的高度，合理引导与安排公共就业服务机构、职业中介机构和非营利组织等主体加强劳务信息资源平台的建设。首先，建立用人单位和农民工之间的劳务信息共享平台，采取基本公益、部分有偿的方式为用人单位和农民工提供供需信息。其次，采取宣传手册、广播电视、社区公告栏、短信、QQ 信息和电子邮件等多种手段为农民工提供及时有效的就业信息和就业服务。最后，强化农民工信息资源和用人单位招工信息数据库建设和开发使用。

二　农民工就业培训的购买机制：政府购买

从国际公共服务改革的潮流和方向看，政府向社会组织购买公共服务正是顺应了这一潮流。而政府向社会组织购买公共服务也是我国公共服务体系建设的重要内容，是我国政府治理的创新实践。自 2003 年以来，我国也逐渐开启了政府购买公共服务的实践，从运行的情况来看，主要还是集中在政府购买社会性公共服务上，重点涉及公共卫生、养老、扶贫、文化、环保、残疾人服务、社区矫正、社区发展、公民教育、城市规划、政策咨询等诸多方面。[1] 购买农民工就业培训项目是一种管理和服务方式变革，其运行的难处往往不在于是否有活跃的民间组织或丰富的民间资本，而在于政府是否有购销农民工就业培训项目的能力（即购销力）。在这种情况下，需要政府成为风险管理专家、精明的买家和服务质量评估行家等。[2]

（一）政府购买农民工就业培训模式

1. 按照政府购买主体与对象的二元关系划分

按照政府购买主体与对象的关系来划分，农民工就业培训模式可以分为直接购买与间接购买。直接购买与间接购买的区别在于，政府是否将购买费用直接交付给培训服务的提供者。直接购买中，政府与培训服务提供者是"面对面"的关系，将购买费用直接支付给培训服务的提供者；而间接购买中，政府通过就业培训券或者其他的方式，间接地通过第三方将购买费用转交给培训服务提供者。

在 2004 年，农业部等六部门就曾联合组织实施农村劳动力转移培训"阳光工程"，率先在无锡市、南京市和深圳市等地方政府采取政府购买公共服务的方式（政府购买公共服务的流程见图 7-2），来为农民工供给就业培训服务。从目前看来，各地政府购买农民工就业培训服务主要采取两种模式：直接购买和间接购买。

---

[1] 王丛虎：《政府购买公共服务与行政法规制》，《中国行政管理》2013 年第 9 期。
[2] 竺乾威、李瑞昌：《公共服务购销力：政府能力的新增长点》，《中国社会科学报》2014 年第 568 期。

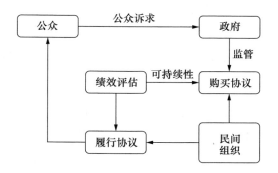

图 7 - 2　政府购买的公共服务流程①

（1）直接购买。政府直接购买农民工就业培训模式的运行流程见图 7 - 3。

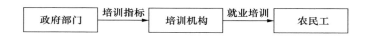

图 7 - 3　政府直接购买农民工就业培训模式的运行流程

具体操作流程是：第一步，由政府相关部门制定合理可实施的政府购买农民工就业培训服务方案；第二步，依据方案的设计，由政府自主选择符合资质的农民工培训机构，同时明确各个培训机构的培训指标、标准和范围；第三步，被选中的培训机构整合自身培训的资源，根据培训指标招收符合相应条件的农民工，严格参照培训标准展开对农民工的培训，同时培训应在各自被授权的范围内进行；第四步，在培训机构完成培训后，政府则参照评估标准对培训后的农民工技能水平和满意度进行调查评估；第五步，政府部门依据各培训机构相应的完成情况与评估结果，向培训机构发放不等的培训经费。从直接购买的传统模式中，我们不难发现其实质就是政

---

① 高文兴：《政府购买服务的政策路径》，2012 年 12 月 17 日，http：//www. gongy-ishibao. com/html/zhengcefagui/3225. html，2016 年 3 月 28 日。

府给予培训机构培训经费，然后培训机构再对农民工进行培训，在本质上这是一种委托—代理关系，政府部门是委托人，农民工培训机构是代理人。值得警惕的是，如果有信息不对称现象存在，就可能出现"道德风险"和"逆向选择"这样的困境，导致培训效果不佳，甚至培训质量大大下降。政府部门不能有效监管农民工培训机构，使农民工技能大幅提升的预期培训效果难以实现。可以看出，传统模式下不可避免地存在针对性较差等固有缺陷。①

（2）间接购买。政府间接购买农民工就业培训模式中，这种竞争性办法赋予农民工更多的自主选择权，同时也促进各培训机构通过提高自身培训质量来吸引农民工，从而获取更多培训经费。

就业培训券的核心主体主要包括政府、农民工和培训机构，如图 7 - 4 所示。

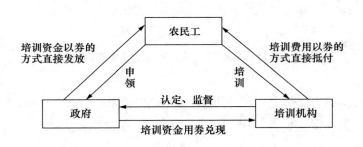

图 7 - 4　就业培训券中核心主体间的关系

其运行状况如何，关键在于农民工在培训中的主动选择权，而这项主动选择权是政府通过发放就业培训券形式而赋予农民工的。三者之间的利益关系错综复杂，通过相互影响、相互协调和相互监督，确保了就业培训券机制的有效运行。从政府的立场上看，促进就业，保障民生，将有限的培训资金效用最大化是其所秉持的原

① 王飞：《政府购买农民工就业培训服务模式研究》，《当代经济管理》2012 年第 12 期。

则，其角色是农民工就业培训的主导者，是公共服务的提供者和监管者。农民工作为城市边缘弱势群体，政府从维护公平和保障民生的角度应当提供相应的照顾和帮扶。但是，政府手中的培训经费是有限的，如何用有限的培训经费培训尽可能多的农民工，提高培训质量，便成为政府关注的焦点。进入城市务工的农民工，注重培训经费的投入和产出比是否具有吸引人的收益。农民工普遍受教育程度低、缺乏技能，期望通过培训增加就业筹码，在就业市场上能谋得一个好职位。即便是政府补贴的就业培训也需要农民工有一定的成本投入，如培训前期产生的误工费、交通费、住宿餐饮费等开支，这些能否获得预期回报却是一个未知数。培训机构是一个追求利益最大化的市场主体，它会在培训过程中尽可能地规避风险、降低成本，以获取最大的利润。一旦政府监管缺位，很可能出现降低培训质量、减少培训时间或者套取政府培训资金等一系列损害农民工利益的不义甚至违法行为。

2. 按照独立性与竞争性两个维度划分

从国外实践来看，可以依据承接农民工就业培训服务的相关社会组织相对于购买方的相关政府机构是否具有独立性，以及在购买程序上二者是否具有竞争性关系，可以将政府购买农民工就业培训服务这一方式分为依赖关系竞争性购买、独立关系竞争性购买、依赖关系非竞争性购买和独立关系非竞争性购买四种模式，[①] 参见图7－5。

（1）依赖关系竞争性购买模式。这一模式是指购买农民工就业培训服务的相关政府机构和承接该服务的相关社会组织之间存在依赖关系，社会组织因政府部门的农民工就业培训服务项目而设立，但是政府部门可以通过公开竞争的程序来选择承接服务的组织。这种模式在实践中较为少见。

---

① 王浦劬、莱斯特·M. 萨拉蒙：《政府向社会组织购买公共服务研究：中国与全球经验分析》，北京大学出版社 2010 年版，第 19 页。

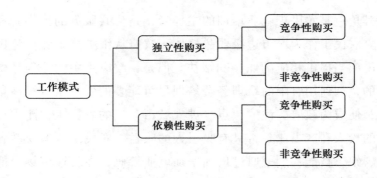

图 7 - 5　政府向社会组织购买农民工就业培训服务的模式类型①

（2）独立关系竞争性购买模式。这一模式是指购买农民工就业培训服务的相关政府部门和承接服务的相关社会组织之间相互独立，没有任何人事、组织、资金等资源方面的依赖关系。政府部门通过公开招投标等竞争方式，综合考虑成本收益、组织声誉、组织能力等因素，选择合适的社会组织，最终达到为农民工提供质优价廉的就业培训服务的目的。除依照农民工就业培训服务合同提供约定的服务外，这些组织还可能提供附加的公益服务，借此扩大服务覆盖面，以提高组织声誉和影响力，从而跨越纯粹的委托—代理关系，建立起长期的与政府部门的公私伙伴型合作关系。这种模式最契合政府购买的制度规定和目标，也可最大限度地保证农民工就业培训服务的供给。所以，该种模式现在也逐渐被政府部门运用。

（3）依赖关系非竞争性购买模式。这一模式是指承接服务的社会组织的选择是定向、非竞争性的，没有独立地位，与政府部门之间存在依赖关系。社会组织因政府的购买需要而产生，没有自主决策权，在资金、人事等方面依赖政府部门，也没有独立的组织目标。购买程序上缺乏公开性与竞争性，也没有规范的评估机制。社会组织仅作为政府部门的一个意志执行机构，政府承担了公共服务

---

① 该图表改编自王名、乐园《中国民间组织参与公共服务购买的模式分析》，《中共浙江省委党校学报》2008 年第 4 期。

的责任，不仅没有实现职能转移和多方参与的初衷，反而可能扩大政府职权。①

（4）独立关系非竞争性购买模式。独立关系非竞争性购买模式指的是采取非竞争方式选定承接农民工就业培训服务的社会组织，且该社会组织在政府购买前已存在。通常这类社会组织具有良好的社会声誉、专业化的运作方式和高效率的管理模式，政府通过非公开的偏好选择可以降低购买风险。垄断现象并不存在，因为这类组织的可替代性，政府可以根据农民工就业培训结果自由更换承接服务的社会组织。正是由于这类社会组织能独立自主地承担提供相应服务的职责，才使政府能够充当监管者的角色，该模式最符合政府购买公共服务的初衷。

（二）存在的问题

1. 立法进程缓慢

因为我国政府购买公共服务的理论研究和实践探索起步较晚，截至目前，我国尚无政府购买公共服务的专门性法律，遑论购买农民工就业培训服务的相关法律，造成各级地方政府购买农民工就业培训服务的实践无法可依。2003 年开始实施的《中华人民共和国政府采购法》中，政府的采购范围仅限于行政部门的后勤服务，而包括农民工的就业培训在内的这类公共就业服务项目却没有被纳入采购项目，社会组织也没有被列入购买客体的范围中。2013 年 9 月出台的《国务院办公厅关于政府向社会力量购买服务的指导意见》才将教育、就业、社保、医疗卫生、住房保障基本公共服务领域纳入政府购买范围，同时也明确了承接主体的范围，包括依法成立的社会组织。2015 年施行的《中华人民共和国政府采购法实施条例》（以下简称《政府采购法》）再次明确了《政府采购法》第二条所称"服务"，包括政府自身需要的服务和政府向社会公众提供的公

----

① 王名、乐园：《中国民间组织参与公共服务购买的模式分析》，《中共浙江省委党校学报》2008 年第 4 期。

共服务，即肯定了政府也可以购买类似"农民工就业培训"这样的公共服务。有些地方政府从本地区实际情况出发，就如何购买、实施及考核评估自行制定和颁布了一些相关指导性意见，但这些行政法规或条例往往缺乏可操作性和规范性，效力低且随意性大。

2. 招标运作机制不完善

首先，公开招标的竞争程序缺乏监督。由于缺乏明确的立法和操作指导，容易在招标过程中滋生腐败，很多农民工就业培训服务承接机构的甄选通过钱权交易、私下协商达成。其次，购买标准不清晰。政府在购买农民工就业培训服务的过程中，如何选择合格的服务承接者尚缺乏明确标准和操作规范。再次，政府责任较为模糊。如何衡量政府是否切实完成了自身职责，以及购买失败后如何追究政府部门及其主要人员的责任等方面依然不够明晰。最后，合作过程不够规范。大多数案例中，政府与社会组织的合作或是基于私人关系的非规范化程序，或是实质上的"内部化"或者"内部市场"合作。① 大多数时候，政府作为购买方无法提供明确有效的服务标准和公开合理的服务价格，而且尚未对此类问题进行深入考虑。②

3. 社会组织承接能力弱

受计划经济体制惯性的影响，政府对于社会组织的设立和发展还是存在着严重的行政管控倾向，加之中国社会资本培育缓慢，使社会组织发育不良，数量不足，远不具备完全承接政府转移的公共服务职能的能力。从数量上看，以每万人拥有的民间组织数量计

① 所谓"内部化"是指企业内部建立市场的过程，以企业的内部市场代替外部市场，从而解决由于市场不完整而带来的不能保证供需交换正常进行的问题，还可降低交易成本。而所谓"内部市场"是市场模式中应用范围比较窄的一种方式。内部市场是将提供公共服务的公共部门人为地划分为生产者和消费者两方或"公对公的竞争"，这样在政府组织内部便产生了"生产者"和"消费者"两个角色，或促使内部组织之间进行竞争，达到提高服务质量的效果。

② 王浦劬、莱斯特·M. 萨拉蒙：《政府向社会组织购买公共服务研究：中国与全球经验分析》，北京大学出版社 2010 年版，第 29 页。

算，日本是 96 个/万人，美国是 53 个/万人，新加坡是 16 个/万人，巴西是 14 个/万人，而我国大陆地区只有 3.67 个/万人，[①] 并且存在发展不均衡和机构能力参差不齐的现象。综观在政府购买农民工就业培训服务过程中成长起来的社会组织，普遍缺乏独立性，大多是在政府主导和扶持之下发展起来，这就导致社会组织在实际合作过程中缺乏制约政府的契约权利和平等协商的谈判能力。从某种意义上讲，社会组织实际上变成了政府部门的延伸机构。

（三）政策建议

1. 促进政府购买规范化

政府购买农民工就业培训服务的规范化程度，可以根据是否制定了相应的法律法规进行衡量，如政府是否明确了提供农民工就业培训服务的质量标准，是否在购买过程中遵守了法定的招标程序等考核指标，此类指标可以折射出政府购买模式的可持续性和稳健性。首先，有必要在《政府采购法》中补充政府向社会组织购买农民工就业培训服务的相关内容，同时将这部分内容纳入财政预算，制定相应的财政支出管理制度。其次，操作中还应该明确以下几点：政府购买农民工就业培训服务的标准与采购价格、政府购买农民工就业培训服务的招投标办法、承接农民工就业培训服务的社会组织资质认定办法、培训对象的界定原则与方法以及对提供农民工就业培训服务的社会组织的监督管理办法等。

2. 建立健全运作机制

首先，建立农民工就业培训服务需求与供给机制，重点在于要以公众偏好与市场需要作为政府购买流程的起点。通过购买前的大规模需求与供给调查，收集并分析相关数据和信息，在此基础上制

---

① 根据民政部网站数据，截至 2012 年 12 月底，我国大陆地区依法登记的社会组织为 49.2 万个，《2010 年第六次全国人口普查主要数据公报》显示我国大陆地区人口总数为 1339724852 人，由此计算每万人拥有的社会组织个数。截至 2014 年 6 月底，全国社会组织数量达 56.1 万个；《社会组织蓝皮书：中国社会组织评估发展报告（2015）》指出，2014 年获得 3A 等级以上的社会组织有 99 家，占 85%，达到 2007 年以来最高值。

定有针对性的培训方案，保证既能满足农民工和市场需要，又能平衡供给与需求之间的结构性失衡。其次，完善购买农民工就业培训服务的招投标机制，增强购买过程的公开性和竞争性。限制政府部门的权力，将评标交给独立的第三方；利用互联网等高新技术手段，及时公示招投标结果，规定期限无异议方可生效，使招标过程公开透明；实行匿名专家网络评审，审计、监察、纪检部门和公众对招投标的过程进行监督。再次，建立政府购买农民工就业培训服务的风险防范和行政问责机制。一般来说，相关社会组织是有一定风险防范能力的，而政府购买农民工就业培训服务并不意味着政府责任的卸下，如无正当理由出现购买失败，应当依法追究政府部门和主要人员的行政责任。最后，建立应急预案及规避机制，在社会组织不履行或无法履行协议时，要有相应的应急补救方案，避免更大的损失。

3. 推进社会组织的发展

社会组织的发展和社会资本的培育是政府与农民工就业培训服务购买关系成立的基础。促进社会组织的发展，首先，要降低设立门槛，以开放的姿态和开明的政策对待社会组织，形成良性的公开竞争机制。其次，要规范社会组织行为，如对资金使用、绩效评估、透明度等予以规范，定期考核其承接的农民工就业培训项目。再次，扩展社会组织资金来源渠道，支持社会组织的可持续发展。当前的中国，政府购买公共服务还比较看重当下任务的完成情况，但是有必要发展稳健合作关系、确立长远目标以及支持社会组织自身能力建设。[①] 最后，增强社会组织供给服务监管，降低合作风险。政府购买过程中的合同外包弱化了政府对社会组织及其雇员日常行为的直接控制，社会组织自身的逐利心态容易使其变成脱缰的野马，若任其发展，后果将不堪设想。因此，不仅要强化服务标准与

① 赵玉宏、郭万超：《我国政府购买公共服务模式分析》，《城市管理与科技》2013年第1期。

标书的审查，开展绩效评估并全程监控，还要建立合理补偿机制，加强社会组织的诚信建设和能力建设。①

第二节　农民工就业培训的投入保障机制

一　农民工就业培训的投入机制

公共产品理论主张政府理应成为农民工就业培训这类准公共产品的主要投资主体。近年来，中央和地方财政对农民工职业技能培训的资金投入都在逐年上升，先后通过"阳光工程""农村劳动力技能就业计划""雨露计划""星火计划"及其他项目大规模开展农民工培训，获得了不少成效，但总的来讲，现在政府对农民工就业培训的投入总量还远远不能满足农民工的就业培训的现实需求。

（一）培训投入现状

根据《2003—2010 年全国农民工培训规划》的规定，农民工培训经费实行政府、用人单位和农民工共同分担的投入机制，中央和地方各级财政在财政支出中安排专项经费扶持农民工培训工作。实际上，政府对农民工培训的投入比例远没有达到 50%。相关研究报告显示，中央财政补贴农民工就业培训的经费仅有"阳光工程"的2.5 亿元，地方配套的资金也仅为 6 亿多元，这对于解决 2 亿多农民工的就业技能培训来说只是杯水车薪。②

1. 中央政府拨款有限，培训课程难以推进

以"农村劳动力培训阳光工程"为例，2009—2013 年中央财政累计对农村劳动力培训投入 55 亿元，各省完成培训 1546 万人，这意味着中央财政给予这部分农民的培训补贴每人约为 355.76 元。尽

---

① 王浦劬、莱斯特·M. 萨拉蒙：《政府向社会组织购买公共服务研究：中国与全球经验分析》，北京大学出版社 2010 年版，第 40 页。

② 黄锟、楚瑞：《农民工职业技能培训的现状、特征与对策》，《辽宁农业职业技术学院学报》2008 年第 4 期。

管相较于2004—2008年农民工职业技能培训人均补贴205.70元的标准已经有了提升，但是投入力度仍然不够。① 在经济落后的偏远贫困地区，限于当地政府的财政窘迫，农民工就业培训的经费主要依赖于中央拨付，地方政府无力额外支付培训费用，而仅靠这极其有限的中央财政补贴，培训只能简单粗放地开展。部分培训机构因资金匮乏，便压缩培训课程、缩短培训时间，培训师资也严重不足，加之训练场地、培训设备、操作器材难以满足培训需要，农民工就业培训质量让人堪忧。

2. 地方政府配套不足，培训范围不断缩小

尽管中央政府对农民工就业培训给予了一定额度的补贴，但是要真正有效开展农民工就业培训工作，仍然需要地方政府投入一定比例的资金。然而，由于农民工就业培训的公益性，地方政府不可能获益很大，只有农民工和企业获益较大，这样的情况下地方政府作为趋利避害的理性经济人，自然热衷于收益显著的政绩项目，对于投资农民工就业培训缺乏热情和动力。而且，地方政府之间也存在经济实力不均衡的情况，导致培训机构不能得到地方政府充足的经费支持，部分培训机构最终会因资金紧张而采取缩小培训范围的措施，还有的为了降低培训成本只对年轻且文化程度相对较高的农民工进行技能性培训，且这种培训多为短期的，而对那些年纪稍大、文化程度相对较低的农民工只是进行少许引导性培训，这种"选择性培训"导致难就业的更难就业，需要帮扶的恰好是更需要深度培训的，而他们却被选择放弃。

投入的严重不足，已经影响到农民工就业培训工作的正常进行。鉴于大多数农民工背井离乡进城务工本身也是迫于生计，农民工收入整体水平普遍偏低，就业培训费用全部由农民工个人负担并不可行，也不公平。为此，必须建立持续稳定的农民工培训经费多元化

① 中国农村劳动力培训网：《农村劳动力培训阳光工程项目介绍》，2013年12月12日，http：//www.nmpx.gov.cn/gcjs/201312/t20131212_126334.html，2015年8月16日。

投入机制。

（二）存在的问题

1. 政府培训资金投入不足

当前，农民工就业培训资金投入总量依旧不尽如人意，政府对培训资金的投入未达到应有的水平。《国家中长期教育改革和发展规划纲要（2010—2020 年）》指出，实现教育公平的主要责任在政府。农民工接受就业培训是农民工教育权的体现，因此在农民工培训中实现教育公平的主要责任也在政府。从现实来看，农民工就业培训多为个人投资行为，培训费用大部分仍需农民工自掏腰包，相关政府机构和用人单位对此投入严重不足。2004—2008 年，中央财政对"农村劳动力转移培训阳光工程"累计投入资金 32.5 亿元，培训农村劳动力 1580 万人，人均补贴 205.70 元，只能起到示范作用。① 虽然许多地方政府也拨款支持培训工作，但在广大农村地区特别是贫困地区，资金短缺仍是制约农民工就业培训快速发展的重要原因。②

2. 培训资金筹措渠道单一

农民工职业培训的受益方有三个：农民工、用人单位和政府。广义地讲，这三大主体应该在农民工就业培训中实行成本分摊。首先，农民工是最主要的受益方，农民工应该充分认识到人力资本投资与个人收入的正相关性；其次，用人单位是直接受益方，农民工职业技能提高后既节约企业用工成本，又可提高产出效率，直接提升农民工为企业服务的质量；最后，政府是间接受益方，因为拥有更多更高职业技能和素质的农民工，更能促进农民工为国家宏观经济社会的高速发展做出更大的贡献。③ 对农民工的职业教育和职业

---

① 2004 年，六部门共同启动了"农村劳动力转移培训阳光工程"，重点补贴拟向非农产业和城镇转移的农民的职业技能培训；而 2009 年以后，为适应现代农业发展和新农村建设需求，阳光工程转向务农农民培训，项目名称改为"农村劳动力培训阳光工程"。由于本书重点讨论农民工职业技能培训，因此此处所使用的为 2004—2008 年统计数据。

② 张三保、吴绍棠：《农民工培训体系建设与政府角色定位》，《当代经济》2006 年第 6 期。

③ 潘寄青、沈涛：《农民工培训需求与资金支持机制建设》，《求索》2009 年第 5 期。

培训应该由政府主办、企业辅办、农民工主动参与来共同完成。在经费方面，主要由国家和企业负担，参加培训的个人也适当承担部分培训费用。从实际情况看，农业部、劳动部、教育部、财政部、建设部于2004年启动的"农村劳动力转移培训阳光工程"显示，政府是农民工就业培训经费的主要来源，地方政府财政的配套支持也是一部分经费来源，有些受训者也缴纳了部分学费，民办培训机构和企业自主培训费用的投入较少。

（三）对策建议

1. 加大政府财政投入力度

农民工就业培训是一项惠及农民工、企业、地区乃至全社会的事业，而且同农民的生存和发展需要有关。根据WTO的相关规则，对于农民就业培训的补贴符合"绿箱"政策①的规定，补贴数额不受限制，国际上已有多种实践。中央、省级和地方各级政府应加大对农民工就业培训这个板块的专项经费投入力度，在财政支持资金总量增长的前提下，加强对财政拨款的使用监管，督促检查农民工培训计划的落实情况。

中央和省级财政要安排专项经费支持各相关部门开展农民工就业培训计划，确保经费拨付及时、到位足额。各级地方政府财政部门要设立农民工教育与就业培训专项经费，专款专用，提高使用效益；也要为项目调研、信息收集、项目论证、课程开发和聘用教师提供经费保障；通过政府购买等方式，向具体承担教育培训项目的机构提供必要经费；向在推进项目的实施中做出突出贡献的机构和个人提供特别奖励；落实农村特别是偏远贫困地区县乡职业技术学校和培训机构的相关经费和人员安排，使其在农民工就业培训中发挥基础作用。

总之，根据健全公共财政体制的方向，中央和各级财政需要进

---

① "绿箱"政策指政府执行某项农业计划时，其费用由纳税人负担而不是从消费者中转移而来，且对生产者没有影响的农业支持措施，对于该类措施的补贴被认为是绿色补贴，可免除或削减义务。

一步加大投入力度，并将农民工就业培训经费纳入财政预算范围以确保其长期稳定增长。

2. 建立培训资金多元筹措制度

无论按照公共产品理论的准公共产品供给方式，还是根据《2003—2010 年全国农民工培训规划》的政策安排，农民工就业培训的成本均应由农民工、用人单位和政府三方协调分担，发挥三大利益主体的协同效应。

中央政府在制定农民工就业培训的相关法律政策时，应该注意一些具体规定，形成有约束力和指导意义的农民工培训规范；地方政府更应该落实农民工就业培训工作，真正形成"中央引导、地方主导、企业支持、农民工参与"的局面。农民工就业培训经费应从多渠道筹集，不同性质的农民工就业培训的经费来源应有所差别。中央和地方政府都要在财政收入的二次分配中，加大对农民工就业培训的财政倾斜，划拨专项资金并完善相关激励机制。为返乡创业农民工提供贴息小额贷款、减免税费，统筹安排创业所需的生产经营场地，搞好配套设施建设。对参加培训的农民工给予适当职业培训补贴，对于使用农民工达到一定比例的企业实行免征一定期限的企业所得税、营业税、城市维护建设税和教育附加费等。企业每年按比例缴存一定的农民工就业培训费用，制定年度招工培训计划，按照费用使用和农民工培训情况，政府予以一定补贴。农民工根据个人职业发展需要，可选择基本职业技能培训常规项目以外的个人付费项目。

此外，政府需要借助市场机制，尽快建立专项的职业培训投资基金，整合社会资源，将社会力量开展的培训工作纳入到促进农村劳动力转移的目标上来。[①]

---

① 潘寄青、沈涛：《农民工培训需求与资金支持机制建设》，《求索》2009 年第 5 期。

二 农民工就业培训的保障机制

（一）保障机制现状

随着改革开放的日益深化和社会主义市场经济的建立，当前我国社会经济结构正发生着深刻变化，相关利益主体和社会需求也日益多元化起来，唱独角戏似的一元化政府主导农民工就业培训模式已经难以适应经济社会发展的需要，多元主体参与的农民工就业培训机制成为必然选择。

然而，我们应该看到这种机制本身也存在着许多不可忽视的障碍。法制上，有关农民工就业培训的法律还处于空缺状态，无法保障培训运行有法可依；资金上，农民工就业培训资金投入严重不足，尚需加大政府投入力度，开辟多元筹资渠道，如此才能确保农民工就业培训的资金充足；人才储备上，各主体依然急需高技能、高素质和专业化的人才，共同开发农民工就业培训的课程，提高培训内容的实用性和针对性；组织上，由于各主体自身的缺陷以及合作机制的不完善，在农民工就业培训中还经常存在缺乏协调的乱象。例如，由于缺乏法制规范对农民工就业培训的过程监管，2011年，湖北省武汉市少数公务人员利用职权之便，收取不合资质的培训机构的贿赂，不认真履行审批检查职责，最终导致空壳学校打着培训的幌子骗取农民工培训补贴的乱象频发。[①]

（二）存在的问题

1. 就业法律法规缺失

近年来，中央制定了一系列涉及农民工就业服务方面的政策法规，彰显了中央政府对于农民工就业服务的重视。但是也应该看到，目前关于就业方面的法律文本中，仅有《就业促进法》，却并非专门针对农民工就业，也没有保护农民工权益（包括就业权益）方面的法律条款。从中央到地方涉及农民工就业服务的制度规定基

---

① 凤凰网：《追回农民工就业培训补贴2000万》，2011年6月15日，http：//news. ifeng. com/gundong/detail_ 2011_ 06/15/7015279_ 0. shtml，2016年3月28日。

本上都是以政策形式颁布，关于为农民工提供就业培训服务的规定
较为笼统和模糊，缺乏可操作性。

2. 专业化教师队伍缺乏

农民工就业培训课程设置的不科学和教学方法的单一，归根结
底都是因为缺乏专业化的教师队伍。为满足社会对各岗位、各工种
的需求，培训项目内容要有所不同，因此，教师队伍的组建和选拔
就尤为重要。培训机构、社会组织、政府部门和企业急需有资质、
高素质和培训经验丰富的专业培训人才，根据各组织自身结构特点
和工种、岗位需求，合理规划教学内容和设置课程，为农民工就业
培训提供智力支持和技术支持。现实中，招不到、留不住人才是主
要问题，人才到岗之后也缺乏鼓励师资队伍继续提升自身素质和专
业技能的激励机制。

3. 培训主体能动性不一

农民工就业培训各参与主体自身难免存在缺陷。一是培训机构
为了节省资金，组织结构设立得过于简单，难以应对农民工就业培
训中的危机事件；二是科层制的架构庞大，运行费用高昂，并且政
府部门组织的农民工就业培训以过程为导向，不太关注结果，容易
导致农民工培训走过场；三是企业追求产出效益最大化，不太愿意
加大在人工成本上的投入去培训整体素质不高的农民工；四是社会组
织结构松散，结果导向的培训理念被误解为重考核结果轻过程管理。

（三）对策建议

1. 健全农民工培训的法制保障

西方国家非常重视法律法规的健全，公共就业服务方面的立法
与监管工作也不例外。他们通过制定各种法律政策，强化立法约束
和政策引导，明确政府、公共就业服务机构、供求双方各主体在公
共就业服务中的权利和义务，通过设立公共就业服务市场的准入门
槛，从宏观上监督公共就业服务机构的设立与运营。综观我国在公共
就业服务方面的立法情况，不难发现尚存在较大差距。为此，我国亟
须重视和加强公共就业服务方面的立法，为政府部门、城市社区、非

营利组织和就业服务机构的农民工就业培训服务提供法律支持。

2. 提升农民工培训的师资保障

师资力量是影响农民工就业培训质量高低的关键因素。只有加强农民工培训教师队伍的建设，不断提升教师自身的技能和专业水平，培训的质量才可能进一步提升。加强师资队伍建设，首先，要多渠道吸纳人才。农民工就业培训涉及多元主体，各种资金来源渠道不同，运作特点各异，所以聘任教师的渠道、方式也应该有所不同。可以从企业、业务部门、高校、社会组织和政府部门等渠道招揽人才，也可以通过签订长期合同和兼职合同等灵活多样的方式丰富师资构成。其次，完善师资队伍管理。人力资本需要不断更新和提升，要加强授课教师的培训和定期的内外经验交流分享。对于教师的聘任时间可长可短，在聘用合同到期后对外聘教师进行考核，以决定是否续签，在竞争中优胜劣汰，不断根据培训项目的需要随时调整外聘教师队伍。

3. 强化农民工培训的组织保障

健全的组织架构是保障农民工就业培训资源物尽其用的重要基础。构建多元主体参与的农民工就业培训机制，要加强各主体自身的组织建设，明确各主体的职能范围，使其各司其职、各展所长。中央政府应设立专门的农民工就业培训委员会，指导全国农民工就业培训工作。中央财政拨款直接拨付到该委员会的专门账户，无须经过各部委，保证资金及时、足额到位，各级地方政府也相应成立专门机构，负责制定培训政策和培训计划。具体负责培训任务的机构要加强对培训学员的日常管理，因地制宜地设计培训方案，以满足不同培训项目、不同学员的需求。

第三节　农民工就业培训的协调合作机制

著名政治学家汉斯·科曼认为："许多集体行为的问题只通过

个人行为无法解决，但是由遥远的国家调节或间接的正式民主程序也不容易解决。相反，社群的自我调节，结合民主国家及其机构的威权，倒可以使问题得到解决。"① 这段话启示我们在农民工就业培训问题上，为了避免"政府失灵"和"市场失灵"，可以建构多元主体协调合作机制，最大范围地调动社会资源，发挥各主体协同作用。农民工就业培训大多是一种跨地区、跨部门、跨行业的准公共物品和公共事务，为了解决跨地区性公共物品供给不足、跨部门的公共事务治理缺位或者冲突以及跨行业公共事务治理失灵等问题，需要建立农民工就业培训的制度化协调模式。只有通过各主体的相互协调和配合，才能发挥各方力量，共同促进农民工职业技能的提升。概言之，农民工就业培训的协调合作机制包括五种，即相关政府部门间的协调合作、输出地政府与输入地政府间的协调合作、政府部门与社会组织间的协调合作、公共部门与私人部门间的协调合作以及培训机构与用人单位间的协调合作。

一　相关政府部门间的协调合作

整体政府是 20 世纪 90 年代末西方国家公共管理改革的新趋势。它主要强调政府为了实现共同目标而需要实行跨部门的协作。整体政府的主要特征是：政策整合、结构整合、文化整合、信息整合。整体政府模式对加强我国政府部门间农民工培训工作的协调具有重要的启示意义：在决策与执行分开的基础上，加强政策协调；完善等级式和协商式的协调机制；塑造协同性、整体性的行政文化；建设电子化政府，实现信息共享。

（一）协调合作现状

早在 2010 年，国务院就下发过《国务院办公厅关于进一步做好农民工培训工作的指导意见》，要求各省、自治区、直辖市的人民政府，国务院各部委、各直属机构要进一步做好农民工就业培训

---

①　转引自李惠斌、杨雪冬《社会资本与社会发展》，社会科学文献出版社 2000 年版，第 5—6 页。

工作，强调农民工就业培训工作要整合现有资源、统筹兼顾、分工合作。此后，各部门分别或联合出台了"千万农民工援助行动""阳光工程""特别培训计划"等项目。可以看出各部门对农民工培训工作很重视，但这种模式也使培训资源相对分散，造成从中央到地方，多头投入、管理，不利于开展农民工就业培训工作。指导意见还指出，国务院农民工工作联席会议主要负责全国农民工就业培训的综合协调、统筹规划和考核评估，联席会议成员单位则依照相关政策的规定与各自职责，进行统一的规划，指导各地具体组织实施农民工就业培训工作。要求各地完善农民工工作协调机制，充分发挥发展改革、教育、扶贫、科技、财政、人力资源和社会保障、住房和城乡建设、农业等有关部门与妇联、工会、共青团等组织的协同作用。人力资源和社会保障部门则主要负责向城市非农产业转移的农村劳动者技能培训的政策制定与组织实施；教育部门主要负责农村初、高中毕业生通过接受中等职业教育实现带技能转移的政策制定和组织实施；农业部门主要负责就地就近就业培训的政策制定和组织实施。成立农民工就业培训的"三部门"监管小组，由人社、财政、监察等部门组成，加强对农民工就业培训的监管。监管小组应定期对培训质量做出相应评估，将评估工作由过去的培训后的检查改为培训前的监督。

（二）存在的问题

现实中，存在着人力资源和社会保障部门、农业部门、扶贫部门、科技部门、教育部门等同时进行农民工就业培训工作，但彼此又互相独立，造成效率低下，资源浪费。统计显示，中央政府层面每年用于农民工培训的资金达到 100 亿元，从中央财政划出后，按比例分拨给上述部门，再由它们分拨给各省的专属部门，100 亿元的大蛋糕就这样被切成很多个小块，资金优势不复存在。

各个部门培训的具体操作方式不同，例如在培训对象、培训方式（下乡培训或在职业学校实行封闭式培训）、补贴标准上都千差万别。这样的差别使得农民工培训到了基层操作起来显得比较混乱。普遍存在的是管理乱和标准乱。比如有的部门培训有生活补助，有的又没有；有的补贴标准高，有的过低；有的培训时间长，有的培训时间短，而且培训教材也各不相同。

例如，四川省从 2004 年陆续开展了"阳光工程"培训、劳务品牌项目培训、劳务扶贫项目培训和农村劳动力转移就业培训 4 个农民工培训项目。四川省劳动和社会保障厅、扶贫办、农业厅、省劳务开发暨农民工工作领导小组办公室等部门各自负责相关项目。这样的分工，难以形成合力，达成统一意见和标准。由于缺乏整合，各部门往往各自为政、交叉培训、多头培训。有农民工就反映道，参加了两三次培训，每次内容都差不多，对培训的补贴标准各个部门也是说法各异，农民工对此感到一头雾水。

概言之，"九龙治水"式的多头管理，一方面使培训资源过于分散，不易形成合力，浪费资源；另一方面让农民工眼花缭乱，难以选择适合的培训机构。

（三）对策建议

中共十八大提出按照"大部制"改革的部署和要求，推进政府职能转变，建设服务型政府，提高办事效率、提升执政水平。因此，健全部门间协调配合机制，防止出现"九龙治水"的局面刻不容缓。在农民工培训工作中，如何整合现有资源，加强各级政府部门间的协调，减少冲突，对于农民工培训工作至关重要。

具体而言，在目前环境下，对各部门整合资源是未来发展的方向，一方面，可以考虑先从县级开始进行整合。从县级开始整合是因为县级政府机构设置相对简单，比较方便整合工作的进行，同时县级政府和群众联系更为密切，整合的需求更迫切。另一方面，在省级和地市级政府暂时不能整合的情况下，可以考虑先建立农民工培训工作联席会议制度，暂时协调各部门的培训工作，待时机成熟，再进行整合。

二 输出地政府与输入地政府间的协调合作

（一）协调合作现状

2008 年广东省推行的"产业转移和劳动力转移"的双转移战略（也称"腾笼换鸟"）遭遇了全球金融危机的冲击，导致"企业倒闭潮"和"民工返乡潮"现象同时出现，引起了农民工、劳动力输出地政府（如河南省、四川省等）以及用工企业的强烈不满。

双转移战略中，大量农民工失去工作。一方面，一些农民工失去工作后，并没有选择继续留守当地，而是返回输出地。中国独具特色的城乡二元结构在这次金融危机中起到了就业"缓冲带"的作用，农民工返乡在一定程度上减轻了劳动力输入地的就业压力。但从现实来看，农村并不具备足够的就业机会完全吸纳返乡农民工就业（无论是农业还是非农业），加之新一代农民工早已习惯城市的生活，普遍缺乏务农技能。故此，返乡就业只是失业农民工的暂时希望和选择，最终他们还是会重返城镇就业。如果无法持续提供新的就业机遇，城镇最终依然得面对严峻的就业形势，社会治安问题也将凸显，这对输入地政府是极大的压力。① 另一方面，熟练工或中高级技术工人严重不足，呈现结构性短缺。特别是 2003 年以来，珠三角地区一些劳动密集型企业与制造企业招工频频受挫，屡现"民工荒"，从根本上说应归咎于局部地区劳动力供求结构失衡。供求结构的失衡有两个因素：其一，企业在宏观经济态势良好的背景下，应该加大投资力度，确保劳动力的需求处于扩张阶段；其二，劳动力的素质和技能结构无法满足产业结构升级的需要。因此农民工输出地政府和输入地政府相互协作参与失业农民工的就业培训，可以更好更快地让失业农民工重新就业。

---

① 张车伟、王智勇：《全球金融危机对农民工就业的冲击——影响分析及对策思考》，《中国人口科学》2009 年第 2 期。

（二）存在的问题

中共中央、国务院在《关于2009年促进农业稳定发展和农民持续增收的若干意见》中，明确规定输入地政府、输出地政府及企业必须相互配合，积极开展具有针对性和实用性的农民工就业培训，尽量解决农民工社会保障关系跨地区转移的接续问题。[①]

然而，长期以来，农民工输入地与输出地政府不能形成合力。一方面，农民工就业培训极强的公益性和外部性无法满足地方政府的逐利动机。我国地区经济发展不均衡，相对欠发达的中西部地区往往是农民工重要的输出地，输出地政府不愿在紧缺的财政下，用原本有限的资金承担农民工就业培训的任务。输入地政府则认为农民工的流动性很强，投入资金的周期长却回报率低，额外增加自己的财政负担，因此对农民工培训的热情也不高。另一方面，由于农民工就业培训信息的共享程度不高，容易造成重复培训或者培训后期追踪服务不到位，有些农民工受训后未能留守输入地工作，转移到其他地方就业等，这些都在很大程度上影响了两地政府的积极性。

一般来说，同一个省内的输出地与输入地政府间的协调合作相对比较容易，江苏省四地建立农民工法制宣传教育合作机制就是成功范例。2007年6月22日，由江苏省司法厅、江苏省劳动和社会保障厅联合主办的徐州与无锡、宿迁与苏州农民工法制宣传教育工作合作协议在徐州举行签字仪式。四市司法局、劳动和社会保障局的主要负责人在合作协议上签字并交换了协议文本。协议各方充分认识到输出地与输入地相互协作的重大意义，不断探索，完善机制，相互沟通，通力合作，确保农民工法制宣传教育工作的良性互动。江苏省四市的劳动力输出地、输入地农民工法制宣传教育工作合作协议的签订，形成了双方司法局、劳动和社会保障局共同做好

---

① 中共中央国务院：《关于2009年促进农业稳定发展和农民持续增收的若干意见》，2008年12月31日。

农民工学法工作的合作机制。①

（三）对策建议

农民工的就业必然关系到输出地政府和输入地政府，如何协调农民工输入地与输出地的关系，关键在于加强两地政府的沟通合作，整合培训资源。同时，建立跨地区就业服务体系，推动跨区域联合培训项目，实现输出地和输入地政府间的协调合作。

第一，从制度设计上，让输出地政府和输入地政府有动力和激情开展培训合作。中央政府将培训农民工的政府间合作纳入政绩考核体系，对于工作积极且有成效的地方政府给予财政补贴和其他优惠政策。

第二，劳动力输出地政府要重视农民工输出前的就业培训工作，利用派出机构收集信息，对需要外出务工的农民进行有针对性的培训，使输出人员掌握一定的劳动实用技能，拥有城市居民基本素质。

第三，农民工输入地政府要加强对农民工管理、后续培训和服务的责任意识，将这类工作纳入年度财政预算和政府年度工作计划。

第四，在全国范围内建立劳动信息网络。在农民工主要输入地建立起相应的农民工岗位需求数据库，在输出地建立起农民工劳动力供给数据库，不断加强两地政府相关机构间的协作，通过技术支

---

① 协议的核心内容包括教育对接制度、分工负责制度，以及联席会议制度、互访交流制度、信息通报制度等。根据协议，在组织集中劳务输出时，须开展农民工行前劳动保障法律法规政策的宣传，保证他们接受不少于2课时的法制教育；并填写发放学法登记证，及时向输入地有关部门移交农民工学法档案，协助输入地吸收农民工中的党团员、工会积极分子、人民调解员加入法制宣传员队伍。劳务输入地应当提供师资、学习资料和声像材料，协助输出地对农民工进行地方法规政策方面的宣传；在输入地农民工集中就业的企业、集中居住的社区设立法制宣传教育、法律援助、人民调解功能三位一体的"农民工法制学校"，保证农民工每年接受不少于4次及6学时的法制教育。东方法治网：《江苏省四地建立农民工法制宣传教育合作机制》，2007年6月29日，http：//law. east-day. com/renda/node352/node3112/node3127/node9028/u1a1389590. html，2016年3月29日。

持，及时收集并更新数据库，定期维护信息库的建设。

　　另外，输入地政府要开展与农民工输出量较大的政府间的委托培训合作，并就相应的开支进行合理分摊，这样也免除了因为双方的利益权衡而导致"囚徒困境"，使输出地政府、输入地政府、农民工以及企业四方利益受损。

　　第五，区域内地方政府间关于农民工培训工作的协调与合作是完善政府服务体系的必然要求，是维护法制统一的必然要求，是区域经济协调发展的必然要求。所以必须加强制度建设，完善农民工培训的相关法律，建立有利于区域一体化的协调机制。

　　建立跨地区就业服务体系，推动跨区域联合培训项目。如上所述，一方面，在制度设计上，将输出地政府和输入地政府纳入协作范围，建立跨地区就业服务体系。另一方面，尝试采取项目化、订单式的培训—就业模式，即农民工输入地与主要的输出地之间建立起一种人力资源合作机制。具体而言，可根据需要采取"2 + 1"或是"1.5 + 1.5"模式，所谓"2 + 1"和"1.5 + 1.5"模式是指3年培训期中，在输出地2年、输入地1年或输出地1.5年、输入地1.5年，进行培训。同时，建立起劳务对接和劳务服务长效机制，因为在这种跨区域的联合培训中，在输出地培训成本较低，其后到用工地通过较短时间的培训熟悉环境和操作流程，以较好地满足农民工的实际就业培训需求。

三　政府部门与社会组织间的协调合作

（一）协调合作现状

　　目前，农民工就业培训的中坚力量包括营利性组织（主要是营利性的民办培训机构）和政府。但由于产业结构和制度设计等因素的存在，导致农民工很难从这些供给方获取质高价廉又符合需要的职业培训服务，即农民工就业培训存在着有效供给不足的现象。当以上力量做不了，也做不好农民工就业培训时，作为新兴力量的社会组织便可以有所作为。然而，我们应该看到，社会组织作为近年来才被逐渐认可的力量，对于农民工就业培训的参与尚属起步阶段，其未来走向尚不明朗，但前景值得期待。①

(二) 存在的问题

1. 法律环境障碍

2016 年政府工作报告提出要加强和创新社会治理，大力支持共青团、工会、妇联等群团组织参与社会治理，与此同时，加快行业协会商会和行政机关脱钩改革，依法规范发展社会组织。但是，实践中却缺乏对社会组织运行的监督。登记管理机关对于社会组织的年度检查流于形式，缺少定期或不定期的监督检查。虽然社会团体的财务和资产管理须接受财政部门和审计机关的监督，从实际运行来看却是不容乐观的，因为它们之间始终缺乏有效的协调配合机制，这就导致了各监督主体之间容易扯皮、推诿，难以形成监督合力，甚至出现监督缺位的状况。② 中国三十多年的经济与社会发展，形成了新的、系统性的利益格局，也存在影响科学发展的体制机制性障碍。各个方面的改革已经进入了深水区或者攻坚期，必然要触动固有的利益格局，但现在触动利益比触及灵魂还难。对于政府而言，行政审批制度改革无疑是一次政府的自身革命。目前一部分地方政府在对待社会组织的态度方面依然停留在行政管控阶段，热衷于过多的审批职能，坚持不肯放权。

2. 资金短缺

一方面，草根组织所特有的资源匮乏和公信力不足，造成在现有社会制度环境下，实施农民工就业培训的社会组织筹资能力有限，很难高质量完成任务。另一方面，政府作为支持非营利组织发展的必不可少的力量③，囿于自身财政汲取能力，对该类社会组织扶持力度也不够。此外，政府对于社会组织接受其他资金注入，尤

---

① 李湘萍：《关于农民工培训提供机制的案例研究》，《职业技术教育》（教科版）2005 年第 10 期。

② 张杰：《我国社会组织发展制度环境析论》，《广东社会科学》2014 年第 2 期。

③ 美国霍普金斯大学对 42 个国家进行的非营利组织国际比较研究项目结果显示，非营利组织的收入来源结构中，政府的资助占了 40% 左右。

其是境外资金，管控较严。

3. 社会组织人才队伍匮乏

中国的社会组织人才极度缺乏，单靠少数精英人物带领的社会组织离向专业化方向发展的社会组织还有很长一段距离。运营资金的短缺造成社会组织难以招揽到优秀的人才，人才流失频繁更会导致社会组织难以持续稳定发展。高校虽然开设了社会工作专业，培养专门社工人才，但由于组织自身的不稳定性和较低的薪资待遇，社会组织很难留住专业人才。

（三）对策建议

1. 改善法律政策环境

20 世纪 90 年代，法律政策环境的改善促成了韩国、日本、德国等国的社会组织的高速发展，例如德国除在宪法、民法典总则中做出有关规定外，还专门制定了《社团法》《工商会法》《公共协会权利法》等规范社会组织的专门性法律。中国的社会组织要想发展壮大，首先，要颁布《社会组织法》，只有以立法形式确立社会组织独立的主体地位，才能更好地规范它们的行为，从而使社会组织运行的各个环节都得到监督与约束。在 2016 年的两会期间，有代表委员提出制定《社会组织法》的时机已经成熟。一方面，从中共十八大后就逐步取消了社会组织的双重管理体制，这样社会组织就得以快速地发展，然而相关立法却没有跟上，仍然非常滞后；另一方面，在实践中，我国的社会组织有很多的现实问题亟待法律规范去解决。中共十八大提出要"加快形成政社分开、权责明确、依法自治的现代社会组织体制"，"引导社会组织健康有序发展"；中共十八届二中全会也提出要"改革社会组织管理体制"，中共十八届三中全会提出要"激发社会组织的活力"，中共十八届四中全会更是明确而直接地提出要"加强社会组织立法，规范和引导各类社会组织健康发展"。这些为加快社会组织立法提供了权威的指引。近十年，全国 50 多万家的社会组织几乎涵盖了整个社会领域，这些社会组织有各自的政策需求，因此也构成了《社会组织法》立法的实践源泉。其次，要促成监督主体的协力，进一步整合监督资源，探索建立民政部门、审计及财会等相关部门联动合作的专业化监督机制，细化监督标准、内容及方式，改变监督流于形式的状况。最后，转变政府对社会组织的态度。政府的社会组织管理应从行政管控型转向培育发展型，尊重社会组织的独立性，赋予其更多的自主管理权。

2. 开辟多元筹资渠道

首先，加强组织建设，完善组织治理结构，通过独立的第三方评估报告，增强组织透明度和公信力。其次，社会组织应加强与新闻媒体的互动与合作，树立良好的组织形象，获取更多社会认同和资金支持。最后，政府可以通过政府采购、资金补贴等方式向社会组织购买农民工就业培训服务，从而加大对社会组织的资金扶持和能力培养。同时，对于海外基金会的捐助，我们应该认识到，只要是在法律与政策许可的范围内，政府就不应该过多干涉，允许其与企业、其他慈善机构和民间组织保持常态联系，充分利用其业务的公益性，在申请政府支持的同时争取企业、民间组织的赞助与捐赠。

3. 加强社工人才队伍建设

社会工作人才作为社会组织具体政策与计划执行者的一员，是社会组织得以持续发展的核心力量，应加大对社会组织工作人员的培养。首先，需要完善社会组织专业技术人才的使用制度和激励制度，提高专业技术人员的薪资待遇，吸纳优秀人才参与管理和培训。其次，加强专业技术人员能力提升培训，提高他们的组织认同感与责任感。最后，积极从农民工中培养工作人员和志愿者，丰富队伍组成。[①] 此外，还应尊重社工人才，给予社会组织工作人员与政府工作人员同等待遇，提高社会组织的人才吸引力。

四 公共部门与私人部门的协调合作

目前，农民工就业培训主要还是依赖政府部门和借助政府部门

---

① 丁开杰：《农民工社会服务的第三方供给研究》，《中共杭州市委党校学报》2013年第 2 期。

的私人部门，其他社会力量尚不足以撼动此二者的主导地位。基于市场经济中政府失灵和市场失灵同时存在的现象，学者们逐渐认识到在经济社会领域充分结合政府和市场优势，二者相互补充、相互促进的重要性。学者沃尔夫（Wolf Charles Jr）提出的政府市场选择论①对我们深入认识农民工就业培训服务领域中政府和市场二者的合作与边界有一定的启发意义。

（一）农民工就业培训中的市场失灵与政府失灵

由于农民工普遍缺乏高学历和基本的业务技能，必须借助就业培训来提高自身综合素质和就业能力，才能符合产业结构升级背景下用人单位对熟练工和中高级技术人员的需求。许多农民工会选择参加政府或者私人部门举办的就业培训，因为公共部门举办的就业培训项目价格低廉且有政府公信力保障，而私人部门举办的培训项目能满足农民工个性化的培训需求。

农民工就业培训存在着市场失灵现象。培训机构作为市场主体主要以营利为目的，它们遵循经济的成本效益原则，关心的是如何迅速变成本投入为丰厚的收益。农民工群体的就业服务投资周期长，因此市场供给严重不足；同时，市场主体追求利益最大化，容易导致过度追求效率，忽视农民工就业培训中的公平价值，许多经济困难、交不起培训费用的农民工无法享受就业培训，出现"贫者愈贫，富者愈富"的马太效应。面对就业培训中的市场失灵，作为公共利益和弱势群体最强有力的保护者，政府在必要时适度干预农民工就业培训市场成为必然。

但并非政府一干预就能万事大吉，因为政府本身也存在"失灵"。第一，政府缺乏市场敏锐度和专业眼光，对于农民工就业培训需求的数量和结构判断往往取决于自身财政力量，从而导致农民

---

① 沃尔夫在《市场或政府——两种不完善的选择》中指出，市场失灵需要政府出手缓解，效率低下需要市场竞争刺激。不管是市场还是政府，在发挥效用的同时，都有着自身基因所决定的缺陷，市场失灵和非市场失灵都可能发生。在当前混合经济模式下，强调市场、政府二者的对立失灵本身就是一个有待商榷的问题。

工就业培训的供给不能满足农民工需要。第二，政府干预活动经常发生成本与收入分离。公共部门的农民工就业培训机构的收入来源于政府拨款、社会捐赠和少量必要的服务收费（以政府拨款为主），公共机构的运行缺乏成本约束和效率促进机制，很容易偏离成本与收益的天然协调机制，造成供给过剩、成本上升或效率低下。第三，公共选择理论揭示，公共部门机构及其工作人员存在个人利益和部门利益。在提供农民工就业培训中，他们往往将个人利益和部门利益置于公共利益之上。比如公务人员利用职权与私营培训机构进行权力寻租，骗取、挪用农民工培训的专项经费，严重损害社会整体利益。

只有正视市场缺陷与政府干预的缺陷，在不完善的市场机制与不完善的政府管理之间寻求合理高效的组合模式，才能正确选择农民工就业培训的合理路径。

（二）公共部门与私人部门伙伴关系

公共部门与私人部门在农民工就业培训领域的合作形式可以分为三种：合作型，互补型，竞争型。

（1）合作型。

即共享政府建立的完善的就业培训信息网络。私营培训机构拥有敏锐的市场洞察力，但同时存在着资源不足，无法有效贯彻执行培训措施的情况。政府拥有庞大的群众基础、有效的动员力量和资源调动能力，这恰好成为与私营培训机构合作的基础。私营培训机构与政府之间可以互通有无，实现信息共享，协力打造农民工就业培训的信息平台，充分调动公共部门与私人部门的优势，降低信息不对称的风险，在合作中求得共赢，为农民工群体的就业培训提供高效便捷的服务。

（2）互补型。

即政府将合适的农民工培训项目外包给私人部门。政府比较缺乏公共服务专业性，而农民工培训这种专业性的公共就业服务更是公共部门的软肋。如果政府执意不肯放权于私人部门，势必造成政府机构的膨胀和农民工就业培训服务的效率与质量低下。作为理性经济人的政府，应当将自己管不了，也管不好的事情交给私营培训机构，让它们发挥专业性优势，提供有针对性的高效服务。政府主要负责制定服务和收费标准、组织招标、服务监督、项目评估和制定外包方案等；私人培训机构则具体负责农民工培训项目的实施，并且接受政府部门的监督。

（3）竞争型。

即政府与私人培训机构在农民工就业培训中展开竞争。"私营的服务提供者如果没有必要去竞争，那么也会像公共部门的垄断组织那样效率低下"①，竞争型关系完全打破了政府的垄断地位，也打破了公私部门间的界限，将政府部门与私人部门地位平等化，在农民工就业培训中双方各自为了利益而展开竞争。但是，我们也应该意识到，过度竞争，完全忽视公共部门的非营利性和公共性，同样会损害农民工的切身利益。

五　培训机构与用人单位的协调合作

（一）协调合作现状

随着政府市场化改革的推进，许多领域逐步放开私人组织的准入限制，越来越多的社会主体参与到农民工的培训中来。除了政府自身组织主导的培训，还有企业、社会培训机构、学校以及非营利组织甚至包括农民工自发成立的培训机构。正如现代经济学之父亚当·斯密（Adam Smith）所言："一种事业若对社会有益，就应当任其自由扩大其竞争。竞争愈自由、愈普遍，事业就愈有利于社会。"② 在这样日趋激烈的竞争环境下，用人单位的评价将促使培训机构愈发注重与用人单位之间的关系协调。

一般意义上的培训机构仅指社会培训机构，是以市场力量参与农

---

① 戴维·奥斯本、特勒·盖布勒：《改革政府——企业家精神如何改革着公共部门》，周敦仁译，上海译文出版社 2006 年版，第 65 页。

② 亚当·斯密：《国富论（下）》，郭大力、王亚南译，商务印书馆 1997 年版，第 322 页。

民工培训的社会组织。培训机构与用人单位之间通过农民工这个桥梁建立起间接的选择关系。用人单位选择符合企业用人需求的农民工，农民工选择培训费用、培训内容等方面适合自己的培训机构，培训的市场化让培训机构需要时时关注用人单位的用工需求，积极采取措施以应对这种日趋激烈的竞争，例如，通过进行市场需求调研、主动与用人单位沟通等来调整自己的培训方案、师资力量、课程设置等。

以往的农民工培训机构多数是官方主导的，存在着培训与就业相脱节、重数量不重质量和权力寻租等一系列问题。此外，由于劳动部门尚未对社会培训机构设立健全的监管机制，导致一些社会培训机构提供技术含量、实用性和针对性都很低的培训，甚至还有培训机构专门利用农民工教育程度低和信息不完全的劣势，借培训之名，行欺诈之实。对此，在开展农民工就业培训中，可以考虑采取"三单"式培训模式。① 用工企业根据生产需要，向培训机构开出订单，培训机构根据企业的订单，拿出具体的教学菜单，培训完成后由培训机构统一向财政申报职业培训补贴，实现了农民工就业培训运作的良性循环。

培训机构与用人单位之间合作的最理想状态是企业培训外包，或称订单式培训，保证接受培训的合格农民工在培训结束之后，都能获得合适的就业机会。企业培训外包模式是指企业寻找具有培训资质的培训机构，签订培训合同，由培训机构根据企业需求负责招生和培训，最后农民工通过企业的相关职业技能考核进入企业工作。这样既能满足企业的用工需求，还能提高培训机构的办学能力，同时，农民工的培训费用投入也有了可预期的回报。

（二）存在的问题

1. 政府监管缺位

就业培训市场乱象丛生，信息不对称和道德逆向选择风险的存在，让企业顾虑重重。企业外包过程中遇到的困难不仅在于需要管

---

① "三单"式培训模式，即用工企业出订单、培训机构出菜单、政府来买单。

理培训外包合同，同时还要兼顾审核培训机构的资质，这与企业外包培训的初衷是背道而驰的。如若在该阶段加大成本投入，不利于企业降低人力成本，因此培训外包对企业就没有吸引力。

2. 培训内容与实际脱节

培训外包中，用人单位存在一个误区，认为只要签订了培训外包合同，企业就可以完全不参与培训的任何环节。培训机构缺乏用人单位和相关人力资源管理部门的协助和指导，制定出的培训方案可能无法满足企业的用工要求，接受过培训的农民工可能无法通过企业的职业技能考核。这样既浪费了培训费用、时间、精力，农民工也无法获得就业机会；培训机构也浪费了培训资源，进行了无效培训；企业不仅延误了人才上岗的时间，还可能无法获得所需人才。三方利益均受到了损害。

3. 师资水平有限

部分培训机构缺乏技能型的教师，培训重理论、轻应用；即使有企业派遣的技术人员和人力专员的参与，因缺乏与培训机构教师的沟通协调，各自为政，教学内容无法相互衔接。有些培训机构为了纯粹的经济收益，聘用无资质的教师，鱼目混珠，达不到提高培训应用性水平的实际效果，可能还会对农民工的培训造成技术上的误导。

（三）对策建议

在农民工的就业培训中，培训机构要与企业建立长期的可持续发展的合作关系，关键在于加强培训监督、科学制定培训方案和提高师资水平。

1. 加强培训监管，保障培训质量

政府作为公共服务的提供者，对于农民工就业培训这项关乎农民工切身利益的准公共产品，应当承担起相应监管责任，为这种外包培训提供适宜的生存空间。首先，政府劳动部门应对培训机构的注册和审查严格把关，定期或不定期地考察和评估培训机构的培训质量，并对考核不合格的培训机构予以停办整顿、取消办学资格等惩罚。其次，政府还应建立自下而上的监督反馈机制，邀请参加培训的农民工参与监督，设立匿名举报信箱、定期进行不记名调查及反馈等。最后，在培训机构的收费上，适时制定和调整收费标准，采取政府、农民工和企业三者合理分摊的模式，降低农民工培训的成本，用直接补贴或者间接补贴的方式鼓励企业组织培训。

2. 结合用工需求，科学制定培训方案

企业方密切结合自身产业发展需求，考虑企业短期、中期和长期的发展规划，制定用人计划，与具备资质的培训机构合作，签订农民工培训外包合同。企业与培训机构形成合同关系后，应当派出人力资源管理的专业人员参与和指导农民工的选拔和培训，共同制定培训方案，并就培训需求做好详细说明，以便培训机构能够遵照执行。同时，企业方与培训机构应当各自选派监督评估人员，成立一个培训绩效评估小组，对培训的结果进行考核和评价。

3. 谋求合作共赢，提高师资水平

根据外包培训合同，企业方应当选派相应技术人员和人力资源管理专业人员参与培训机构的培训，以提高培训师资水平，保障培训质量。培训机构自身应当增加"双能型"（教学能力和技术能力）教师比例，平时不断强化教师的专业技能培训，做到以竞争促师资发展。对于技能考评不合格的教师，应及时予以撤换。同时，应定期组织培训机构教师和企业派驻人员之间的沟通学习，根据企业的现实技术需求不断调整授课内容和课程设置。[①]

第四节　农民工就业培训的监督评估机制

监督评估机制是规范农民工就业培训工作，依照中央政策合理使用专项资金，实现纳税人知情权和监督权的重要保障。一味强调

---

① 牟芷：《农民工培训机构现状调查与对策分析》，《科教论坛》2013 年第 3 期。

加强农民工就业培训投入，却没有在培训过程中实施相应的监督和评估，农民工就业培训工作的产出效益也就难以提高。

一　监管评估机制现状

近年来，农民工就业培训工作得到广泛开展。随着培训资源投入越来越多，政府开始加强对培训的评估工作，但我国很多地方农民工就业培训服务的评价和监督机制尚不完善，甚至还处于缺失状态。

（一）监督权力分散

在现有体制下，监管的权力较为分散，"九龙治水"收效甚微；很多公共部门和一些私营部门、社会组织存在着千丝万缕的利益关系，监管很难有效地被贯彻执行。评价、监督等机制尚不完善，在这一情况下，容易产生寻租、腐败等不良现象，从而严重影响培训主体的公信力。

（二）评估标准不客观

如何跟踪评估和监管农民工就业支出的使用效果，是各界非常关心的问题。对农民工就业支出进行绩效评估，是科学分配就业支出、优化就业政策和提高就业服务的重要手段。当前我国还没有全面而系统科学的农民工就业支出绩效评估指标体系，而现存的零星单项性、局部性的评价指标根本难以对农民工就业政策绩效进行系统比较，相应的政策反馈优化也因缺乏客观依据而进展缓慢。不仅经费支出缺乏客观评估标准，培训过程、外包程序、培训效果以及评估方法的监督评估也缺乏相应标准。

（三）专业人才缺失

目前，我国不仅缺乏专门的农民工就业培训质量的监督及评估机构，而且当就业培训服务提供过程中遇到某些技术问题时，特别是当需要一些审计学、统计学和法学等专业人才对培训质量进行监督和评估的时候，政府因无法审查涉及专业问题的文件材料，进而陷入监管的被动境地。

二 存在的问题

(一) 监督管理不规范

1. 对培训机构的经费使用监督不力

由于缺乏监督，有的地方政府部门和行政相关责任人把上级下拨的农民工培训专项经费视为"唐僧肉"，层层截留、挪作他用、大肆浪费，甚至巨额贪污。部分地方政府仅管制培训经费下放问题，而缺乏相应的跟踪评估环节，从而不能监督培训机构到底是否将培训经费用于农民工就业培训上。漏洞百出的监管机制也催生了不少不负责任的培训机构。它们打着培训的幌子，实则在骗取国家的培训补助金。部分培训机构的负责人将政府分配的培训资金挪作他用甚至直接据为己有，造成培训资金严重不足，培训质量低下。[①]

2. 对培训机构的质量资质监管不严

农民工队伍的快速扩大，使政府仅倡导培训机构大力开展农民工就业培训，然而却忽视了对培训机构提供的培训质量进行监管。首先，对参与农民工就业培训的培训机构资质认定不严格。这就让一些低水平的培训机构浑水摸鱼，扰乱培训市场的良好秩序。其次，在培训过程中，由于政府监管的放松让部分培训机构缩减培训内容、缩短培训时间、压缩实操训练的比例，不能给参训农民工提供有效服务。最后，缺乏科学统一的质量评价体系。就业培训是一种服务，服务和货物有很大的不同，货物可以根据规格、技术标准来客观准确衡量，而服务的核心是智力和体力，很难有完全统一的标准。而且服务质量不是短时间可以被证明的，而是要经过用人单位长时间聘用后方能显现。

(二) 评估考核不科学

1. 评估考核指标设计不科学

从评估考核执行的反馈中不难发现，该评估考核指标的制定很

---

① 傅新禾、张文雯：《新时期构建农民工培训体系的思考》，《安徽农业科学》2011年第30期。

不科学。首先，这种评估考核指标缺乏发展眼光，我们知道评估考核指标主要是反映是否提高了参训农民工的知识技能与运用等易于量化的指标（反应层），未涉及农民工受训后的工作表现和工作态度改变等关键性的发展指标（执行层）。其次，该评估考核指标的相关性也不强。我们在衡量评估考核指标的相关性时，不仅需要看评估考核指标是否包含培训农民工的技能与能力等关键要素，更要看是否排除了那些不相干的因素。可是，我们看到的是政府在确定评估考核指标时，往往附带着参训者的行为动机与工作环境等和评估不相干的一些因素，由于这些不相干因素的存在，也就降低了评估考核实施的信度与效度，最终使评估结果难以正确反映培训质量目标的实现程度，不能为培训机构的教学提供可靠的导向。

2. 评估考核程序不完善

培训质量评估考核程序将直接影响评估效果。当前政府常用的评估考核程序有不少的问题：例如政府为了节省时间，未对培训需求作详尽的分析，导致评估考核确定的目标难以反映实际需求；政府往往会选择专业人士组成专家评估考核小组，没有给培训机构与参训农民工反馈意见的机会；衡量培训质量主要是参考对受训农民工群体在培训结束时的技能考评结果。这看似成体系的评估考核程序，却造成评估考核缺乏公平性、全面性和可靠性。①

三　对策建议

（一）完善农民工培训监督的政策机制

1. 制定培训机构认定标准，规范农民工培训市场

作为培训载体的培训机构，其提供的培训是否符合规范将影响培训质量的高低。因此，政府应责成涉及农民工培训工作的农业、就业、工会、教育、住房和城乡建设、扶贫等职能部门共同制定农民工就业培训机构的资质认定标准，同时明确规定培训机构的相关

---

① 杜永红、张艳：《农民工培训质量保障中政府行为偏差及其优化》，《职教通讯》2012 年第 22 期。

准入条件，严格进行筛选，对现有的培训机构进行严格的资质审查，如果发现存在不符合当前政策情况的，即刻责令整改。对那些审查不合格或是弄虚作假的培训机构，坚决予以取缔。① 政府只有通过对培训机构资质进行标准化的约束，我们的农民工就业培训市场才会在竞争中逐步完善，相应的培训质量才可能稳步提升。

2. 完善培训监管政策，发挥政府宏观调控职能

首先，应该制定社会监督政策。政府作为其中的主导，也应该激发社会大众的监督作用，从而形成一套自下而上的监督管理体系。让培训管理部门和培训机构接受社会大众的监督，要求它们公布资金拨付情况与资金使用情况，使资金使用透明化，从而确保培训资金用到实处。其次，需要完善培训过程监管政策。政府相关机构应该实地调查培训过程的运行情况，并将培训授课情况、方案设计、实操训练和结业鉴定等重点事项列为培训过程的监控重点，一旦发现培训机构所选取的产业发展的工种不符合要求、不科学的培训方法和实施进程、脱离企业用工实际的培训内容，应立马采取相应措施，及时纠正或淘汰并予以合理引导。②

（二）创新农民工培训监督的工作机制

公共服务是以数量和质量相结合来评判的，数量并不是越多越好，而是要以满足公众的需要为目的。同样，就业培训服务也是如此，农民工的满意程度是最重要的。

1. 健全评估考核机制

首先，制定科学的评估考核指标。一方面，在保持评估考核指标完整性的前提下，不但要设计受训农民工的认知、反应指标和企业绩效指标，还要合理确定各项指标的权重比；另一方面，指标的多样性也不可忽视，针对不同类型的培训应该确定不同种类的指

---

① 秦阿琳：《农民工培训：走城乡教育统筹发展之路》，《华东理工大学学报》（社会科学版）2005 年第 1 期。

② 杜永红、张艳：《农民工培训质量保障中政府行为偏差及其优化》，《职教通讯》2012 年第 22 期。

标。其次，实行多元的综合评估考核。政府应该选取专家、培训机构、第三方评估机构以及受训农民工等多个主体参与评估考核，采取过程性评估和终结性评估相结合、定性与定量相结合的评估考核方式，对农民工培训质量进行综合评估考核。最后，定期反馈评估考核结果。政府要定期把评估考核结果向培训管理机构、培训机构、用人单位、农民工和社会公布，为培训机构改进培训方式、提升培训质量提供依据，为农民工选择培训机构提供参考，实现社会对农民工培训质量的知情权。

2. 创新激励机制

首先，严格执行就业准入制度。一方面，政府根据农民工培训考核结果，对培训合格的农民工颁发培训合格证书；另一方面，政府应出台配套政策限定用人单位的招聘条件，规定只能招聘已通过培训考核的农民工。劳动力市场、职业介绍部门也只对已经通过培训考核的农民工办理求职登记和就业服务，以此激励农民工积极参与培训，并顺利取得培训合格证书。其次，建立竞争性奖励机制。政府可以对培训质量好、就业率高的培训机构专门拨付奖励性质的财政补贴，这自然会使培训质量较差、就业率偏低的培训机构在竞争中遭到淘汰，最终实现培训资源的优化整合，提高培训质量。[①]

3. 完善培训资金的监管机制

农民工就业培训项目严格实行相应的项目管理制度，保证“三到”，即管理到项目、资金到项目和核算到项目。相关地方财政部门同时要设立农民工培训补助的资金专门账户，采取全过程监督管理。同级农民工培训项目主管办公室除了对培训机构的价格、准入资质、管理过程和服务质量进行监督外，还要对每期培训的开班、过程及结果分别进行监督考察。每期培训结束后，由项目主管办公室组织相关部门进行绩效评估和成果验收，同时出具相关验收报

---

① 易国锋：《新农村建设中的农民工培训问题研究》，《河北农业科学》2008 年第 10 期。

告。对培训机构骗取、套取培训补助资金的违法违纪行为，由项目主管办公室会同有关主管部门进行严肃处理。此外，还要对涉案的公办培训机构与相关公共部门给予负领导责任的人员和直接责任人相应的政纪处分；对涉案的民办培训机构、学校和企业，依照《民办教育促进法》，会同有关部门吊销其《办学许可证》，并取消其培训基地资格；依照《财政违法行为处罚处分条例》的规定给予处罚，将处理结果向社会公布。对那些违法违纪情节严重的培训机构，还应将它们列入农民工就业培训"黑名单"，永远淘汰出局，不得再开展农民工培训方面的相关活动。

按照统一政策、统一标准，整合职业培训资源，构建统一的技工人才培养机制已经成为未来中国职业教育的趋势。当前在产业结构"转型升级"的背景下，实现从人力资源大国到人力资源强国的转变，建设"技工大国"已成为迫切的现实要求。但从我国目前的技工队伍结构、数量和质量上看，还难以满足产业升级与工业强国建设的需求。《中国职业教育发展报告 2012》显示，目前城镇企业共有 1.4 亿名职工，其中技术工人有 7000 多万，初级工占 60% 左右，中级工占 35% 左右，高级工仅占 4% 左右，这与发达国家高级技工占 30% 以上的比例相差还很远。因此，政府除继续举办好已经有的几类农民工职业培训的特别项目，如"阳光工程""雨露计划"等外，已不再适合启动新的关于农民工职业技能培训的专项项目了。

为了从战略层面上推动技工人才培养机制的建立与健全，进一步提升技能培训效能，完善政府购买职业培训成果机制，今后应按照统一标准、统一政策，同时整合职业培训资源，相应地取消按劳动者身份分类方式的培训机制，统筹城乡培训，成立"就业技能培训"这一模式。此外，将培训对象扩充到有就业要求与培训愿望的部分进城求职的农村劳动者、城镇失业人员、未就业的高校毕业生和城乡未继续升学的初高中毕业生"四类"人员及企业新录用的技能岗位人员。在培训内容方面，则依据国家相关职业标准与用人单位岗位规范要求来确定，重点突出技能的训练，注重职业能力的培养，强化职业资格的准入，建立收入和职业资格相挂钩的机制，不断提高技术工人的收入水平。同时，还可以通过舆论宣传进行科学的人才观宣讲，从而使政府、企业、社会多元力量参与进来，全面建立面向全社会的、与经济发展相适应的、持续有效的现代职业教育。

本章小结

　　构建多元主体参与的农民工就业培训机制需要多种完善的配套机制支持，本书所讨论的机制或多或少都存在制度不健全、筹资困难、运行机制不完善和相关人才供应不足的问题，这也是目前我们国家存在的现实问题。当然，我们不能因噎废食，只能在机制的构建和完善过程中，不断反思、不断总结、不断改进。第一，要发挥社区这一新兴社会力量的优势，增加农民工就业培训的服务供给；第二，通过政府购买的方式，补贴培训机构和农民工，调动各方参与农民工就业培训的积极性，增强政府自身的购销能力；第三，培训主体开辟多种渠道筹集农民工培训资金，而不仅仅依赖政府拨款，消极"等、靠、要"；第四，发挥多元主体各自的能力优势，加强沟通与合作，共同促进农民工就业培训顺利开展；第五，加大对农民工就业培训的监督考核力度，培训中要防止培训走过场、培训质量低下和寻租腐败等各种违法违纪乱象出现。

参考文献

专著

陈振明：《公共管理学—种不同于传统行政的研究途径》，中国人民大学出版社 2003 年版。

陈振明：《政府工具导论》，北京大学出版社 2009 年版。

句华：《公共服务中的市场机制：理论、方式与技术》，北京大学出版社 2006 年版。

涂子沛：《大数据：正在到来的数据革命》，广西师范大学出版社 2012 年版。

王浦劬、莱斯特·M. 萨拉蒙：《政府向社会组织购买公共服务研究：中国与全球经验分析》，北京大学出版社 2010 年版。

杨晓军：《农民工就业技能培训模式研究》，中国社会科学出版社 2009 年版。

［美］E. S. 萨瓦斯：《民营化与公私部门的伙伴关系》，周志忍等译，中国人民大学出版社 2002 年版。

［美］查尔斯·沃尔夫：《市场或政府——两种不完善的选择》，谢旭译，中国发展出版社 1994 年版。

［美］戴维·奥斯本、特勒·盖布勒：《改革政府——企业家精神如何改革着公共部门》，周敦仁译，上海译文出版社 2006 年版。

［美］简·E. 芳汀：《构建虚拟政府：信息技术与制度革新》，邵国松译，中国人民大学出版社 2009 年版。

［美］凯特尔：《权力共享：公共治理与私人市场》，孙迎春译，北京大学出版社 2009 年版。

［美］亚当·斯密：《国富论》（下），郭大力、王亚南译，商务印书馆 1997 年版。

期刊

丁开杰：《农民工社会服务的第三方供给研究》，《中共杭州市委党校学报》2013 年第 2 期。

杜永红、张艳：《农民工培训质量保障中政府行为偏差及其优化》，《职教通讯》2012 年第 22 期。

傅新禾、张文雯：《新时期构建农民工培训体系的思考》，《安徽农业科学》2011 年第 30 期。

郭春甫：《公共部门治理新形态——网络治理理论评价》，《宁夏大学学报》（人文社会科学版）2009 年第 4 期。

何晶：《互联网与新生代农民工市民化———基于广州市的个案分析》，《广东社会科学》2014 年第 5 期。

李伊白：《面向新生代农民工的移动学习：现状、需求与发展策略》，《中国远程教育》2010 年第 9 期。

牟芷：《农民工培训机构现状调查与对策分析》，《科教论坛》2013 年第 3 期。

潘寄青、沈洧：《农民工培训需求与资金支持机制建设》，《求索》2009 年第 5 期。

尚海滨、江华：《试析农民工主体意识的缺失与激发》，《理论观察》2008 年第 3 期。

王飞：《农民工就业服务体系建设研究——基于城市社区为平台的视角》，《当代青年研究》2013 年第 2 期。

王飞：《政府购买农民工就业培训服务模式研究》，《当代经济管理》2012 年第 12 期。

王华：《治理中的伙伴关系：政府与非政府组织间的合作》，《云南社会科学》2003 年第 3 期。

王名、乐园：《中国民间组织参与公共服务购买的模式分析》，《中共浙江省委党校学报》2008 年第 4 期。

王书军、王素君：《农民工培训中的市场失灵及对策分析》，《农业经济》2007 年第 5 期。

王竹林、吕默：《农民工培训模式及动力机制探究》，《西安财经学院学报》2013 年第 6 期。

沃尔夫冈·克莱门特：《就业需要公私部门合作》，《商务周刊》2009 年第 5 期。

湘萍：《关于农民工培训提供机制的案例研究》，《职业技术教育》（教科版）2005 年第 10 期。

詹国彬：《需求方缺陷、供给方缺陷与精明卖家——政府购买公共服务的困境与破解之道》，《经济社会体制比较》2013 年第 5 期。

张车伟、王智勇：《全球金融危机对农民工就业的冲击——影响分析及对策思考》，《中国人口科学》2009 年第 2 期。

张杰：《我国社会组织发展制度环境析论》，《广东社会科学》2014 年第 2 期。

张三保、吴绍棠：《农民工培训体系建设与政府角色定位》，《当代经济》2006 年第 6 期。

赵玉宏、郭万超：《我国政府购买公共服务模式分析》，《城市管理与科技》2013 年第 1 期。

赵正洲、王鹏、余斌：《国外农民培训模式及特点》，《世界农业》2005 年第 6 期。

周其仁：《机会与能力——中国农村劳动力的就业与流动》，《管理世界》1997 年第 5 期。

竺乾威、李瑞昌：《公共服务购销力：政府能力的新增长点》，《中国社会科学报》2014 年第 568 期。

邹东升：《公共服务市场化并非政府责任市场化——对公交民营化改革的审思》，《理论探讨》2009 年第 3 期。

邹东升：《公共管理与私人管理的异同比较》，《西华师范大学学报》（哲学社会科学版）2004 年第 7 期。

邹东升：《教育券制度功能分析与我国应用策略》，《经济师》2004
年第 9 期。

邹东升：《新生代农民工群体员工援助计划思考》，《重庆行政》
2012 年第 2 期。

政策文件

中共中央：《2004 年关于促进农民增加收入若干政策的意见》，
2004 年。

中共中央：《中共中央关于促进农民增加收入若干政策的意见》，
2005 年。

中共中央：《中共中央关于推进社会主义新农村建设的若干意见》，
2006 年。

中共中央：《中共中央关于积极发展现代农业扎实推进社会主义新
农村建设的若干意见》，2007 年。

中共中央：《中共中央关于切实加强农业基础建设进一步促进农业
发展农民增收的若干意见》，2008 年。

中共中央：《中共中央关于 2009 年促进农业稳定发展农民持续增收
的若干意见》，2009 年。

中共中央：《关于加大统筹城乡发展力度进一步夯实农业农村发展
基础的若干意见》，2010 年。

中共中央：《关于加强推进农业科技创新持续增强农产品供给保障
能力的若干意见》，2012 年。

中共中央：《关于加快发展现代农业进一步增强农民发展活力的若
干意见》，2013 年。

中共中央：《关于加大改革创新力度加快农业现代化建设的若干意
见》，2015 年。

中共中央：《关于落实发展新理念加快农业现代化实现全面小康目
标的若干意见》，2016 年。

国务院：《国务院关于解决农民工若干问题的意见》，2006 年。

国务院：《关于进一步做好农民工培训工作的指导意见》，2010 年。

国务院：《促进就业规划（2011—2015 年)》，2012 年。

国务院：《关于 2009 年促进农业稳定发展和农民持续增收的若干意见》，2008 年。

国务院：《中国农村扶贫开发纲要（2011—2020 年)》，2012 年。

国务院：《农民工职业技能提升计划——"春潮行动"实施方案》，2014 年。

财政部、农业部：《关于农村劳动力转移培训财政补助资金管理办法（试行)》，2004 年。

农业部、财政部：《关于做好 2007 年农村劳动力转移培训阳光工程实施工作的通知》，2007 年。

教育部：《教育部关于切实做好返乡农民工职业教育和培训等工作的通知》，2009 年。

国务院国有资产监督管理委员会：《关于中央企业做好农民工工作的指导意见》，2011 年。

人力资源和社会保障部：《人力资源和社会保障部关于开展 2014 年公共就业和人才服务专项活动的通知》，2014 年。

人力资源和社会保障部：《人力资源和社会保障部　全国总工会　全国妇联关于开展 2015 年春风行动的通知》，2014 年。

山东省政府办公厅：《关于贯彻国办发〔2010〕11 号文件进一步做好农民工培训工作的通知》，2010 年。

山东省总工会连同教育厅等省直 17 个部门：《关于加强全省农民工素质教育的意见》，2011 年。

山东省政府：《关于进一步做好新形势下农民工工作的意见》，2013 年。

四川省总工会：《关于进一步做好农民工工作的通知》，2014 年。

广西党委、人民政府：《关于创新和加强农民工工作的若干意见》，2014 年。

湖北省政府：《湖北省人民政府关于进一步做好为农民工服务工作的实施意见》，2015 年。

外文文献

Anne O. Krueger, "Political Economy of the Rent – seeking Society", *American Economic Reivew*, No. 64, 1974.

Daron Acemoglu and Jorn – Steffen Pischke, "Certification of Training and Training Outcomes", *European Economic Review*, No. 44, 2000, pp. 4 – 6.

Giovanni Guidetti and Massimiliano Mazzanti, "Firm – level Training in Local Economic Systems Complementarities in Production and Firm Innovation Strategies", *The Journal of Socio – Economics*, No. 36, 2007.

Becker, G. S., "Human Capital: A Theoretical Analysis with Special Reference to Education", *National Bureau of Economic Research*.

Chang, C. and Wang, Y, "Human Capital Investment under Asymmetric Information: The Pigovian Conjecture Revisited", *Journal of Labor Economic*, No. 14, 1996.

Jan W. Van Ddeh, *Social Capital and European Democracy*, London: Routledge, 1999, p. 322.